【臺灣現當代作家
研究資料彙編】31

艾　雯

國立台灣文學館
出版

部長序

　　文學既是社會縮影也是靈魂核心，累積研究論述及文獻史料，不僅可厚實文學發展根基，觀照當代人文的思想脈絡，更能指引未來的社會發展。臺灣文學歷經數百年的綿延與沉澱，蓄積豐沛的能量，也呈現生氣盎然的多元創作面貌。近一甲子的臺灣現當代文學發展，就是華文世界人文心靈最溫暖的寫照。

　　緣此，國立臺灣文學館自 2010 年啟動《臺灣現當代作家研究資料彙編》，鉅細靡遺進行珍貴的文學史料蒐集研究，意義深遠。這項計畫歷時三年多，由文學館結合學界、出版社、作家一同參與，組成陣容浩大的編輯群與顧問團隊，梳理臺灣文學長河裡的各方涓流，共匯集 50 位臺灣現當代重要作家的生平、年表與作品評論資料，選錄其代表性的評論文章，彙編成冊，完整呈現作家的人文映記、文學成就及相關研究，成果豐碩。

　　由於內容浩瀚、需多所佐證，本套叢書共分三階段陸續出版，先是 2011 年推出以臺灣新文學之父賴和為首的 15 位作家研究資料彙編，接著於 2012 年完成張我軍、潘人木等 12 位作家的研究資料彙編；及至 2013 年 12 月，適逢國立臺灣文學館十周年館慶之際，更纂輯了姜貴、張秀亞、陳秀喜、艾雯、王鼎鈞、洛夫、余光中、羅門、商禽、瘂弦、司馬中原、林文月、鄭愁予、陳冠學、黃春明、白先勇、白萩、陳若曦、郭松棻、七等生、王文興、王禎和、楊牧共 23 位作家的研究資料，皇皇巨著，為臺灣文學之巍巍巨觀留下具里程碑的文字見證。這套選粹體現了臺灣文學研究總體成果中，極為優質的論述著作，有助於臺灣文學發展的擴展化與深刻化，質量兼具。在此，特別對參與編輯、撰寫、諮詢的文學界朋友們表達謝意，也向全世界愛好文學的讀者，推介此一深具人文啟發且實用的臺灣現當代文學工具書，彼此激勵，為更美好的臺灣人文環境共同努力。

文化部部長　**龍應台**

館長序

　　所有一切有關文學的討論，最終都得回歸到創作主體（作家）及其創作文本（作品）。文本以文字書寫，刊載在媒體上（報紙、雜誌、網站等），或以印刷方式形成紙本圖書；從接受端來看，當然以後者為要，原因是經過編輯過程，作者或其代理人以最佳的方式選編，常會考慮讀者的接受狀況，亦以美術方式集中呈現，其形貌也必然會有可觀者。

　　從研究的角度來看，它正是核心文獻。研究生在寫論文的時候，每在緒論中以一節篇幅作「文獻探討」，一般都只探討研究文獻，仍在周邊，而非核心。所以作家之研究資料，包括他這個人和他所寫的作品，如何鉅細靡遺彙編一處，是研究最基礎的工作；其次才是他作品的活動場域以及別人如何看待他的相關資料。前者指的是發表他作品的報刊及其他再傳播的方式或媒介，後者指的是有關作家及其作品的訪問、報導、著作目錄、年表、文評、書評、專論、綜述、專書、選編等，有系統蒐輯、編目，擇其要者結集，從中發現作家及其作品被接受的狀況，清理其發展，這其實是文學經典化真正的過程；也必須在這種情況下，作家研究才有可能進一步開展。

　　針對個別作家所進行的資料工作隨時都在發生，但那是屬於個人的事，做得好或不好，關鍵在他的資料能力；將一群有資料能力的學者組織起來，通過某種有效的制度性運作，想必能完成有關作家研究資料彙編的人文工程，可以全面展示某個歷史時期有關作家研究的集體成就，這是國立臺灣文學館從 2010 年啟動「臺灣現當代

　　作家研究資料彙編」（50 冊）的一些基本想法，和另外兩個大計畫：「臺灣文學史長編」（33 冊）、「臺灣古典作家精選集」（38 冊），相互呼應，期能將臺灣文學的豐富性展示出來，將「臺灣文學」這個學科挖深識廣；作為文化部的附屬機構，我們在國家文化建設的整體工程中，在「文學」作為一個公共事務的理念之下，我們紮紮實實做了有利文化發展的事，這是我們所能提供給社會大眾的另類服務，也是我們朝向臺灣文學研究中心理想前進的努力。

　　我們在四年間分三批出版的這 50 本臺灣現當代作家研究資料彙編，從賴和（1894～1943）到楊牧（1940～），從割臺之際出生、活躍於日據下的作家，到日據之末出生、活躍於戰後臺灣文壇的作家；當然也包含 1949 年左右離開大陸，而在臺灣文壇發光發熱的作家。他們只是臺灣作家的一小部分，由承辦單位組成的專業顧問群多次會商議決；這個計畫，我們希望能夠在精細檢討之後，持續推動下去。

　　顧問群基本上是臺灣文學史專業的組合，每位作家重要評論文章選刊及研究綜述的撰寫者，都是對於該作家有長期研究的專家。這是學界人力的大動員，承辦本計畫的臺灣文學發展基金會長期致力臺灣文學史料的蒐輯整理，具有強大的學術及社會力量，本計畫能夠順利推動且如期完成，必須感謝他們組成的編輯團隊，以及眾多參與其事的學界朋友。

國立臺灣文學館館長　李瑞騰

編序

◎封德屏

緣起

1995 年 10 月 25 日，在臺灣師範大學教育大樓的 201 室，一場以「面對臺灣文學」為題的座談會，在座諸位學者分別就臺灣文學的定義、發展、研究，以及文學史的寫法等，提出宏文高論，而時任國家圖書館編纂張錦郎的「臺灣文學需要什麼樣的工具書」，輕鬆幽默的言詞，鞭辟入裡的思維，更贏得在座者的共鳴。

張先生以一個圖書館工作人員自謙，認真專業地為臺灣這幾十年來究竟出版了多少有關臺灣文學的工具書，做地毯式的調查和多方面的訪問。同時條理分明地針對研究者、學生，列出了十項工具書的類型，哪些是現在亟需的，哪些是現在就可以做的，哪些是未來一步一步累積可以達成的，分別做了專業的建議及討論。

當時的文建會二處科長游淑靜，參與了整個座談會，會後她劍及履及的開始了文學工具書的委託工作，從 1996 年的《臺灣文學年鑑》起始，一年一本的編下去，一直到現在，保存延續了臺灣文學發展的基本樣貌。接著是《中華民國作家作品目錄》的新編，《臺灣文壇大事紀要》的續編，補助國家圖書館「當代文學史料影像全文系統」的建置，這些工具書、資料庫的接續完成，至少在當時對臺灣文學的研究，做到一些輔助的功能。

2003 年 10 月，籌備多年的「台灣文學館」正式開幕運轉。同年五月《文訊》改隸「財團法人台灣文學發展基金會」，為了發揮更大的動能，開

始更積極、更有效率地將過去累積至今持續在做的文學史料整理出來，讓豐厚的文藝資源與更多人共享。

於是再次的請教張錦郎先生，張先生認爲文學書目、作家作品目錄、文學年鑑、文學辭典皆已完成或正在進行，現在重點應該放在有關「臺灣現當代作家評論資料目錄」的編輯工作上。

很幸運的，這個計畫的發想得到當時臺灣文學館林瑞明館長的支持，於是緊鑼密鼓的展開一切準備工作：籌組編輯團隊、召開顧問會議、擬定工作手冊、撰寫計畫書等等。

張錦郎先生花了許多時間編訂工作手冊，每一位作家的評論資料目錄分爲：

（一）生平資料：可分作者自述，旁人論述及訪談，文學獎的紀錄。

（二）作品評論資料：可分作品綜論，單行本作品評論，其他作品（包括單篇作品）評論，與其他作家比較等。

此外，對重要評論加以摘要解說，譬如專書、專輯、學術會議論文集或學位論文等，凡臺灣以外地區之報刊及出版社，於書名或報刊後加註，如中國大陸、香港、新加坡等。此外，資料蒐集範圍除臺灣外，也兼及中國大陸、香港、新加坡、日本、韓國及歐美等地資料，除利用國內蒐集管道外，同時委託當地學者或研究者，擔任資料蒐集工作。

清楚記得，時任顧問的學者專家們，都十分高興這個專案的啓動，但確定收錄哪些作家名單時，也有不同的思考及看法。經過充分的討論後，終於取得基本的共識：除以一般的「文學成就」爲觀察及考量作家的標準外，並以研究的迫切性與資料獲得之難易度爲綜合考量。譬如說，在第一階段時，作家的選擇除文學成就外，先考量迫切性及研究性，迫切性是指已故又是日治時期臺籍作家爲優先，研究性是指作品已出土或已譯成中文爲優先。若是作品不少而評論少，或作品評論皆少，可暫時不考慮。此外，還要稍微顧及文類的均衡等等。基本的共識達成後，顧問群共同挑選出 310 位作家，從鄭坤五、賴和、陳虛谷以降，一直到吳錦發、陳黎、蘇

偉貞，共分三個階段進行。

　　張錦郎先生修訂的編輯體例，從事學術研究的顧問們，一方面讚嘆「此目錄必然能成為類似文獻工作的範例」，但又深恐「費力耗時，恐拖延了結案時間」，要如何克服「有限時間，高度理想」的編輯方式，對工作團隊確實是一大挑戰。於是顧問們群策群力，除了每人依研究領域、研究專長認領部分作家外（可交叉認領），每個顧問亦推薦或召集研究生襄助，以期能在教學研究工作外，為此目錄盡一份心力。

　　「臺灣現當代作家評論資料目錄」專案計畫，自 2004 年 4 月開始，至 2009 年 10 月結束，分三個階段歷時五年六個月，共發現、搜尋、記錄了十餘萬筆作家評論資料。共經歷了三位專職研究助理，近三十位兼任研究助理。這些研究助理從開始熟悉體例，到學習如何尋找資料，是一條漫長卻實用的學習過程。

接續

　　「臺灣現當代作家評論資料目錄」的專案完成，當代重要作家的研究，更可以在這個基礎上，開出亮麗的花朵。於是就有了「臺灣現當代作家研究資料彙編暨資料庫建置計畫」的誕生。為了便於查詢與應用，資料庫的完成勢在必行，而除了資料庫的建置外，這個計畫再從 310 位作家中精選 50 位，每人彙編一本研究資料，內容有作家圖片集，包括生平重要影像、文學活動照片、手稿及文物，小傳、作品目錄及提要、文學年表。另外每本書分別聘請一位最適當的學者或研究者負責編選，除了負責撰寫八千至一萬字的作家研究綜述外，再從龐雜的評論資料中挑選具有代表性的評論文章，平均 12～14 萬字，最後再附該作家的評論資料目錄，以期完整呈現該作家的生平、創作、研究概況，其歷史地位與影響。

　　由於經費及時間因素，除了資料庫的建置，資料彙編方面，50 位作家分三個階段完成。第一階段出版了 15 位作家，第二階段出版了 12 位作家，此次第三階段則出版了 23 位作家資料彙編。雖然已有過前兩階段的實

務經驗，但相較於前兩階段，此次幾乎多出版將近一倍的數量，使工作小組在編輯過程中，仍然面臨了相當大的困難與挑戰。

首先，必須掌握每位編選者進度這件事，就是極大的挑戰。於是編輯小組在等待編選者閱讀選文的同時，開始蒐集整理作家生平照片、手稿，重編作家年表，重寫作家小傳，尋找作家出版品的正確版本、版次，重新撰寫提要。這是一個極其複雜的工程。還好有認真負責的雅嫻、寁婷、欣怡，以及編輯老手秀卿幫忙，讓整個專案延續了一貫的品質及進度。

在智慧權威、老練成熟的學者專家面前，這些初生之犢的年輕助理展現了大無畏的精神，施展了編輯教戰手冊中的第一招——緊迫盯人。看他們如此生吞活剝地貫徹我所傳授的編輯要法，心裡確實七上八下，但礙於工作繁雜，實在無法事必躬親，也只好讓他們各顯身手了。

縱使這些新手使出了全部力氣，無奈工作的難度指數仍然偏高，雖有前兩階段的經驗，但面對不同的編選者，不同的編選風格，進度仍然不很順利，再加上此次同時進行 23 位作家的編纂作業，在與各編選者及各冊傳主往來聯繫的過程中，更是有許多龐雜而繁瑣的細節。此時就得靠意志力及精神鼓舞了。我對著年輕的同仁曉以大義，告訴他們正在光榮地參與一個重要的文學工程，絕對不可輕言放棄。

成果

雖然過程是如此艱辛，如此一言難盡，可是終究看到豐美的成果。每位編選者雖然忙碌，但面對自己負責的作家資料彙編，卻是一貫地認真堅持。他們每人必須面對上千或數百筆作家評論資料，挑選重要或關鍵性的評論文章，全面閱讀，然後依照編選原則，挑選評論文章。助理們此時不僅提供老師們所需要的支援，統計字數，最重要的是得找到各篇選文作者，取得同意轉載的授權。在第一階段進度流程初估時，我們錯估了此項工作的難度，因爲許多評論文章，發表至今已有數十年的光景，部分作者行蹤難查，還得輾轉透過出版社、學校、服務單位，尋得蛛絲馬跡，再鍥

而不捨地追蹤。有了第一階段的血淚教訓,第二階段關於授權方面,我們更是如臨深淵、如履薄冰,希望不要重蹈覆轍,第三階段也遵循前兩階段的經驗,在面對授權作業時更是戰戰兢兢,不敢懈怠。

　　除了挑選評論文章煞費苦心外,每個作家生平重要照片,我們也是採高標準的方式去蒐集,過世作家家屬、友人、研究者或是當初出版著作的出版社,都是我們徵詢的對象。認真誠懇而禮貌的態度,讓我們獲得許多從未出土的資料及照片,也贏得了許多珍貴的友誼。許多作家都協助提供照片手稿等相關資料,如王鼎鈞、洛夫、余光中、羅門、瘂弦、司馬中原、林文月、鄭愁予、黃春明及其子黃國珍、白先勇及與其合作多年的攝影師許培鴻、白萩及其夫人、陳若曦、七等生、王文興、楊牧及其夫人夏盈盈。已不在世的作家,其家屬及友人在編輯過程中,也給予我們許多協助及鼓勵,如姜貴的長子王為鎌、張秀亞的女兒于德蘭、艾雯的女兒朱恬恬、陳秀喜的女兒張瑛瑛、商禽的女兒羅珊珊、陳冠學的後輩友人陳文銓與郭漢辰、郭松棻的夫人李渝、王禎和的夫人林碧燕,藉由這個機會,與他們一起回憶、欣賞他們親人或父祖、前輩,可敬可愛的文學人生。此外,還有張默、岩上、閻純德、李高雄、丘彥明、朱雙一、吳姍姍、鄭穎、舊香居書店吳雅慧等作家及研究者,熱心地幫忙我們尋找難以聯繫的授權者,辨識因年代久遠而難以記錄年代、地點、事件的作家照片,釐清文學年表資料及作家作品的版本問題,我們從他們身上學習到更多史料研究可貴的精神及經驗。

　　但如何在規定的時間內,完成第三階段 23 本資料彙編的編輯出版工作,對工作小組來說,確實是一大考驗。每一冊的主編老師,都是目前國內現當代台灣文學教學及研究的重要人物,因此每位主編都十分忙碌。有鑑於前兩階段的經驗,以及現有工作小組的人力,決定分批完稿,每個人負責 2～4 本,三位組長的責任額甚至超過 4～5 本。每一本的責任編輯,必須在這一年多的時間內,與他們所負責資料彙編的主角——傳主及主編老師,共生共榮。從作家作品的收集及整理開始,必須要掌握該作家一生

作品的每一次的出版，以及盡量收集不同的版本；整理作家年表，除了作家、研究者已撰述好的年表外，也必須再從訪談、自傳、評論目錄，從作品出版等線索，再做比對及增刪。再來就是緊盯每位把「研究綜述」放在所有進度最後一關的主編們，每隔一段時間提醒他們，或順便把新增的評論目錄寄給他們（每隔一段時間就有新的相關論文或學位論文出現），讓他們隨時與他們所主編的這本書，產生聯想，希望有助於「研究綜述」撰寫的進度。

以上的工作說起來，好像並不十分困難，身為總策劃的我起初心裡也十分篤定的認為，事情儘管艱困，最後還是應該順利完成。然而，這句雲淡風輕的話，聽在此次身歷其境參與工作的同仁耳中，一定會恨得牙癢癢的。「夜長夢多」這個形容詞拿來形容這件工作，真是太恰當也沒有了。因為整個工作期程超過一年，在這段漫長的歲月中，因等待、因其他人力無法抗拒的因素，衍伸出來的問題，層出不窮，更有許多是始料未及的。譬如，每本書的的選文，主編老師本來已經選好了，也經過授權了，為了抓緊時間，負責編輯的助理們甚至連順序、頁碼都排好了，就等主編老師的大作了，這時主編突然發現有新的文章、新的資料產生：再增加兩三篇選文吧！為了達到更好更完備的目標，工作小組當然全力以赴，聯絡，授權，打字，校對，重編順序等等工作，再度展開。

此次第三階段共需完成 23 位作家研究資料彙編，年齡層較上兩個階段已年輕許多，因此到最後的疑難雜症，還有連主編或研究者都不太清楚的部分，譬如年表中的某一件事、某一個年代、某一篇文章、某一個得獎記錄，作家本人絕對是一個最好的諮詢對象，於是幾乎我們每本書都找到了作家本人，對解決某些問題來說，這是一個好的線索，但既然看了，關心了，參與了，就可能有不同的看法，選文、年表、照片，甚至是我們整本書的體例。於是又是一場翻天覆地的大更動，對整本書的品質來說，應該是好的，但對經過一年多琢磨、修改已近入完稿階段的編輯團隊來說，這不啻是一大挑戰。

　　1990 年開始，各地縣市文化中心（文化局），對在地作家作品集的整理出版，以及台灣文學館成立後對日治時期作家以迄當代重要作家全集的編纂，對臺灣文學之作家研究，也有了很好的促進作用。如《楊逵全集》、《林亨泰全集》、《鍾肇政全集》、《張文環全集》、《呂赫若日記》、《張秀亞全集》、《葉石濤全集》、《龍瑛宗全集》、《葉笛全集》、《鍾理和全集》、《錦連全集》、《楊雲萍全集》、《鍾鐵民全集》等，如雨後春筍般持續展開。

　　經過近二十年的努力，臺灣文學的研究與出版，也到了可以驗收或檢討成果的階段。這個說法，當然不是要停下腳步，而是可以從「臺灣現當代作家評論資料目錄」所呈現的 310 位作家、10 萬筆資料中去檢視。檢視的標的，除了從作家作品的質量、時代意義及代表性去衡量外、也可以從作家的世代、性別、文類中，去挖掘還有待開墾及努力之處。因此在這樣的堅實基礎上，這套「臺灣現當代作家研究資料彙編」，每位編選者除了概述作家的研究面向外，均有些觀察與建議。希望就已然的研究成果中，去發現不足與缺憾，研究者可以在這些不足與缺憾之處下功夫，而盡量避免在相同議題上重複。當然這都需要經過一段時間去發現、去彌補、去重建，因此，有關臺灣文學研究的調查與研究，就格外顯得重要了。

期待

　　感謝臺灣文學館持續支持推動這兩個專案的進行。「臺灣現當代作家評論資料目錄」的完成，呈現的是臺灣文學研究的總體成果；「臺灣現當代作家研究資料彙編」套書的出版，則是呈現成果中最精華最優質的一面，同時對未來的研究面向與路徑，做最好的建議。我們可以很清楚的體會，這是一條綿長優美的臺灣文學接力賽，我們十分榮幸能參與其中，我們更珍惜在傳承接力的過程，與我們相遇的每一個人，每一件讓我們真心感動的事。我們更期待這個接力賽，能有更多人加入。誠如張恆豪所說「從高音獨唱到多元交響」，這是每一個人所期待的。

編輯體例

一、本書編選之目的，為呈現艾雯生平、著作及研究成果，以作為臺灣文學相關研究、教學之參考資料。

二、全書共五輯，各輯內容及體例說明如下：

輯一：圖片集。選刊作家各個時期的生活或參與文學活動的照片、著作書影、手稿（包括創作、日記、書信）、文物。

輯二：生平及作品，包括三部分：

1.小傳：主要內容包括作家本名、重要筆名，生卒年月日，籍貫，及創作風格、文學成就等。

2.作品目錄及提要：依照作品文類（論述、詩、散文、小說、劇本、報導文學、傳記、日記、書信、兒童文學、合集）及出版順序，並撰寫提要。不收錄作家翻譯或編選之作品。

3.文學年表：考訂作家生平所進行的文學創作、文學活動相關之記要，依年月順序繫之。

輯三：研究綜述。綜論作家作品研究的概況，並展現研究成果與價值的論文。

輯四：重要文章選刊。選收國內外具代表性的相關研究論文及報導。

輯五：研究評論資料目錄。收錄至 2013 年 6 月底止，有關研究、論述臺灣現當代作家生平和作品評論文獻。語文以中文為主，兼及日文和英文資料。所收文獻資料，以臺灣出版為主，酌收中國大陸、香港、日本和歐美國家的出版品。內容包含三部分：

1.「作家生平、作品評論專書與學位論文」下分為專書與學位論文。

2.「作家生平資料篇目」下分為「自述」、「他述」、「訪談」、「年表」、「其他」。

3.「作品評論篇目」下分為「綜論」、「分論」、「作品評論目錄、索引」、「其他」。

目次

【輯一】圖片集

【輯二】生平及作品

【輯三】研究綜述

【輯四】重要評論文章選刊

輯一◎圖片集

影像◎手稿◎文物

1928年，五歲的艾雯與母親熊蔣伯馨，攝於故鄉蘇州。
（朱恬恬提供）

1932年，九歲的艾雯與父親熊蔚，攝於上海浦東。
（朱恬恬提供）

1940年，艾雯就讀大庾中學的最後一個暑假，攝於江西大庾。（朱恬恬提供）

1943年，艾雯20歲生日，攝於江西大庾。（朱恬恬提供）

1946年秋，艾雯與朱樸結婚，攝於江西上猶住所。（文訊文藝資料中心）

1949年，艾雯與夫婿朱樸、女兒朱恬恬合影於屏東。（朱恬恬提供）

1951年5月4日，女作家於「中國文藝協會成立一週年」活動合影，攝於臺
北一女中禮堂前。前排右二起：艾雯、徐鍾珮、鍾梅音、王文漪；中排右
四起：王琰如、蕭傳文；後排右五為劉枋。（文訊文藝資料中心）

1954年10月，艾雯與女作家
合影於空軍官校。右起：
艾雯、劉枋、謝冰瑩、邱
七七、徐鍾珮。（文訊文藝
資料中心）

1956年3月14日，蔣經國宴請「四十四年度全國青年最喜閱讀文藝作品及最推崇文藝作家測驗」入選作家，其中十位女作家於臺北市「婦女之家」合影。左起：章一萍、張漱菡、許素玉（後）、孟瑤、艾雯、李曼瑰、王潔心、徐鍾珮、謝冰瑩、蘇雪林。（文訊文藝資料中心）

1956年，鍾梅音至高雄岡山探訪艾雯。左起：余伯祺、鍾梅音、艾雯、朱樸；前為朱恬恬。（文訊文藝資料中心）

1958年，艾雯與手植孤挺花，攝於高雄岡山寓所。（朱恬恬提供）

1959年5月12日，女作家慶生會後，攝於臺北。前排左起：鍾梅音、黃和英、林燕玢、劉枋；後排左起：章一萍、王琨思（後一）、王文漪、劉咸思（後二）、林海音、艾雯、王琰如、張明、林秀英、琦君。（文訊文藝資料中心）

1961年4月，文友來訪，合影於高雄橋頭糖廠。左起：童真、艾雯、鍾梅音。（文訊文藝資料中心）

1962年春節，艾雯與愛貓咪咪、愛犬安安於高雄岡山寓所門前臺階曬太陽。（文訊文藝資料中心）

1962年4月，艾雯與南部文友於澄清湖小聚。左二為艾雯，左五為童真；
右一為司馬中原。（文訊文藝資料中心）

1964年12月29日，艾雯陪同女兒朱恬恬（左）於岡山寓所前寫生。（文訊文藝資料中心）

1965年5月4日，艾雯出席中國文藝協會成立15週年紀念大會，獲頒「中國文藝協會文藝獎章」文學散文創作獎。（朱恬恬提供）

1968年，艾雯與家人春節團聚，攝於高雄岡山。前為艾雯母親（手抱外甥女改韻華）；後排左起：朱樸、艾雯、朱恬恬、妹妹熊潤珍、妹婿改傳德。（朱恬恬提供）

1978年5月14日，艾雯夫婿朱樸60歲壽辰，攝於新店中央新村。前排左起：艾雯、艾雯母親、朱樸（手抱外孫黃浩倫）、改韻華；後排左起：改傳德、熊潤珍、朱恬恬、女婿黃維金。（朱恬恬提供）

1983年12月15日，艾雯應邀出席「第三屆中韓作家會議」，與召集人趙文藝（中）、劉靜娟（右）合影於臺北圓山大飯店。（文訊文藝資料中心）

1984年10月，女作家慶生會，攝於臺北中國飯店。前排左起：張明、王琰如、夏繻；後排左起：艾雯、蓉子、王文漪、楪月、唐潤鈿。（文訊文藝資料中心）

1985年12月21日，艾雯應邀出席「第五屆中韓作家會議」，於臺北圓山大飯店留影。（朱恬恬提供）

1986年4月2日，艾雯與文友出席蘇雪林壽宴。前排左起：艾雯、張明、蘇雪林、葉蟬貞、林海音、蘇淑年；後排左起：郭晉秀、王琰如、姚宜瑛、張秀亞、王明書、潘人木。（文訊文藝資料中心）

1990年9月，艾雯探訪故鄉蘇州，攝於蘇州網師園引靜橋。（朱恬恬提供）

1991年9月18日，艾雯68歲生日，與女兒朱恬恬（左）及其所繪之粉彩畫像合影。（朱恬恬提供）

1994年，艾雯應邀出席文訊雜誌社主辦的「文藝界重陽敬老聯誼活動」，與文友合影。左起：鍾雷、鍾夫人、呂青、艾雯、董心銘、吳若。（文訊文藝資料中心）

1997年夏，艾雯與文友相聚於天母寓所。左起：邱七七、艾雯、王黛影、王書川、於世達、馬各。（朱恬恬提供）

1999年3月5日，學人來訪，與艾雯合影於天母家中。左起：沈謙、
艾雯、范培松、張堂錡。（朱恬恬提供）

1999年5月，中國婦女寫作協會出遊東北角海岸。左起：趙文藝、呂
青、艾雯友人、艾雯、龔書綿。（朱恬恬提供）

2000年4月27日，艾雯二度訪鄉蘇州，與甥孫葉放
（右）合影於蘇州獅子林。（朱恬恬提供）

2000年9月，艾雯與文友出席陳其茂畫展，攝於雅
逸藝術中心。左起：歸人、朱恬恬、艾雯、魏子
雲、丁貞婉、陳其茂、龔智明、友人。（朱恬恬
提供）

2000年10月，《蘇州雜誌》舉辦首屆「艾雯青年散文獎」頒獎儀式。前排左一
為葉放，左三為陸文夫，左四為范培松。（朱恬恬提供）

2003年9月，《花韻》新書發表會，攝於雅逸藝術中心。前排左起：於世達、
邱七七、艾雯、林貴真；後排左起：王書川、歸人、李宗慈、朱恬恬、隱地、
林煥彰。（朱恬恬提供）

2005年10月11日，艾雯應邀出席文訊雜誌社主辦的「文藝界重陽敬老
聯誼活動」，攝於臺北青少年育樂中心。前排左起：畢璞、艾雯、
朱恬恬；後排左起：丘秀芷、廖咸浩。（文訊文藝資料中心）

2012年8月25日，文訊雜誌社與朱恬恬女士於臺北紀州庵文學森林舉
辦《艾雯全集》新書發表會暨「物情物趣——艾雯逝世三週年紀念
展」開幕式，艾雯文友齊聚一堂並回憶其文學世界，現場氣氛溫馨
感人。左起：鐘麗慧、陳芳明、封德屏。（文訊文藝資料中心）

2012年8月25日，《艾雯全集》新書發表會暨「物情物趣──艾雯逝世三週年紀念展」開幕式會後，主辦人封德屏與朱恬恬女士與來賓合影。前排左起：夏龢、丁貞婉、梁秀中、楊以琳、芯心、姚宜瑛、康芸薇、唐潤鈿、龔書綿；後排左起：鐘麗慧、余玉英、溫小平、袁言言、晨曦、六月、李宗慈、劉靜娟、朱恬恬、張建忠、張雪琴、張建忠之妻、封德屏、王維妮、熊潤珍、林蔚穎。（文訊文藝資料中心）

1945年10月，艾雯任職於江西上猶《凱報》
的同事黃永玉為其剪影。（朱恬恬提供）

1965年6月，艾雯獨照刊於《文壇》第60期
封面。（朱恬恬提供）

1989年，艾雯寫生江南橋影──楓橋、野生花草──火炭母草。（朱恬恬提供）

2012年8月25日～9月16日，「物情物趣——艾雯逝世三週年紀念展」展出艾雯收藏之各式火柴盒。（文訊文藝資料中心）

2012年8月25日～9月16日，「物情物趣——艾雯逝世三週年紀念展」展出艾雯親自設計、縫製的旗袍。（文訊文藝資料中心）

No. 1

陳殻文藝季的小小回顧

不具風格的風格　艾雯

1982年，艾雯〈不具風格的風格〉手稿。（朱恬恬提供）

1983年，艾雯〈自我塑像〉手稿。（朱恬恬提供）

No. 1

自我塑像　艾雯

艾雯
稿紙
(20×25)

鳳凰花的歲月（上）

艾雯

鳳凰花的歲月（下）

艾雯

1985年，艾雯〈鳳凰花的歲月〉（上、下）手稿。（朱恬恬提供）

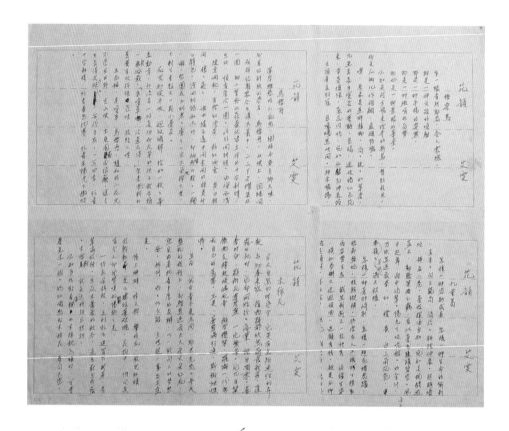

1980年代，艾雯系列散文「花韻」手稿。（朱恬恬提供）

2005年，艾雯〈也是流域──人在磺溪〉手稿。（朱恬恬提供）

輯二◎生平及作品

小傳◎作品◎年表

小傳

艾雯 (1923～2009)

　　艾雯，女，本名熊崑珍，籍貫江蘇吳縣，1923 年 8 月 11 日生（農曆），1949 年 2 月來臺，2009 年 8 月 27 日辭世，享年 86 歲。

　　成長於書香世家，艾雯自幼廣泛閱讀古今小說與中外文學。1940 年因父遽逝，於畢業前一年輟學就業，任圖書管理員。18 歲時以短篇小說〈意外〉獲《江西婦女》徵文第一名，自此取艾雯為筆名，以獎金自印稿箋，發表作品於報端，開啟其創作生涯。1944 年避難上猶，任《凱報》「大地」副刊主編，由於早慧且創作力豐沛，艾雯在大陸時期已累積許多作品，且有出書之議。1949 年來臺初期，作品散見於《中央日報》、《新生報》、《公論報》等報副刊專欄，關切教養子女、男女愛情、藝術創作、家庭治理等生活議題。曾任中國文藝協會南部分會理事，婦女寫作協會、青年寫作協會會員。曾獲第 54 年度中國文藝協會散文創作獎。

　　艾雯創作文類以散文為主，兼及小說與兒童文學。1951 年出版的第一本散文集《青春篇》獲得中國青年寫作協會舉辦的「全國青年最喜閱讀文藝作品測驗」散文題首選，被譽為「自由中國第一本散文集」。她擅寫系列散文，勤訂寫作計畫，《浮生散記》、《不沉的小舟》、《倚風樓書簡》、《綴網集》、《花韻》、《孤獨，凌駕於一切》、《老家蘇州》均為計畫寫作的筆耕成果。她的文字及神韻細緻高雅，逝世前仍創作不懈，其不凋的創作精神正如陳芳明所言：「她的美文追求，仍然充滿生命力。由於創造力的持久，影

響力特別深遠。」

　　除了以散文享譽文壇外，其小說成就亦表現不凡，創作產量在 1960 年代中期前絲毫不遜於散文，題材包含感情婚姻、家庭生活、眷村文化等特殊時代的精神風貌，特色在於闡揚人性光輝、刻畫該時代艱苦卓越的精神、反映各階層形形色色的生活，並從日常瑣事提煉哲思智慧與民族意識，如《生死盟》各篇主角擇善固執的形象、《小樓春遲》以忠於理想與信念命題、《夫婦們》則為外省族群在臺落腳至生根的歷程塑像，其小說的人性和社會性，傳達了她對文學一貫的使命感與責任心。除此之外，艾雯亦從事童話創作，作品散見於《中央日報》、《新生報》、《學友》等處，1962年結集為《森林裡的祕密》一書出版。

　　艾雯愛好自然，關懷萬物，追尋美善的生活，其作品融合了抒情和哲理的新趣，文字雋永、細膩綿密，兼具古典與創新，在 1950 年代反共戰鬥文藝興盛的時期，為文壇注入一股清新之氣，享有「1950 年代一首綺麗的散文詩」之美名。艾雯以講究修辭藝術，擅寫書信、日記與手札體散文聞名，帶動第一代女性散文家的創作風氣，張瑞芬曾說：「艾雯不僅是美文的開創者，且是最早臻成熟巔峰者」，而其溫暖寬厚的創作底蘊正如張秀亞所言：「艾雯堪稱得起是一位藝術家，在她的心上棲息著美與真，以及孩童般的純摯；作品則是擷自她心裡的一隅，帶著她純真的感情與深沉的哲思。」

作品目錄及提要

【散文】

啟文出版社 1951

大業書局 1963

水芙蓉出版社 1978

青春篇

高雄：啟文出版社
1951 年 4 月，32 開，128 頁

高雄：大業書局
1963 年 6 月，32 開，138 頁

臺北：水芙蓉出版社
1978 年 12 月，32 開，207 頁
水芙蓉書庫 133

臺北：爾雅出版社
1987 年 5 月，32 開，232 頁
爾雅叢書 16

本書收錄作者早期在中國與來臺後創作的作品，具有貼近現實生活及追求真理的特色。全書收錄〈門裡門外〉、〈夏夜戀歌〉、〈青春篇〉、〈迎向黎明〉等 45 篇。正文前有艾雯〈寫在前面〉。

大業版：刪去〈夜闌人語〉、〈生活在罪惡中〉、〈購筆記〉、〈不眠之夜〉四篇，新增〈它〉、〈鄉居閒情〉、〈牆〉、〈失落的心〉、〈在片刻的黑暗中〉、〈收穫〉六篇。正文前新增艾雯〈再版小言〉，正文後新增艾雯〈作者的話——寫在第六版〉。

水芙蓉版：刪去〈夜闌人語〉、〈生活在罪惡中〉、〈購筆記〉、〈不眠之夜〉、〈永恆的傷痛〉五篇，新增〈它〉、〈鄉居閒情〉、〈牆〉、〈失落的心〉、〈在片刻的黑暗中〉、〈收穫〉、〈山居〉七篇。正文前新增〈作者簡介〉、艾雯〈作者的話——寫在第八版〉、艾雯〈新版題記〉，正文後新增「附錄」，收錄葛賢寧〈評介《青春篇》〉、王平陵〈散文的藝術——兼評《青春篇》〉等九篇。

爾雅版：全書分四輯，刪去〈這一年〉、〈夜闌人語〉、〈刷新〉、〈生活在罪惡中〉、〈購筆記〉、〈永恆的創痛〉、〈不眠之

夜〉、〈戀愛與事業〉八篇，新增〈它〉、〈牆〉、〈失落的
心〉、〈收穫〉、〈鄉居閒情〉、〈在片刻的黑暗中〉、〈山居〉、
〈風雨念故人（山村小簡之二）〉八篇，改〈沉默（山村小
簡之二）〉、〈為什麼不寫（山村小簡之三）〉篇名為〈沉默
（山村小簡之三）〉、〈為什麼不寫（山村小簡之四）〉。正文
前新增艾雯〈青春不老──爾雅版《青春篇》新記〉，正文
後新增〈艾雯寫作年表〉、〈艾雯書目〉。

爾雅出版社 1987

大業書店 1955

水芙蓉出版社 1983

漁港書簡

高雄：大業書店
1955 年 2 月，32 開，109 頁
今日文叢 2

臺北：水芙蓉出版社
1983 年 2 月，32 開，206 頁
水芙蓉書庫 229

本書以漁村及鹽民為書寫題材，藉描寫鄉土情感與生活感
知，展現現實關懷的精神。全書分四部分，收錄〈無盡的
愛〉、〈虹一般的憶念〉、〈年青的日子〉等 24 篇。正文前有
艾雯〈寫在前面〉。
水芙蓉版：全書分五輯，新增〈栗子之戀〉、〈初歷地震〉、
〈綠色幻想曲〉、〈方老教授〉、〈有朋自遠方來〉、〈四重溪之
春〉、〈白雲深處覓歌舞〉、〈山在虛無縹緲間〉、〈晴山綠縈西
子灣〉、〈從贛南到臺灣〉十篇，改〈我是怎樣從事寫作的〉
篇名為〈摸索前進的路〉。正文前新增〈作者簡介〉、艾雯
〈漁者有其船──新版的話〉，正文後新增「附錄」，收錄易
叔寒〈評介《漁港書簡》〉、糜文開〈由《漁港書簡》想起──
──值得大家注意的一個創作問題〉等三篇。

國華出版社 1955

三信出版社 1972

生活小品

臺北：國華出版社
1955 年 8 月，32 開，95 頁

高雄：三信出版社
1972 年 4 月，15×17 公分，153 頁

本書結集作者發表於《中央日報》「婦女與家庭」週刊的專欄文章。全書收錄〈良好的開始〉、〈歡樂年年〉、〈日曆〉、〈春的喜悅〉等 46 篇。正文前有艾雯〈寫在前面〉。
三信版：刪去〈精神上的疫症〉、〈三千煩惱絲〉、〈謹防氾濫〉、〈「流行」病〉四篇，改〈習慣的奴隸〉篇名為〈習慣的回憶〉。正文前新增艾雯〈再版小言〉。

艾雯散文選

臺北：遠東圖書公司
1956 年 9 月，32 開，158 頁

本書集結《青春篇》、《漁港書簡》、《生活小品》作品與其他文章。全書分三輯，收錄〈海角燈影〉、〈迎向黎明〉、〈夏夜戀歌〉、〈門裡門外〉、〈神，信仰〉等 62 篇。

光啟出版社 1962　　水芙蓉出版社 1974

群眾出版社 1995

曇花開的晚上

臺中：光啟出版社
1962 年 5 月，32 開，165 頁
文藝叢書 11

臺北：水芙蓉出版社
1974 年 11 月，32 開，198 頁
水芙蓉書庫 20

北京：群眾出版社
1995 年 1 月，32 開，172 頁
臺灣名家散文叢書 1

本書以日常生活為題，啟示讀者如何在日
常瑣事中提煉生命智慧。全書收錄〈春日
短箋〉、〈旅途上〉、〈綠色書簡〉、〈童心來
復〉等 35 篇。
水芙蓉版：正文前新增〈作者簡介〉、艾
雯〈新版小言〉，正文後新增歸人〈讀
《曇花開的晚上》〉、徐存〈夢的養分——
介紹艾雯《曇花開的晚上》〉、羅雲家〈評
《曇花開的晚上》〉、陳朝棟〈《曇花開的
晚上》讀後感——推介艾雯所著的散文
集〉。

群眾版：刪去〈心香一瓣祝平安〉，新增〈不具「風格」的風格〉。正文前新增
〈作者小傳〉、艾雯〈新版小言〉，正文後新增「附錄」，收錄歸人〈讀《曇花開
的晚上》〉、徐存〈夢的養分——介紹艾雯《曇花開的晚上》〉。

浮生散記

臺北：水芙蓉出版社
1975 年 3 月，32 開，139 頁
水芙蓉書庫 32

本書採日記體形式，描寫藉哲思使生命情境自困厄轉向自得
的歷程。全書收錄〈心中自有丘壑在〉、〈道路伸展的地
方〉、〈攜回一束小花〉等十篇。正文前有〈作者簡介〉、艾
雯〈蒼涼的心路歷程——代序〉。

明天，去迎接陽光

臺北：漢藝色研文化公司
1990 年 1 月，25 開，147 頁
詩文之美 72

本書為《浮生散記》更名出版。正文前刪去〈作者簡介〉、
艾雯〈蒼涼的心路歷程——代序〉，新增艾雯〈新版小言〉，
正文後新增〈艾雯書目〉、〈作者簡介〉。

不沉的小舟

臺北：水芙蓉出版社
1975 年 4 月，32 開，202 頁
水芙蓉書庫 36

本書記述大自然、社會形態、書籍與行旅給予作家的感受和
啟示。全書收錄〈敬禮！明天〉、〈平安磐石〉、〈光榮的日
子〉、〈月臺〉等 45 篇。正文前有〈作者簡介〉。

水芙蓉出版社 1984

漢藝色研 1990

倚風樓書簡

臺北：水芙蓉出版社
1984 年 1 月，32 開，262 頁
水芙蓉書庫 250

臺北：漢藝色研文化公司
1990 年 3 月，25 開，199 頁
詩文之美 73

本書為作者自岡山遷居臺北後書寫的一系列書信體散文，逐
篇附有作者女兒朱恬恬繪製之插畫。全書收錄〈春暖花開
時〉、〈人在山谷中〉、〈雨中的沉思〉等 29 篇。正文前有
〈作者簡介〉、艾雯〈倚風樓外——《倚風樓書簡》前記〉。
漢藝色研版：刪去朱恬恬繪圖。正文前刪去〈作者簡介〉，
新增艾雯〈往日情懷——新版小言〉，正文後新增張秀亞
〈艾雯其人其事〉、沈謙〈我見青山多嫵媚——讀艾雯〈萬
物皆有情〉〉、〈艾雯書目〉、〈作者簡介〉。

綴網集

臺北：大地出版社
1986 年 3 月，32 開，184 頁
萬卷文庫 157

本書以小品文的形式深入淺出地呈現作者對生命的覺醒。全書收錄〈綴網自縛〉、〈土地的歸屬〉、〈淡在喜中〉、〈想想「曾經」〉、〈蚌和珠〉等 65 篇。正文前有艾雯〈回響（代序）〉，正文後附錄艾雯〈不具「風格」的風格〉。

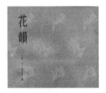

花韻／林智信繪圖

臺北：雅逸藝術公司
2003 年 9 月，20.5x21 公分，100 頁

本書以散文詩的筆致搭配版畫插圖，使主題「花」的神形韻姿躍然紙上。全書收錄〈迎春花〉、〈康乃馨〉、〈豌豆花〉等 28 篇。正文前有艾雯〈優雅自在〉，正文後附錄朱恬恬〈後記〉、〈艾雯簡介〉、〈林智信簡介〉、〈艾雯書目〉。

孤獨，凌駕於一切

臺北：印刻出版公司
2008 年 4 月，25 開，223 頁

本書結集作者發表於 1970～1980 年代的散篇作品，內容寫述初自岡山移居臺北，一人踽踽獨行於城市的體驗。全書分「忘憂草」、「藝術步入生活」二輯，收錄〈孤獨，凌駕於一切〉、〈真好，燈那麼亮！〉、〈那個摘星之夜〉等 28 篇。正文後附錄艾雯〈後記〉。

老家蘇州

蘇州：古吳軒出版社
2009 年 1 月，25 開，137 頁

本書為懷鄉作品，記述作者 13 歲告別家鄉前的蘇州印象。透過「小囡」的語氣與視角，細膩地刻畫兒時記憶的親情與市井民情，書中穿插多幅照片與版畫，使人讀來身歷其境。全書收錄〈小時候〉、〈野蝶飛來都變黃〉、〈玫瑰花雕〉等 15 篇，正文前有艾雯〈序──寫在前面〉，正文後附錄〈艾雯簡介〉。

【小說】

生死盟

高雄：大眾書局
1953 年 8 月，32 開，112 頁

短篇小說集。本書多以平凡的小人物為主角，描述國共戰爭下人民所受的傷害與越發堅韌的反共意志。全書收錄〈生死盟〉、〈隔岸的控訴〉、〈距離〉、〈吹笛子的人〉、〈密不錄由〉、〈夥計老闆〉、〈有生命的日子〉、〈夜潮〉、〈銀色的悲哀〉、〈正義的使者〉、〈沒有身分證的女人〉、〈季大夫〉、〈二十五孝〉、〈狡兔〉共 14 篇。正文前有艾雯〈寫在前面〉。

小樓春遲

臺北：帕米爾書店
1954 年 7 月，32 開，130 頁

短篇小說集。本書藉愛情、家庭生活與藝術創作等題材，刻畫理想與信念之於幸福的重要性。全書收錄〈在並轡馳騁的日子〉、〈漩渦〉、〈割愛〉、〈小樓春遲〉、〈生命的綠洲〉、〈螟蛉〉、〈落寞的女客〉、〈菲菲〉、〈漁家女〉、〈狼〉共十篇。

魔鬼的契約

臺南：人文出版社
1955 年 6 月，32 開，128 頁

短篇小說集。本書以女性為主角，描寫女性在成長歷程中，於愛情、事業、家庭等領域的困境。全書收錄〈罪與恨〉、〈偶像〉、〈魔鬼的契約〉、〈表兄妹〉、〈春歸夢殘〉、〈海嫁〉、〈家庭教師〉、〈一個女作家〉共八篇。

夫婦們

臺北：復興書局
1957 年 8 月，32 開，171 頁

長篇小說。本書以第一人稱「我」為敘述者，描寫臺灣眷村中 17 對外省夫婦的家庭生活，藉此反映 1950 年代外省族群在臺灣落腳生根的過程縮影。

霧之谷

臺北：正中書局
1958 年 3 月，14.7x18.7 公分，261 頁
正中文藝叢書

短篇小說集。全書收錄〈東吉嶼海峽〉、〈神童〉、〈考驗〉、〈遙遠的祝福〉、〈人生的另一課〉、〈不是故事的故事〉、〈死水微瀾〉、〈雙翼〉、〈戒指〉、〈奔向自由〉、〈瘧戀〉、〈無言的責備〉、〈扇子〉、〈狂歡之夜〉、〈孿生兄弟〉、〈異國溫情〉、〈路是怎樣走出來的〉、〈霧之谷〉共 18 篇。

一家春

臺北：正中書局
1960 年 1 月，14.7x18.7 公分，183 頁

短篇小說集。全書收錄〈一家春〉、〈負心〉、〈賭徒〉、〈魔劫〉、〈雲消霧散〉、〈糖渣〉、〈吾妻〉、〈分水嶺〉、〈太太的信仰〉、〈永保青春〉、〈淘金夢〉、〈犧牲者〉、〈乾親家〉、〈級長〉、〈群魔宴〉共 15 篇。

與君同在

臺北：復興書局
1962 年 6 月，32 開，199 頁

短篇小說集。全書收錄〈父子島〉、〈鄉下醫生〉、〈勇士〉、〈與君同在〉、〈花魂〉、〈彼岸〉、〈捐〉、〈復活的春天〉、〈孤女淚〉、〈藤籃裡的祕密〉、〈永恆的路〉、〈蘋果〉、〈明月千里〉、〈蘇花老人〉、〈恩重如山〉共 15 篇。

池蓮

臺北：正中書局
1966 年 5 月，32 開，352 頁

短篇小說集。全書收錄〈池蓮〉、〈花濺淚〉、〈虎子〉、〈卑微的生命〉、〈假期〉、〈愛情島〉、〈左右為難〉、〈復活〉、〈斑竹〉、〈義母〉、〈樂團外面的孩子〉、〈墊腳石〉、〈殞星〉、〈血緣〉、〈潭上風雨〉、〈苦海墜珠〉、〈十月芙蓉小陽春〉、〈殼〉、〈風雨之夕〉、〈生命的延續〉共 20 篇。

弟弟的婚禮

臺北：立志出版社
1968 年 12 月，32 開，228 頁
立志文叢 10

臺北：水芙蓉出版社
1969 年 6 月，32 開，227 頁
水星文庫 33

立志出版社 1968

水芙蓉出版社 1969

短篇小說集。全書收錄〈好學不倦〉、〈弟弟的婚禮〉、〈安排〉、〈快樂回憶〉、〈老人與牌〉、〈手〉、〈在迷茫的遠方〉、〈一年將盡夜〉、〈繡繃子的姑娘〉共九篇。正文前有周玉銘〈立志文叢序〉。
水芙蓉版：正文前刪去周玉銘〈立志文叢序〉。

【兒童文學】

森林裡的祕密

臺北：臺灣兒童書局
1962 年 7 月，32 開，105 頁

本書結集發表於《中央日報》、《新生報》「兒童版」、《學友》等報章雜誌作品，為早期為女兒朱恬恬講述的創作。全書收錄〈火的故事〉、〈鏡子裡的真理〉、〈腳踏車「飛利」〉、〈夜鶯和音樂家〉、〈兩學徒〉、〈人怎樣豢養了家畜〉、〈魔笛〉、〈神仙山〉、〈沙漠船〉、〈杜鵑花和杜鵑鳥〉、〈鐵幕裡的孩子〉、〈森林裡的祕密〉共 12 篇。正文後附錄艾雯〈童話・童年・童心（後記）〉。

【合集】

艾雯自選集
臺北：黎明文化公司
1980 年 11 月，32 開，310 頁
中國新文學叢刊 96

本書為散文與小說合集。全書分二輯，「散文」收錄〈門裡門外〉、〈青春篇〉、〈失落的心〉、〈邇暮〉等 39 篇；「小說」收錄〈銀色的悲哀〉、〈一家春〉、〈父子島〉、〈安排〉、〈花魂〉、〈虎子〉共六篇。正文前有作家素描、生活照片、手跡與〈小傳〉，正文後附錄〈作品書目〉。

艾雯全集／封德屏主編
臺北：文訊雜誌社
2012 年 8 月，25 開

《艾雯全集》共十卷，依文類分散文與小說卷各五冊，收錄作者於 1941～2008 年間出版與未結集作品；按原作品集之出版順序收錄，未結集篇章分置所屬文類卷末。每卷書名頁後均附原作品集版本說明，第一卷正文前有陳芳明〈總論：艾雯和戰後臺灣散文長流〉、封德屏〈編序〉、〈有關《艾雯全集》出版說明〉、〈編輯體例〉、〈總目錄〉與作家照片身影。

艾雯全集 1・散文卷一
臺北：文訊雜誌社
2012 年 8 月，25 開，471 頁

本書收錄《青春篇》、《漁港書簡》。

艾雯全集 2・散文卷二

臺北：文訊雜誌社
2012 年 8 月，25 開，435 頁

本書收錄《生活小品》、《艾雯散文選》、《曇花開的晚上》、
《浮生散記》。

艾雯全集 3・散文卷三

臺北：文訊雜誌社
2012 年 8 月，25 開，546 頁

本書收錄《不沉的小舟》、《艾雯自選集》、《倚風樓書簡》、
《綴網集》。

艾雯全集 4・散文卷四

臺北：文訊雜誌社
2012 年 8 月，25 開，593 頁

本書收錄《花韻》、《孤獨，凌駕於一切》、《老家蘇州》及
「與誰同坐」系列散文，「與誰同坐」為艾雯命名編選之未
出版作品。

艾雯全集 5・散文卷五

臺北：文訊雜誌社
2012 年 8 月，25 開，525 頁

本書收錄未結集散文作品。全書分兩部分，「未結集散文」
收錄〈雨〉、〈笑〉、〈悼慈父〉、〈婦女需要職業！〉、〈走〉等
139 篇；「未結集書簡」收錄〈作家書簡一〉、〈作家書簡二〉
等八篇。

艾雯全集 6．小說卷一
臺北：文訊雜誌社
2012 年 8 月，25 開，494 頁

本書收錄《生死盟》、《小樓春遲》、《魔鬼的契約》。

艾雯全集 7．小說卷二
臺北：文訊雜誌社
2012 年 8 月，25 開，505 頁

本書收錄《夫婦們》、《霧之谷》。

艾雯全集 8．小說卷三
臺北：文訊雜誌社
2012 年 8 月，25 開，588 頁

本書收錄《一家春》、《與君同在》、《森林裡的祕密》。

艾雯全集 9．小說卷四
臺北：文訊雜誌社
2012 年 8 月，25 開，599 頁

本書收錄《池蓮》、《弟弟的婚禮》。

艾雯全集 10・小說卷五

臺北：文訊雜誌社
2012 年 8 月，25 開，670 頁

本書收錄未結集小說、戲劇作品。全書分二部分，「未結集小說」收錄〈意外〉、〈發薪水〉、〈薦〉、〈林薇娜〉、〈幸福的消失〉、〈髮的喜劇〉、〈小明的悲哀〉、〈難民〉、〈被歧視的人們〉、〈阿俞的保障〉、〈在車箱裡發生的小事情〉、〈生產〉、〈春雨之夜〉、〈議婚記〉、〈小草子〉、〈母與子〉、〈沙灘上〉、〈新女性〉、〈熱浪〉、〈風聲鶴唳〉、〈溫室裡的花〉、〈傻大姐〉、〈困惑〉、〈閃電夜〉、〈生活第一課〉、〈最後一班列車〉、〈心臟病患者〉、〈結婚禮物〉、〈乞婦〉、〈一見鍾情〉、〈克難英雌〉、〈結婚五週年〉、〈證據〉、〈晚會〉、〈鳳求凰〉、〈愛情的考驗〉、〈神人之間〉、〈一枚銀洋〉、〈遠景〉、〈貼除的一頁〉、〈一場電影〉、〈伊甸園〉、〈倔強的靈魂〉、〈戰鬥鴛鴦〉、〈白雲深處是伊家〉、〈女瘋子〉、〈小巷風波〉、〈蟲難〉、〈贖罪〉、〈醉人醉語〉、〈我數著青春和年少〉、〈風雨同傘〉、〈捕鼠機〉、〈十年如一日〉、〈姊妹行〉、〈無根的花〉、〈鋸樹的日子〉、〈青春長在〉、〈朦朧地帶〉、〈第一雙皮鞋〉、〈開一朵玫瑰的春天〉、〈一個爬梯子的人〉、〈荔枝成熟時〉、〈一百五十元〉、〈橋〉、〈一顆珠子〉、〈生日禮物〉、〈願望之星〉、〈小凱利〉、〈酷戀〉、〈待產記〉、〈牆上的臉譜〉共 72 篇；「未結集劇作」收錄《出路》、《燕爾劫》、《二十五孝》、《她們都去了》共四篇。

文學年表

1923 年　8 月　11 日（農曆），生於蘇州吳縣，本名熊崑珍。父熊蔚，母熊蔣伯馨。排行長女。

1931 年　本年　約莫八、九歲時，一知半解地閱讀父親之藏書，猛讀古典與章回小說，自此迷上書籍。

1937 年　本年　隨父母赴江西大庾，不久中日戰爭爆發，故鄉蘇州旋即淪陷。

1940 年　本年　父親在江西大庾任上逝世，為負擔家計，於大庾中學輟學就業。進圖書館任圖書管理員後，博覽群書。

1941 年　本年　首篇作品〈意外〉獲《江西婦女》徵文的小說組第一名。爾後取筆名為艾雯，以部分獎金自印稿箋，開始書寫散文、雜文與短篇小說，作品多刊於《正氣日報》、《青年報》、《民國日報》、《東南日報》。

1943 年　1 月　31 日，發表〈笑〉於《青年報》。

　　　　2 月　7 日，發表〈悼慈父〉於《青年報》。

　　　　3 月　8 日，發表〈婦女需要職業〉於《正氣日報》。

　　　　8 月　18 日，發表〈走〉於《青年報》。

　　　10 月　29 日，發表短篇小說〈發薪水〉於《正氣日報》。

　　　11 月　1 日，發表〈演說〉於《正氣日報》。

　　　　　　9 日，發表短篇小說〈薦〉於《正氣日報》。

　　　　本年　寫三幕劇《燕爾劫》，應徵重慶某單位徵文，卻因交通中斷，不知下落。

1944 年　2 月　9 日，發表〈火的舞蹈〉於《東南日報》。

21 日，發表〈這不過是嶺南的冬天〉於《青年報》。

27 日，發表〈狗與其「同僚」〉於《青年報》。

3 月　8 日，發表〈絆腳石〉於《青年報》。

17 日，發表短篇小說〈幸福的消失〉於《正氣日報》；發表短篇小說〈髮的喜劇〉於《青年報》。

4 月　4 日，發表短篇小說〈小明的悲哀〉於《青年報》。

16 日，發表〈為公務員經商進一言〉於《青年報》。

30 日，發表〈傻子〉於《青年報》。

8 月　13 日，慶祝《凱報》創刊週年，發表〈寫在創刊週年〉於《凱報》。

9 月　5 日，發表〈時間的妙用〉於《凱報》。

27 日，發表〈月未圓──紀念自己的誕日〉於《正氣日報》。

10 月　29 日，發表短篇小說〈在車廂裡發生的小事情〉於《正氣日報》。

11 月　17 日，發表〈閒談「名」〉於《凱報》。

29 日，發表〈門面〉於《凱報》。

12 月　20 日，發表〈火‧風〉於《凱報》。

24 日，發表〈這一角〉於《凱報》。

本年　避難江西上猶，進《凱報》工作，任「大地」副刊主編，並參與各報發展東南文藝運動。

1945 年　6 月　16 日，發表〈遊街及示眾〉於《凱報》。

8 月　13 日，發表〈大地的回顧與前瞻〉於《凱報》。

9 月　1 日，發表〈建立「心防」──寫在二屆記者節〉於《凱報》。

12 月 8 日，發表〈這是求「享樂」的時候了嗎？——由太平洋戰爭四週年想起〉於《正氣日報》。

1946 年 6 月 發表〈剜肉補瘡〉於《民主世紀》第 5 期。

7 月 3 日，發表〈悼一個戰士的倒下〉於《正氣日報》。

26 日，發表〈告別讀者〉於《凱報》。

秋 與朱樸結婚。

1947 年 12 月 29 日，女兒朱恬恬出生。

1949 年 2 月 同母親熊蔣伯馨、丈夫朱樸、妹妹熊潤珍、女兒朱恬恬搬遷來臺，居住於屏東。

3 月 重拾文筆，專任寫作。

5 月 2～3 日，短篇小說〈母與子〉連載於《中央日報》第 5 版。

8 日，發表短篇小說〈沙灘上〉於《中央日報》第 5 版。

10 日，發表〈副刊性質的商榷〉於《中央日報》第 6 版。

6 月 3～4 日，短篇小說〈新女性〉連載於《中央日報》第 5、6 版。

14 日，發表〈靜靜，她正睡著〉於《中央日報》第 6 版。

17 日，發表〈三請女傭記〉於《中央日報》第 6 版。

8 月 6 日，發表〈生活在罪惡中〉於《中央日報》第 6 版。

19 日，發表〈伴〉於《中央日報》第 5 版。

21 日，發表〈也談貓〉於《中央日報》第 5 版。

29 日，發表〈守宮〉於《中央日報》第 6 版。

9 月 13 日，發表短篇小說〈風聲鶴唳〉於《中央日報》第 6 版。

24 日，發表〈夜市〉於《中央日報》第 6 版。

25 日，發表〈母親的徬徨——孩子事之一〉於《中央日報》第 7 版。

10 月 5 日，發表〈不眠之夜〉於《中央日報》第 6 版。

16 日，發表〈孩子賴地怎麼辦？——孩子之事二〉於《中央日報》第 7 版。

23 日，發表〈孩子的天性——孩子事之三〉於《中央日報》第 7 版。

26 日，發表〈臺灣——第一個印象〉於《中央日報》第 6 版。

30 日，發表〈焦急的期待〉於《中央日報》第 6 版。

發表短篇小說〈一個女作家〉於《寶島文藝》創刊號。

11 月　5 日，發表〈太陽・月亮〉於《臺灣新生報》第 8 版。

13 日，發表〈模仿與薰染——孩子事之四〉於《中央日報》第 7 版。

26 日，發表〈散文時代〉於《臺灣新生報》第 8 版。

12 月　4 日，發表〈心理上的蝨賊〉於《中央日報》第 6 版。

6 日，發表〈永恆的創痛〉於《中央日報》第 7 版。

12 日，發表〈哈代的「黛絲姑娘」〉於《公論報》第 8 版。

14 日，發表〈地震〉於《臺灣新生報》南部版第 8 版，後改篇名為〈初歷地震〉。

18 日，發表〈靦腆呢，怯懦？——孩子事之五〉於《中央日報》第 7 版。

21 日，發表〈小街〉於《中央日報》第 6 版。

23 日，發表〈藍色的夢〉於《中央日報》第 6 版。

29 日，發表〈為了情熱〉於《臺灣新生報》第 8 版。

31 日，發表〈惦念〉於《臺灣新生報》第 8 版。

發表短篇小說〈小白鴿〉於《寶島文藝》第 1 卷第 3 期，後改篇名為〈狼〉。

1950 年　1 月　1 日，發表〈主婦與寫作〉於《中央日報》第 7 版；發表

〈祝福——寫在恬兒兩週歲〉於《中央日報》第 18 版。

4 日，發表〈再來一次文藝運動〉於《臺灣新生報》第 8 版。

8 日，發表〈戀愛事業〉於《中央日報》第 7 版。

10 日，發表〈論宣傳應採取話劇〉於《中央日報》第 6 版；發表〈栗子之戀〉於《臺灣新生報》第 9 版。

12 日，發表〈購筆記〉於《臺灣新生報》第 9 版。

22 日，發表〈愛情的渴念〉於《中央日報》第 7 版。

30 日，發表〈頭髮的故事〉於《臺灣新生報》第 9 版。

2 月　3 日，發表〈是那一家做莊？〉於《臺灣新生報》第 9 版。

5 日，發表〈漫談業餘寫作〉於《中央日報》第 7 版。

24 日，發表〈這一年〉於《中央日報》第 6 版。

27 日，發表〈新歲話新舊〉於《臺灣新生報》第 9 版。

3 月　4 日，發表〈真耶？戲耶？〉於《臺灣新生報》第 9 版。

7 日，發表〈精神戮戕〉於《臺灣新生報》第 9 版。

16 日，發表〈拉住時代的人〉於《臺灣新生報》第 9 版。

26 日，發表短篇小說〈困惑〉於《中央日報》第 6 版。

4 月　2 日，發表〈刷新〉於《中央日報》第 7 版。

9 日，發表〈生活的考驗〉於《中央日報》第 7 版。

18 日，發表〈處處花香〉於《臺灣新生報》第 9 版。

21 日，發表短篇小說〈閃電夜〉於《中央日報》第 6 版。

30 日，發表〈夜闌人語——給一顆寂寞的心〉於《中央日報》第 7 版。

5 月　23 日，發表短篇小說〈生活第一課〉於《中央日報》第 6 版。

28 日，發表〈心靈的縈寄〉於《中央日報》第 7 版。

31 日，發表短篇小說〈最後一班列車〉於《臺灣新生報》第 9 版。

發表短篇小說〈二十五孝〉於《當代青年》第 1 卷第 6 期。

發表〈路〉於《地方自治》第 3 卷第 5 期。

發表〈花開時節〉於《半月文藝》第 1 卷第 4 期。

發表〈花‧花瓶〉於《時代婦女》第 2 期。

發表〈軍中義務教育在屏東——記供應大隊補習夜校〉於《中國的空軍》第 124 期。

6 月　18 日，發表〈風雨同舟縫征衣〉於《中央日報》第 7 版。

30 日，發表短篇小說〈狡兔〉於《臺灣新生報》第 9 版。

發表〈勝利的號角〉於《時代婦女》第 3 期。

發表〈晴山綠繞西子灣〉於《暢流》第 1 卷第 9 期，後改篇名為〈晴山綠縈西子灣〉。

7 月　發表〈不做生活的俘虜〉於《時代婦女》第 4 期。

發表〈綠色幻想曲〉於《當代青年》第 2 卷第 2 期。

8 月　發表〈童心的享受〉於《地方自治》第 5 卷第 2 期。

9 月　發表短篇小說〈結婚禮物〉於《時代婦女》第 6 期。

10 月　發表〈婦女衛國數今朝——記婦聯會空軍屏東支會第一次會員大會〉於《中國的空軍》第 129 期。

11 月　10 日，發表〈青春篇〉於《中央日報》第 8 版。

12 月　發表〈夏夜戀歌〉於《火炬》第 1 期。

1951 年　1 月　20 日，發表短篇小說〈克難英雌〉於《中央日報》第 6 版。

2 月　6 日，發表〈迎向黎明〉於《中央日報》第 6 版。

16 日，發表〈過年〉於《中華日報》第 6 版。

發表短篇小說〈結婚五週年〉於《中華婦女》第 1 卷第 8 期。

3 月　發表短篇小說〈夥計老闆〉於《明天》第 29 期。

4 月　5 日，發表〈主婦的終身事業〉於《中央日報》第 5 版。

　　　發表短篇小說〈證據〉於《寶島文藝》第 3 卷第 3 期。

　　　獨幕劇作〈她們都去了〉連載於《中華婦女》第 1 卷第 10 期、第 1 卷第 11、12 期合刊。

　　　《青春篇》由高雄啟文出版社出版，其中〈路〉一文被收入為國中國文教材。

5 月　5 日，應邀參加中國文藝協會於臺灣廣播電臺舉行的成立週年紀念「婦女與文學——女作家空中座談會」。座談紀錄後刊於本月 9 日《中央日報》第 6 版。

　　　16 日，發表短篇小說〈晚會〉於《暢流》第 3 卷第 7 期。

6 月　12、14、15 日，發表〈臺北來去〉於《中央日報》第 6 版。

　　　25 日，發表〈奈何路〉於《中華日報》第 6 版。

7 月　發表短篇小說〈鳳求凰〉於《中國的空軍》第 138 期。

　　　發表短篇小說〈有生命的日子〉於《當代青年》第 3 卷第 4 期。

9 月　22 日，發表短篇小說〈神人之間〉於《臺灣新生報》第 6 版。

　　　發表短篇小說〈吹笛子的人〉於《中國一周》第 71 期。

10 月　8 日，發表短篇小說〈一枚銀洋〉於《中華日報》第 6 版。

　　　發表短篇小說〈遠景〉於《中華婦女》第 2 卷第 2 期。

　　　發表短篇小說〈銀色的悲哀——焉知盤中鹽，粒粒皆辛苦〉於《明天》第 44 期。

12 月　發表短篇小說〈貼除的一頁〉於《大道》第 30 期。

　　　發表短篇小說〈生死盟——給一位困惑的友人〉於《中國一周》第 84 期。

發表短篇小說〈海嫁——「汐止」的故事〉於《暢流》第 4
卷第 9 期。

發表短篇小說〈家庭教師〉於《明天》第 47、48 期合刊。

1952 年　1 月　發表〈鄉居閒情〉於《自由談》第 3 卷第 1 期。

發表短篇小說〈溫馨的愛〉於《新文藝》第 1 卷第 1 期。

發表短篇小說〈菲菲〉於《中華婦女》第 2 卷第 5 期。

　　　　3 月　發表短篇小說〈一場電影〉於《大道》第 35 期。

　　　　4 月　短篇小說〈春歸夢殘〉連載於《暢流》第 5 卷第 5 期～第 5
卷第 6 期。

　　　　5 月　4 日，發表〈寫在文協二週年〉於《臺灣新生報》南部版
「西子灣」副刊。

開始寫作長篇小說〈夫婦們〉，連載於《中華婦女》第 2 卷
第 9 期～第 3 卷第 6 期，第 3 卷第 9 期～第 3 卷第 12 期，第
4 卷第 2 期～第 4 卷第 6 期，第 4 卷第 10 期～第 4 卷第 12
期。

發表〈綠塚〉於《中國文藝》第 1 卷第 3 期。

發表〈母女〉於《中國一周》第 107 期。

發表〈山在虛無縹緲間——琉球嶼記遊〉於《中國語文月
刊》第 1 卷第 2 期。

　　　　6 月　發表〈生命的音樂〉於《文壇》第 1 卷第 1 期。

發表短篇小說〈伊甸園〉於《當代青年》第 4 卷第 4 期。

　　　　7 月　發表〈種花記〉於《大道》第 43 期。

　　　　8 月　18 日，發表〈控訴〉於《中央日報》第 4 版。

　　　　9 月　發表短篇小說〈倔強的靈魂〉於《讀書》第 1 卷第 5 期。

發表短篇小說〈密不錄由〉於《中國一周》第 127 期。

發表〈白雲故鄉〉於《中國勞工》第 45 期。

10 月　發表短篇小說〈在並轡馳騁的日子〉於《明天》第 59 期。

11 月　發表〈黑暗中摸索前進了這些年——我怎樣開始寫作的？〉
於《讀書》第 1 卷第 9 期，後改篇名為〈我是怎樣從事寫作
的〉。

發表短篇小說〈距離〉於《當代青年》第 5 卷第 4 期。

短篇小說〈魔鬼的契約〉連載於《暢流》第 6 卷第 7 期～第
6 卷第 10 期。

12 月　發表〈豆漿攤的女人〉於《國風》第 4 期，後改篇名為〈拐
角那一家〉。

短篇小說〈霧之谷〉連載於《大道》第 54～55 期。

1953 年　2 月　發表〈春的召喚〉於《文壇》第 1 卷第 4、5 期合刊。

3 月　發表〈婦女們舉手起誓〉於《中國一周》第 149 期。

發表〈狸奴〉於《軍中文摘》第 49 期。

發表短篇小說〈戰鬥鴛鴦〉於《中國勞工》第 80 期。

短篇小說〈蔴花老人〉連載於《中國勞工》第 57～58 期。

4 月　發表短篇小說〈表兄妹〉於《文壇》第 1 卷第 6 期。

5 月　4 日，發表〈文藝節小言〉於《臺灣新生報》南部版「西子
灣」副刊。

10 日，發表〈無盡的愛——寫在母親節〉於《中央日報》第
6 版。

發表短篇小說〈罪與恨〉於《中國一周》第 158 期。

發表短篇小說〈白雲深處是伊家〉於《讀書》第 2 卷第 8
期。

發表短篇小說〈隔岸的控訴〉於《文藝創作》第 52 期。

6 月　短篇小說〈成人之美〉連載於《暢流》第 7 卷第 8 期～第 7
卷 10 期，後改篇名為〈割愛〉。

發表短篇小說〈小樓春遲〉於《晨光》第 1 卷第 4 期。

7 月　發表〈當我回到家鄉的時候〉於《讀書》第 3 卷第 1 期。

8 月　發表短篇小說〈生命的綠洲〉於《晨光》第 1 卷第 6 期。

短篇小說〈路是怎樣走出來的〉連載於《中國勞工》第 66～67 期。

短篇小說集《生死盟》由高雄大眾書局出版。

10 月　12 日，發表〈趕在太陽前面〉於《中央日報》第 4 版。

發表短篇小說〈偶像〉於《晨光》第 1 卷第 8 期。

12 月　發表短篇小說〈漩渦〉於《暢流》第 8 卷第 8 期。

本年　遷居高雄岡山樂群村。

1954 年　1 月　9 日，發表短篇小說〈女瘋子〉於《聯合報》第 6 版。

13 日，發表〈良好的開始〉於《中央日報》第 6 版。

20 日，發表〈溫暖與恬靜〉於《中央日報》第 6 版，後改篇名為〈手和心〉。

27 日，發表〈衣飾要適合自己〉於《中央日報》第 6 版，後改篇名為〈「流行」病〉。

發表〈大地的祝福〉於《文壇》第 2 卷第 4 期。

開始寫作系列散文「主婦隨筆」（生活小品），每週發表於《中央日報》「婦女與家庭」週刊。

2 月　17 日，發表〈聲音的奇蹟〉於《中央日報》第 6 版；發表短篇小說〈小巷風波〉於《聯合報》第 6 版。

24 日，發表〈習慣的奴隸〉於《中央日報》第 6 版。

發表短篇小說〈愛的選擇〉於《晨光》第 1 卷第 12 期，後改篇名為〈殼〉。

3 月　3 日，發表〈春的喜悅〉於《中央日報》第 6 版。

10 日，發表〈歡樂年年〉於《中央日報》第 6 版。

17 日，發表〈精神上的疫症〉於《中央日報》第 6 版。

24 日，發表〈日曆〉於《中央日報》第 6 版。

發表短篇小說〈螟蛉〉於《大道》第 83 期。

4 月　7 日，發表〈人生的階梯〉於《中央日報》第 6 版。

14 日，發表〈婦女聯誼會〉於《中央日報》第 6 版，後改篇名為〈聯誼會〉。

21 日，發表〈旅行〉於《中央日報》第 6 版。

28 日，發表〈回憶的泥潭〉於《中央日報》第 6 版。

5 月　5 日，發表〈門面哲學〉於《中央日報》第 6 版。

9 日，發表〈祝福母親〉於《中央日報》第 6 版。

19 日，發表〈莫等待〉於《中央日報》第 6 版。

26 日，發表〈偷得浮生半日閒〉於《中央日報》第 6 版。

發表短篇小說〈奔向自由〉於《幼獅文藝》第 3 期。

6 月　3 日，發表〈憶端陽〉於《中央日報》第 6 版，後改篇名為〈端陽瑣語〉。

9 日，發表〈珍惜語言〉於《中央日報》第 6 版；發表短篇小說〈蟲難〉於《聯合報》第 6 版。

15 日，發表〈生命之筆〉於《中央日報》第 6 版。

23 日，發表〈地上的天堂〉於《中央日報》第 5 版。

30 日，發表〈早春的蓓蕾〉於《中央日報》第 5 版。

短篇小說〈異國溫情〉連載於《暢流》第 9 卷第 8 期～第 9 卷第 9 期。

7 月　7 日，發表〈池水〉於《中央日報》第 6 版。

14 日，發表〈愛情的陰影〉於《中央日報》第 6 版。

21 日，發表〈狐狸性格〉於《中央日報》第 6 版。

28 日，發表〈嘗試〉於《中央日報》第 6 版。

短篇小說集《小樓春遲》由臺北帕米爾書店出版。

8 月　4 日，發表〈工具？魔鬼？〉於《中央日報》第 6 版。

11 日，發表〈生活的陽光〉於《中央日報》第 6 版。

16 日，發表短篇小說〈贖罪〉於《大道》第 94 期。

18 日，發表〈小心靈的培護〉於《中央日報》第 6 版，後改篇名為〈小心靈的潤澤〉。

25 日，發表〈家庭食客〉於《中央日報》第 6 版。

9 月　8 日，發表〈缺陷人生〉於《中央日報》第 6 版。

15 日，發表〈思想之舟〉於《中央日報》第 6 版。

22 日，發表〈謹防氾濫〉於《中央日報》第 6 版。

29 日，發表〈黑暗的啟示〉於《中央日報》第 6 版。

發表〈方老教授〉於《中國文藝》第 3 卷第 7 期。

發表短篇小說〈級長〉於《反攻》第 116 期。

10 月　6 日，發表〈魚與熊掌〉於《中央日報》第 6 版。

13 日，〈三千煩惱絲〉於《中央日報》第 6 版。

20 日，發表〈幽蘭與素石〉於《中央日報》第 6 版。

27 日，發表〈無形的書〉於《中央日報》第 6 版。

發表短篇小說〈孿生兄弟〉於《晨光》第 2 卷第 8 期。

11 月　3 日，發表〈最苦的孤獨〉於《中央日報》第 6 版。

10 日，發表〈福燈長明〉於《中央日報》第 5 版。

17 日，發表〈一枕小窗濃睡〉於《中央日報》第 6 版，後改篇名為〈一枕綠窗小睡〉。

24 日，發表〈竹馬〉於《中央日報》第 7 版。

12 月　1 日，發表〈樂在何處〉於《中央日報》第 6 版，後改篇名為〈不散的筵席〉。

8 日，發表〈生活的羅盤〉於《中央日報》第 6 版。

16 日，發表〈婚姻悲劇〉於《中央日報》第 6 版。

22 日，發表〈撲滿教育〉於《中央日報》第 6 版。

29 日，發表〈新年禮物〉於《中央日報》第 6 版。

1955 年　1 月　發表短篇小說〈人生的另一課〉於《中華婦女》第 5 卷第 5 期。

2 月　發表〈我的寫作生活〉於《幼獅文藝》第 8 期。

發表短篇小說〈生命的延續〉於《新世紀》第 1 卷第 5 期。

《漁港書簡》由高雄大業書店出版。

3 月　發表短篇小說〈花魂〉於《暢流》第 11 卷第 3 期。

4 月　發表〈虹一般的憶念〉於《自由談》第 2 卷第 4 期。

發表短篇小說〈戒指〉於《幼獅文藝》第 10 期。

短篇小說〈雲消霧散〉連載於《中國勞工》第 107～108 期。

6 月　短篇小說集《魔鬼的契約》由臺南人文出版社出版。

7 月　8 日，發表〈孩子的品行〉於《臺灣新生報》第 6 版。

發表短篇小說〈捐〉於《中華婦女》第 5 卷第 11 期。

發表短篇小說〈神童〉於《祖國》第 132 期。

短篇小說〈考驗〉連載於《中國文藝》第 4 卷第 4 期～第 4 卷第 5 期。

8 月　《生活小品》由臺北國華出版社出版。

發表短篇小說〈我數著青春和年少〉於《今日婦女》第 2 卷第 11 期。

9 月　27 日，發表〈旅途小簡〉於《聯合報》第 6 版，後改篇名為〈旅途上〉。

10 月　發表短篇小說〈乾親家〉於《婦友》第 13 期。

發表短篇小說〈風雨之夕〉於《大道》第 122 期。

12 月　發表短篇小說〈蘋果〉於《中國勞工》第 123 期。

短篇小說〈東吉嶼海峽的憂鬱〉連載於《暢流》第 12 卷第 9

期～第 12 卷第 10 期，後改篇名為〈東吉嶼海峽〉。

1956 年	1 月	9 日，中國青年寫作協會舉辦「四十四年度全國青年最喜閱讀文藝作品測驗」，作品《青春篇》獲得散文第一名。

發表〈感情的遺產〉於《海風》第 1 卷第 2 期。

2 月　發表短篇小說〈風雨同傘〉於《大道》第 130 期。

3 月　14 日，應邀出席中國青年反共救國團主任蔣經國於臺北市婦女之家舉辦的歡宴。

發表短篇小說〈犧牲者〉於《婦友》第 18 期。

4 月　15 日，發表〈鄉村老郵差〉於《中央日報》第 6 版。

發表〈虎頭埤紀遊〉於《暢流》第 13 卷第 5 期。

短篇小說〈孤女恨〉連載於《幼獅文藝》第 21～23 期，後改篇名為〈孤女淚〉。

5 月　24 日，發表〈孩子和蠶〉於《中央日報》第 6 版，後改篇名為〈孩子與蠶〉。

發表〈綠色書簡〉於《中國一周》第 318 期。

發表短篇小說〈彼岸〉於《海風》第 1 卷第 5 期。

6 月　20 日，發表〈七年甘苦〉於《臺灣新生報》第 10 版。

7 月　發表短篇小說〈吾妻〉於《暢流》第 13 卷第 10 期。

8 月　短篇小說〈魔劫〉連載於《中國勞工》第 138～139 期。

發表短篇小說〈復活的春天〉於《中華婦女》第 6 卷第 12 期。

9 月　《艾雯散文選》由臺北遠東圖書公司出版。

10 月　發表短篇小說〈賭徒〉於《海風》第 1 卷第 10 期。

發表短篇小說〈明月千里〉於《婦友》第 25 期。

短篇小說〈糖渣〉連載於《大道》第 145～146 期。

12 月　發表〈雲水蒼茫日月潭〉於《幼獅文藝》第 29 期。

發表〈小花瓶〉於《復興文藝》創刊號。

發表短篇小說〈不朽的春天〉於《婦友》第 27 期，後改篇名為〈勇士〉。

1957 年	2 月	發表〈永恆的流〉於《文壇》特大號。

發表短篇小說〈一家春〉於《自由青年》第 17 卷第 3 期。

　　　　3 月　發表短篇小說〈父子島〉於《文學雜誌》第 2 卷第 1 期。

　　　　4 月　發表〈日月潭水天一色〉於《中國一周》第 362 期。

　　　　5 月　發表短篇小說〈籐篋裏的秘密〉於《中國一周》第 370 期。

　　　　7 月　發表短篇小說〈捕鼠機〉於《復興文藝》第 6 期。

　　　　8 月　長篇小說《夫婦們》由臺北復興書局出版。

發表短篇小說〈鄉下醫生〉於《自由中國》第 17 卷第 4 期。

　　　10 月　10 日，發表短篇小說〈十年如一日〉於《聯合報》第 8 版。

　　　11 月　1 日，發表〈綠巷、燈光、人家〉於《中央日報》第 6 版。

發表〈秋的腳步〉於《人世間》第 1 卷第 1 期。

發表短篇小說〈太太的信仰〉於《文壇》第 1 號。

發表短篇小說〈永恆的路〉於《大道》第 172 期。

　　　12 月　發表短篇小說〈分水嶺〉於《自由青年》第 18 卷第 11 期。

　1958 年　3 月　短篇小說集《霧之谷》由臺北正中書局出版。

　　　　4 月　發表〈初航——致小鳥〉於《中國一周》第 415 期。

發表短篇小說〈池蓮〉於《幼獅文藝》第 41 期。

　　　　6 月　11 日，發表〈一粒微塵〉於《中央日報》第 6 版。

發表短篇小說〈永保青春〉於《文壇》第 2 號。

　　　　7 月　14 日，發表短篇小說〈潭上風雨〉於《中華日報‧畫刊》第 3 版。

23 日，發表〈母親的矛盾〉於《中央日報》第 6 版。

發表〈一分熱，一分光——寫作瑣談〉於《自由青年》第 20

卷第 1 期。

8 月　　發表短篇小說〈恩重如山〉於《海洋生活》第 4 卷第 8 期。

1959 年　2 月　　發表〈翳〉於《自由青年》第 21 卷第 3 期。

4 月　　29 日，發表短篇小說〈姊妹行〉於《聯合報》第 7 版。

發表短篇小說〈殞星〉於《政治評論》第 2 卷第 4 期。

5 月　　發表〈旅途的信——給恬恬〉於《自由青年》第 21 卷第 10 期，後改篇名為〈童心來復——寄恬恬〉。

6 月　　短篇小說〈苦海墜珠〉連載於《暢流》第 19 卷第 9 期，第 19 卷第 11 期～第 19 卷第 12 期。

7 月　　發表短篇小說〈樂園外面的孩子〉於《婦友》第 58 期。

9 月　　發表短篇小說〈復活〉於《幼獅文藝》第 59 期。

10 月　　發表短篇小說〈假期〉於《文壇》第 5 號。

11 月　　3 日，發表〈曇花開的晚上〉於《中央日報》第 7 版。

發表〈朵雲〉於《亞洲文學》第 2 期。

短篇小說〈義母〉連載於《中華婦女》第 10 卷第 3 期～第 10 卷第 4 期。

12 月　　27 日，發表〈負重的孩子〉於《中央日報》第 3 版。

發表〈燈月交輝登壽山〉於《暢流》第 20 卷第 8 期。

1960 年　1 月　　發表〈鐵樹與我〉於《作品》創刊號。

發表以蘇州方言寫成的短篇小說〈繡繃子的姑娘〉於《文學雜誌》第 7 卷第 5 期。

短篇小說集《一家春》由臺北正中書局出版。

2 月　　發表短篇小說〈一年將盡夜〉於《作品》第 1 卷第 2 期。

4 月　　發表〈窗前〉於《亞洲文學》第 7 期。

5 月　　發表〈筆耕十年〉於《文壇》第 6 號。

發表〈四重溪之春——萍踪履痕〉於《大道》第 230 期。

7 月　14 日，發表〈乍晴〉於《中央日報》第 7 版。

11 月　發表短篇小說〈卑微的生命〉於《亞洲文學》第 14 期。

12 月　27 日，發表〈乳燕出谷〉於《中央日報》第 7 版。

　　　發表〈一束小花〉於《文壇》第 9 號，後改篇名為〈攜回一束小花〉。

　　　發表短篇小說〈虎子〉於《幼獅文藝》第 74 期。

1961 年　1 月　5～6 日，〈小鎮上〉連載於《中華日報》第 8 版。

　　　7 月　發表〈餽贈〉於《詩・散文・木刻》創刊號。

　　　8 月　發表〈心靈之井〉於《文壇》第 14 號。

　　　　　短篇小說〈花濺淚〉連載於《民主憲政》第 20 卷第 7、8 期合刊，第 20 卷第 9 期。

　　　10 月　20 日，發表〈秋天裡的春天——晶婚小記〉於《聯合報》第 6 版。

　　　　　發表〈心中自有丘壑在〉於《新時代》第 1 卷第 10 期。

　　　　　開始寫作系列散文「浮生散記」，發表於《新時代》與《文壇》。

1962 年　2 月　發表〈舊年新歲〉於《新時代》第 2 卷第 2 期。

　　　3 月　發表〈水仙花〉於《自由青年》第 27 卷第 6 期。

　　　5 月　《曇花開的晚上》由臺中光啟出版社出版。

　　　　　發表〈疾馳在夢的邊緣〉於《文壇》第 23 號。

　　　6 月　短篇小說集《與君同在》由臺北復興書局出版。

　　　　　發表〈道路伸展的地方〉於《新時代》第 2 卷第 6 期。

　　　　　發表短篇小說〈左右為難〉於《作品》第 3 卷第 6 期。

　　　7 月　童話集《森林裡的祕密》由臺北臺灣兒童書局出版。

　　　9 月　發表〈散文寫景一得〉於《幼獅文藝》第 95 期。

　　　10 月　10 日，發表短篇小說〈無根的花〉於《中國晚報》「文藝」

雙週刊。

本年　開始寫作系列散文「你我的書」，發表於《皇冠》。

1963 年　1 月　發表〈湖上春不老——大貝湖遊記〉於《作品》第 4 卷第 1 期。

發表〈兩個世界〉於《詩・散文・木刻》第 5 期。

發表短篇小說〈在迷茫的遠方〉於《文壇》第 31 號。

　　3 月　發表〈旗山行〉於《大道》第 293 期。

　　5 月　發表〈玲瓏寶塔春秋閣〉於《大道》第 295 期。

　　6 月　《青春篇》由高雄大業書局出版。

　　9 月　發表短篇小說〈手〉於《作品》第 4 卷第 9 期。

　　10 月　發表短篇小說〈老人與牌〉於《文藝沙龍》新 1 卷第 1 期。

1964 年　1 月　發表〈家與燈〉於《文壇》第 43 期。

發表短篇小說〈安排〉於《婦友》第 112 期。

　　2 月　發表短篇小說〈鋸樹的日子〉於《皇冠》第 120 期。

發表〈牆和橋〉於《文壇》第 44 期。

　　4 月　發表短篇小說〈快樂回憶〉於《皇冠》第 122 期。

　　6 月　發表〈憶童年〉於《民主憲政》第 26 卷第 3 期，後改篇名為〈童年瑣憶〉。

　　10 月　發表〈驛馬車〉於《亞洲文學》第 52 期。

1965 年　1 月　26～31 日，短篇小說〈姊與弟〉（一～六）連載於《中華日報》第 6 版，後改篇名為〈弟弟的婚禮〉。

發表〈你我的書——代序〉於《皇冠》第 131 期。

　　2 月　1、8～18 日，短篇小說〈姊與弟〉（七～十八）連載於《中華日報》第 6 版，後改篇名為〈弟弟的婚禮〉。

發表〈你我的書——生命——從永恆到永恆〉於《皇冠》第 132 期。

3 月　發表〈站在比現實更高的地方〉於《文壇》第 57 期。

發表〈思想——人類的尊嚴〉於《皇冠》第 133 期。

4 月　發表〈載著春天的船〉於《青年俱樂部》第 8 期。

5 月　4 日，出席中國文藝協會成立 15 週年紀念暨第 22 次會員大會，會中獲頒第六屆「中國文藝協會文藝獎章」文學散文創作獎。

6 月　5 日，發表〈風雨歸車〉於《徵信新聞報》第 7 版。

21 日，「中國文藝年鑑編輯委員會」成立，任編輯委員。

發表〈我和寫作〉於《文壇》第 60 期。

發表〈寂靜的時光〉於《劇與藝》第 3 期。

發表〈我寫散文〉於《新文藝》第 111 期。

7 月　8 日，發表短篇小說〈朦朧地帶〉於《聯合報》第 7 版。

發表短篇小說〈好學不倦〉於《文壇》第 61 期。

發表〈智慧——心靈的太陽〉於《皇冠》第 137 期。

發表〈五月・勝利的花朵開在海上〉於《幼獅文藝》第 139 期，後改篇名為〈海上長城〉。

8 月　發表〈信仰——精神之歸依〉於《皇冠》第 138 期。

10 月　發表〈月圓花好〉於《幼獅文藝》第 142 期，後改篇名為〈花好月圓〉。

本年　短篇小說〈鄉下醫生〉由權熙哲（권희철）譯為韓文，收錄於《中國의 女流文學 20 人集》，由首爾女苑社出版。

1966 年　2 月　發表〈希望——與生命同在〉於《皇冠》第 144 期。

4 月　發表〈自由——生命的生命〉於《皇冠》第 146 期。

5 月　短篇小說集《池蓮》由臺北正中書局出版。

6 月　發表短篇小說〈第一雙皮鞋〉於《幼獅文藝》第 150 期。

12 月　發表〈明天，去迎接陽光〉於《文壇》第 78 期。

1967 年　2 月　發表〈情感——人體內的電紐〉於《皇冠》第 156 期。

　　　11 月　24 日，發表〈好一個暑假——作兒伴的滋味〉於《中華日報》第 10 版。

　　　本年　赴臺北中山樓參加中華文化復興運動發起人大會。

1968 年　12 月　短篇小說集《弟弟的婚禮》由臺北立志出版社出版。

1969 年　4 月　發表〈浮萍之感〉於《皇冠》第 182 期。

　　　6 月　短篇小說集《弟弟的婚禮》由臺北水芙蓉出版社出版。

　　　8 月　12 日，發表〈使命與方向——兼致文藝青年朋友〉於《中國晚報》第 5 版。

　　　9 月　發表〈不凋的花朵——兼祝《亞文》一百期〉於《亞洲文學》第 100、101 期合刊。

　　　10 月　發表〈不沉的小舟〉於《中央月刊》第 1 卷第 12 期。

　　　11 月　發表短篇小說〈開一朵玫瑰的春天〉於《幼獅文藝》第 191 期。

1970 年　1 月　發表〈沙漠變綠洲——文壇的回顧與前瞻〉於《幼獅文藝》第 193 期。

　　　2 月　發表〈鄉心新歲切〉於《中央月刊》第 2 卷第 4 期。

　　　3 月　發表短篇小說〈一個爬梯子的人〉於《婦友》第 186 期。

　　　5 月　3 日，發表〈最好的慶祝〉於《臺灣新聞報》第 9 版。

　　　　　發表〈昨夜風雨中〉於《文壇》第 119 期。

　　　6 月　3 日，發表〈誰家好女兒〉於《國語日報》第 7 版。

　　　　　發表〈三點小小的意見〉於《文壇》第 120 期。

　　　本年　開始寫作系列散文「懷鄉草」，發表於《中央月刊》。

1971 年　1 月　11 日，發表〈孤獨，凌駕於一切〉於《中國時報》第 10 版。

　　　　　發表短篇小說〈荔枝成熟時〉於《中央月刊》第 3 卷第 3

期。

開始寫作系列散文「忘憂草」，發表於《中國時報》「人間」副刊。

3 月　9 日，發表〈那個摘星之夜〉於《中國時報》第 10 版。

4 月　6 日，發表〈去看花的日子〉於《中國時報》第 10 版。

5 月　中國文藝協會南部分會推出艾雯、陸震廷、郭晉秀合編的《六十年代》，慶祝中華民國建立 60 年及分會成立 20 週年，該書由高雄大業書店出版。

8 月　發表〈敬禮！明天〉於《文壇》第 134 期。

發表〈小小茉莉──懷鄉草〉於《中央月刊》第 3 卷第 10 期。

12 月　「你我的書」系列散文〈從永恆到永恆〉由方能訓譯為英文，刊於《中央月刊》第 4 卷第 2 期。

1972 年　2 月　13 日，發表〈家在雲深不知處〉於《中國時報》第 9 版。

4 月　《生活小品》由高雄三信出版社出版。

5 月　12 日，發表〈書香溢於路畔〉於《中國時報》第 9 版。

發表〈有霧的日子〉於《文藝》第 35 期。

6 月　發表〈石榴花開時〉於《中央月刊》第 4 卷第 8 期，後改篇名為〈五月石榴照眼明〉。

8 月　6 日，發表〈靜靜的畫廊〉於《中國時報》第 12 版。

23 日，發表〈寧靜地帶〉於《中國時報》第 12 版。

9 月　7 日，發表〈月臺〉於《文壇》第 147 期。

1973 年　2 月　2 日，發表〈噯！你，和平的使者〉於《中國時報》第 12 版。

發表〈夢入江南烟水路〉於《中央月刊》第 5 卷第 4 期。

3 月　1 日，發表〈童心〉於《中國時報》第 12 版。

4 月		10 日，發表〈夫妻本是同林鳥〉於《中國時報》第 12 版。
		12 日，發表〈慧心和巧手〉於《中國時報》第 12 版。
5 月		開始寫作系列散文「倚風樓書簡」，發表於《文壇》與《中華日報》。
		發表〈春暖花開時〉於《文壇》第 155 期。
6 月		29 日，發表〈永恆的一刻〉於《中國時報》第 13 版，後改篇名為〈永恆的一剎〉。
		發表〈人在山谷中〉於《文壇》第 156 期。
8 月		發表〈光榮的日子〉於《中央月刊》第 5 卷第 10 期。
10 月		11 日，發表〈美的喜悅‧靈的享受——記葉蓓芬畫展〉於《臺灣新聞報》第 9 版。
		發表〈平安磐石〉於《中央月刊》第 6 卷第 1 期。
11 月		22 日，發表〈雨中的沉思〉於《中華日報》第 9 版。
		24 日，發表〈美好的星期天〉於《中國時報》第 12 版。
12 月		〈又再擁抱世界〉連載於《中華文藝》第 34～35 期。
本年		遷居臺北新店中央新村，為寓所命名為「倚風樓」。
1974 年	1 月	發表〈遊牧吟〉於《幼獅文藝》第 241 期。
	2 月	24 日，發表〈滴不盡的更漏〉於《中華日報》第 9 版。
		發表〈無師傳授——從女紅到服裝設計〉於《婦友天地》第 4 期。
	3 月	31 日，發表〈若和春同住〉於《中國時報》第 12 版。
	4 月	4 日，發表〈寂寞的奉獻〉於《中華日報》第 9 版。
		發表〈蘇州餚饌〉於《中華飲食》第 2 期，後改篇名為〈蘇州肴饌〉。
	5 月	24 日，發表〈大道之行〉於《中華日報》第 9 版。
	8 月	14 日，發表〈優遊歲月〉於《中國時報》第 9 版。

10月　　2 日，發表〈天涼好箇秋〉於《中央月刊》第 6 卷第 12 期，後改篇名為〈天涼好個秋〉。

31 日，發表〈火樹銀花不夜天〉於《中國時報》第 12 版。

11月　　10 日，發表〈寶石瓔珞翡翠帘〉於《中華日報》第 9 版。

〈夏日，在燃燒〉連載於《中華文藝》第 45～46 期。

《曇花開的晚上》由臺北水芙蓉出版社出版。

1975 年　2 月　　9 日，發表〈純樸智慧的境界〉於《中國時報》第 12 版。

發表〈一樹獨先天下春〉於《中央月刊》第 7 卷第 4 期。

3月　　《浮生散記》由臺北水芙蓉出版社出版。

4月　　《不沉的小舟》由臺北水芙蓉出版社出版。

6月　　26 日，發表〈浩然正氣‧瀰漫人寰〉於《中華日報》第 9 版。

發表〈巨星不滅‧永照宇宙〉於《中央月刊》第 7 卷第 8 期。

9月　　12 日，發表〈聞聲聊慰故鄉情〉於《中華日報》第 6 版。

12月　　15 日，發表〈莊嚴的語言〉於《中國時報》第 12 版。

29 日，發表〈還似舊時遊上苑〉於《中華日報》第 9 版。

1976 年　1 月　　30 日，發表〈剪一幀「萬象春回」〉於《中國時報》第 12 版。

2月　　29 日，發表〈歲寒一品紅〉於《中華日報》第 9 版。

3月　　發表〈香火玄妙觀〉於《中央月刊》第 8 卷第 5 期，後改篇名為〈千載香火玄妙觀〉。

4月　　1 日，發表〈小小使者〉於《聯合報》第 12 版。

11月　　19 日，發表〈又待荷淨納涼時〉於《中華日報》第 11 版。

1977 年　3 月　　31 日，發表〈春城杜鵑〉於《聯合報》第 12 版。

5月　　1 日，發表〈嗨，春假〉於《聯合報》第 12 版。

9 月　20 日，發表〈夢迴天涯芳草遠〉於《中華日報》第 11 版。

10 月　發表〈那個奇異之夜〉於《中央月刊》第 9 卷第 12 期。

1978 年　1 月　8 日，發表〈一切繼續中〉於《中華日報》第 11 版。

3 月　開始寫作系列散文「花韻」，發表「花韻」：〈豌豆花〉、〈炮竹紅〉、〈花麒麟〉、〈蔦蘿〉、〈鳳仙花〉於《中華文藝》第 15 卷第 1 期。本系列其他作品後發表於《聯合報》，由版畫家林智信配圖。

7 月　28 日，發表〈只是將息〉於《中華日報》第 11 版。

11 月　6 日，發表〈寄我一朵鳳凰花〉於《中華日報》第 11 版。

12 月　《青春篇》由臺北水芙蓉出版社出版。

本年　開始寫作系列散文「綴網集」。

1979 年　2 月　17 日，發表〈中國只有一個，國旗只有一面〉於《中國時報》第 12 版。

3 月　24 日，發表〈春雷‧驚蟄〉於《中華日報》第 11 版。

4 月　25 日，發表〈一支搖蕩鼓〉於《中央日報》第 10 版。

30 日，應邀出席「中國婦女寫作協會」成立十週年紀念會。

6 月　10 日，發表〈曉窗窺夢有鳥隣〉於《中華日報》第 11 版。

7 月　7 日，發表〈爐香靜逐游絲轉〉於《中華日報》第 11 版。

9 月　20 日，發表〈結實成蔭都未卜〉於《中華日報》第 10 版。

12 月　12 日，發表〈山之雛型〉於《聯合報》第 8 版。

1980 年　2 月　2 日，發表〈夜來幽夢幾許〉於《中華日報》第 10 版，後改篇名為〈昨夜幽夢忽回鄉〉。

發表〈自強年的文藝路向——原則不變，方向不改〉於《中央月刊》第 12 卷第 4 期。

4 月　27 日，發表〈萬物皆有情〉於《中華日報》第 10 版。

5 月　6 日，〈憑信念為漁民鹽民說話〉刊於《聯合報》第 8 版。
本文為艾雯參加聯合報副刊舉辦之「在飛揚的年代──五十年代文學座談會」，於會議中發表的談論紀錄。

13 日，發表「五月花韻」：〈康乃馨〉、〈茉莉〉、〈樹蘭〉、〈孤挺〉於《聯合報》第 8 版。

6 月　23 日，發表「六月花韻」：〈珊瑚藤〉、〈安石榴〉、〈梔子〉、〈鳶尾〉於《聯合報》第 8 版。

7 月　15 日，發表〈獨立市橋人不識〉於《中華日報》第 10 版。

31 日，發表「七月花韻」：〈珊瑚刺桐〉、〈軟枝黃蟬〉、〈菡萏〉、〈龍吐珠〉於《聯合報》第 8 版。

11 月　《艾雯自選集》由臺北黎明文化公司出版。

12 月　發表〈一個字的震撼〉於《中央月刊》第 13 卷第 2 期。

1981 年　3 月　17 日，發表〈又見天香第一枝〉於《中華日報》第 10 版。

4 月　2 日，發表〈藝術家的遊戲〉於《青年戰士報》第 11 版。

19 日，發表〈假日，花展〉於《臺灣新生報》第 12 版。

22 日，發表〈花鬧〉於《大華晚報》第 10 版。

5 月　21 日，發表〈把世界穿在身上〉於《臺灣新生報》第 12 版。

系列散文「綴網集」開始於《中央日報》副刊發表。

6 月　4 日，發表〈綴網自縛〉、〈土地的歸屬〉、〈淡在喜中〉於《中央日報》第 12 版。

5 日，發表〈想想「曾經」〉、〈蚌和珠〉、〈思想錄形〉於《中央日報》第 12 版。

17 日，發表〈心的貞潔〉於《中央日報》第 12 版。

20 日，發表〈眼下青青〉於《中央日報》第 12 版。

24 日，發表〈巨木小蟲〉於《中央日報》第 12 版。

7月　10 日，發表「花韻」：〈忍冬〉、〈緬梔〉、〈紫薇〉、〈仙丹〉於《聯合報》第 8 版。

12 日，發表〈晝長蝴蝶飛〉於《中華日報》第 10 版。

發表〈從起點出發〉於《中央月刊》第 13 卷 9 期。

8月　1 日，發表〈一杯龍井〉、〈失落的鑰匙〉於《中央日報》第 12 版。

11 日，發表〈無夢〉、〈古井不波〉、〈自己的陰影〉、〈審判自己〉於《中央日報》第 12 版。

26 日，發表〈最大的言語〉、〈忘性〉、〈兩種症狀〉於《中央日報》第 12 版。

30 日，發表〈遊蕩的意志〉、〈突破自囚〉、〈今之隱者〉於《中央日報》第 12 版。

9月　7 日，發表〈經驗的負荷〉、〈星〉、〈告別〉於《中央日報》第 11 版。

19 日，發表〈孤獨是完整〉、〈等〉、〈可愛陷阱〉於《中央日報》第 12 版。

發表〈小貓咪〉於《新文藝》第 306 期。

10月　3 日，發表〈潛能〉、〈蛻變〉、〈悠閒〉於《中央日報》第 12 版。

9 日，發表〈謙受益〉、〈三個撲滿〉、〈歉疚〉於《中央日報》第 12 版。

23 日，發表〈高樓樓高〉、〈疏竹寒潭〉、〈賬單免付〉於《中央日報》第 12 版。

11月　21、24、28 日，「我住柳橋頭」系列散文之一～三〈鳳凰花的歲月〉、〈小鎮溫情〉、〈小溪一曲抱村流〉連載於《青年戰士報》第 11 版。

24 日，發表〈野柳，岩柳〉於《臺灣新生報》第 12 版。

28 日，發表〈減速慢行〉、〈無形的負重〉、〈焚一爐沉香〉於《中央日報》第 12 版。

開始寫作系列散文「我住柳橋頭」，發表於《青年戰士報》。

12 月　22 日，發表〈修訂本〉於《中央日報》第 12 版。

1982 年　1 月　7 日，發表「我住柳橋頭」系列散文之四〈柳橋風光〉於《青年戰士報》第 11 版；發表〈門前樹已秋〉於《中華日報》第 10 版。

24 日，發表〈藝術步入生活〉於《臺灣新生報》第 12 版。

2 月　6 日，發表「我住柳橋頭」系列散文之五〈鳳凰林蔭道〉於《青年戰士報》第 11 版。

9 日，發表〈一念三千〉、〈欣賞別人〉、〈不好意思〉於《中央日報》第 12 版。

15 日，發表〈孤雲獨去閒〉、〈潮〉於《中央日報》第 11 版。

3 月　17 日，發表〈無言倚修竹〉於《中華日報》第 10 版；發表〈針黹之美〉、〈無聲之聲〉於《中央日報》第 12 版。

4 月　13 日，發表〈山之頂禮〉、〈何妨白髮生〉於《中央日報》第 12 版。

10 月　7 日，發表〈來自泥土的控訴〉於《臺灣新生報》第 12 版。

11 月　13 日，發表〈不具「風格」的風格〉於《中央日報》第 11 版。

1983 年　1 月　《文學時代雙月叢刊》邀約作家製作艾雯的介紹專輯，由張秀亞作其人其事介紹，陳玲珍作專訪，王琰如、張漱菡、邱七七、尹雪曼、魏子雲、墨人等人與艾雯進行座談。

2 月　7 日，發表〈載情不去載秋去〉於《中華日報》第 10 版。

《漁港書簡》由臺北水芙蓉出版社出版。

3 月　5～6 日，〈童心‧童趣‧鄉土情〉連載於《臺灣新生報》第
8 版。

4 月　19 日，發表〈居有竹〉於《中央日報》第 12 版。

28 日，發表〈生存的勇氣〉於《中央日報》第 12 版。

6 月　7 日，發表〈塑造自己〉於《中央日報》第 12 版。

22 日，發表〈執著〉於《中央日報》第 12 版。

7 月　7 日，發表〈蛙潮〉於《聯合報》第 8 版。

16 日，發表〈灰燼和塵土〉於《中央日報》第 12 版。

21 日，發表〈憤怒是敵人〉於《中央日報》第 12 版，後改
篇名為〈憤怒是敵〉。

8 月　28 日，發表〈秩序之美〉於《中央日報》第 12 版。

9 月　4 日，發表〈侮辱自己〉於《中央日報》第 12 版。

11 月　2 日，發表〈生來富有〉於《中央日報》第 12 版。

3 日，發表「我住柳橋頭」系列散文之六〈我們那個村子〉
於《青年戰士報》第 11 版。

發表〈微笑的聲音〉於《中央月刊》第 16 卷第 1 期

12 月　31 日，發表〈與物為春〉於《中央日報》第 12 版。

15 日，第三屆「中韓作家會議」於臺北圓山大飯店舉行，韓
國代表有筆會副會長成耆兆等 32 位，臺灣代表包括艾雯在內
約有一百四十餘人出席。

本年　自新店中央新村遷居至天母。

1984 年　1 月　19 日，發表〈掌中別有春〉於《中央日報》第 10 版。

《倚風樓書簡》由臺北水芙蓉出版社出版。

3 月　19 日，發表「我住柳橋頭」系列散文之七〈牽牛花人家〉於

《青年戰士報》第 11 版。

4 月　發表〈那一片盆地〉於《散文季刊》第 2 期。

6 月　5 日，發表〈缽中番薯〉於《中央日報》第 10 版。

　　　26 日，發表〈心中的島〉於《中央日報》第 12 版，後改篇名為〈心中孤島〉。

7 月　25 日，發表〈巧婦〉於《民生報》第 8 版。

8 月　14 日，發表〈美的喜悅〉於《自立晚報》第 10 版。

10 月　19 日，發表〈水流心不競〉於《中央日報》第 12 版。

11 月　發表〈時光的腳步〉於《仕女》第 66 期。

1985 年　8 月　17 日，發表〈分享喜悅〉於《中央日報》第 12 版。

　　　　　　28 日，發表〈返樸歸簡〉於《中央日報》第 12 版。

　　　　9 月　7 日，發表〈能源透支〉於《中央日報》第 12 版。

　　　　　　7、9～12 日，〈鳳凰花的歲月——耕讀在南方〉連載於《臺灣時報》第 8 版。

　　　　10 月　5 日，發表〈視聽藝術的幻境〉於《臺灣新生報》第 7 版。

1986 年　3 月　《綴網集》由臺北大地出版社出版。

1987 年　5 月　《青春篇》由臺北爾雅出版社出版。

　　　　11 月　29 日，發表〈小時候——親情綿綿〉於《聯合報》第 8 版。

1988 年　5 月　發表〈贛江水流不盡〉於《幼獅文藝》第 413 期。

　　　　6 月　發表〈十月小陽春〉於《文訊雜誌》第 36 期。

1989 年　2 月　10 日，發表〈蘇州水印木刻〉於《國語日報》第 2 版。

　　　　3 月　21 日，發表〈青山有約〉於《臺灣新生報》第 23 版。

1990 年　1 月　《浮生散記》更名為《明天，去迎向陽光》由臺北漢藝色研文化公司出版。

　　　　3 月　《倚風樓書簡》由臺北漢藝色研文化公司出版。

	9 月	艾雯在甥孫葉放的規劃安排下，由女兒朱恬恬陪同踏上第一次返鄉之旅。返鄉蘇州的旅程中，參覽許多艾雯從未造訪的園林、博物館與寺廟，其中，寒山寺住持親自敲鐘為其祈福，並題贈〈楓橋夜泊〉一詩。

1991 年　5 月　12 日，發表〈三千歲月春常在〉於《中央日報》第 9 版。

　　　　8 月　14 日，發表〈守著崗位的園丁〉於《中央日報》第 16 版。

1992 年　4 月　15 日，發表〈心心葉葉樹長青——賀蘇雪林先生九五壽慶〉於《蘇州雜誌》1992 年第 2 期。

　　　　5 月　發表〈讓一切美，閃爍著我的愛〉於《國文天地》第 84 期。

　　　　6 月　30 日，發表〈路的開始人生的起步〉於《中央日報》第 16 版。

　　　　8 月　15 日，發表〈與誰同坐〉於《聯合報》第 25 版。

1993 年　1 月　27、28 日，〈版畫年畫桃花塢〉連載於《中華日報》第 9、11 版。

　　　　3 月　1 日，發表〈舵〉於《臺灣新生報》第 14 版。

1994 年　4 月　5 日，發表〈玫瑰花雕——外婆與我〉於《中央日報》第 16 版。

1995 年　1 月　《曇花開的晚上》由北京群眾出版社出版。

　　　　4 月　發表〈姑蘇畫橋夢憶〉於《蘇州雜誌》1995 年第 2 期，後改篇名為〈月華濃處是姑蘇〉。

1996 年　6 月　受《文訊雜誌》「作家第二代」專題採訪，刊於《文訊雜誌》第 128 期。

1997 年　4 月　23 日，發表〈野蝶飛來都變黃——父女倆去踏青〉於《中央日報》第 18 版。

　　　　7 月　2 日，發表〈生命中不能承受的痛和恨〉於《青年日報》第 15 版。

1998 年　4 月　發表〈北寺塔──蘇州的標竿〉於《蘇州雜誌》1998 年第 2
　　　　　　　期。

　　　　　8 月　發表〈軋神仙──蘇州，父親，我〉於《蘇州雜誌》1998 年
　　　　　　　第 4 期。

1999 年　2 月　2 日，發表〈同步半世紀〉於《中央日報》第 22 版。

　　　　　7 月　19 日，發表〈古文明的魅力〉於《中央日報》第 18 版。

2000 年　4 月　第二次返鄉，與《蘇州雜誌》主編陸文夫簽訂合作「艾雯青
　　　　　　　年散文獎」之設立。

2003 年　3 月　20 日，發表〈小小訪客〉於《中央日報》第 17 版。

　　　　　9 月　《花韻》由臺北雅逸藝術公司出版。

　　　　　10 月　8 日，發表「花韻」：〈迎春花〉、〈九重葛〉、〈木棉
　　　　　　　　花〉、〈極樂鳥〉、〈日日春〉、〈馬櫻丹〉、〈曼陀羅〉
　　　　　　　　於《聯合報》E7 版。

2004 年　2 月　4 日，發表〈人在礦溪〉於《中國時報》E7 版。

　　　　　3 月　6 日，發表〈愈冷愈開花──礦溪續記〉於《中國時報》E7
　　　　　　　版。

　　　　　5 月　發表〈青春的里程碑〉於《文訊雜誌》第 223 期。

2005 年　3 月　以〈人在礦溪〉入選陳芳明編《九十三年度散文選》，由九
　　　　　　　歌出版社出版。

　　　　　5 月　發表〈母親與我〉於《文訊雜誌》第 235 期。

　　　　　8 月　9 日，發表〈也是流域──人在礦溪〉於《中國時報》E7
　　　　　　　版。

2008 年　4 月　《孤獨，凌駕於一切》由臺北印刻出版公司出版。

　　　　　6 月　28 日，發表〈無限美好──慶祝《文訊》月刊創刊二十五
　　　　　　　年〉於《青年日報》第 10 版。

　　　　　7 月　2 日～9 月 30 日，文訊雜誌社以「瞬間‧永恆──臺灣資深
　　　　　　　作家照片巡迴展」為創社 25 週年專題，於臺北縣、市與臺南

市展出,包括艾雯在內,共計 233 位作家的照片身影,並附
小傳與著作。

2009 年 1 月 《老家蘇州》由蘇州古吳軒出版社出版。

8 月 27 日,呼吸衰竭逝世,享年 86 歲。

9 月 19 日,艾雯告別式於臺北第二殯儀館舉行。

10 月 《文訊雜誌》製作「艾雯紀念特輯——光彩永不滅的真珠」
專輯懷念艾雯,選刊艾雯昔時作品〈聞聲聊慰故鄉情〉與四
張野生花素描寫生,並收錄畢璞、童真、文彥、林麗如等人
之悼念文章,刊於第 288 期。

2010 年 12 月 封德屏編《我在我不在的地方:文學現場踏查記》以踏查作
家、作家群之創作現場,追索文學與土地空間關聯為旨,收
錄包括艾雯在內共 14 位作家及日治以降文人集體活動空間之
報導,由國立臺灣文學館出版。

2012 年 8 月 月初,《艾雯全集》共十卷,由朱恬恬與文訊雜誌社編製出
版。《文訊雜誌》製作「素手執花韻:《艾雯全集》出版特
輯」,收錄陳芳明〈艾雯和戰後臺灣散文長流——《艾雯全
集》總論〉、封德屏〈《艾雯全集》編序〉、朱恬恬〈艾
雯,寫作之外——懷念我多才多藝的母親〉等文,並選載數
篇艾雯的未結集散文,刊於第 322 期。

25 日,《艾雯全集》新書發表會暨「物情物趣——艾雯逝世
三週年紀念展」於臺北紀州庵文學森林舉行。發表會由封德
屏主持,邀請艾雯親友出席,共同回憶艾雯的文學世界。
「物情物趣——艾雯逝世三週年紀念展」展品包括其出版
品、手稿、剪貼簿、照片、親自設計縫製的旗袍、手繪素
描,以及收藏的小玩意與火柴盒等,展期至 9 月 16 日止。

參考資料：

・〈艾雯寫作年表〉,《青春篇》,臺北:爾雅出版社,1987 年 5 月,頁 225～229。

・網站:五〇年代文藝雜誌及作家影像資料庫。最後瀏覽日期:2012 年 10 月 29 日。

　http://tlm50.twl.ncku.edu.tw/wwaw2.html

輯三◎
研究綜述

青春里程碑
艾雯研究評述

◎王鈺婷

一、「姑蘇女嬌娘」——艾雯生平與文學歷程

　　許琇禎在詮釋艾雯的近作《孤獨，凌駕於一切》提到艾雯的散文是她的生活，而她的生活即是自然和藝術，許琇禎為艾雯自在、豐美的藝術生命底蘊，下了詩意的註腳：「紅塵雲遊的超然，臨花照影的孤獨多情」。[1]到底應該如何趨近艾雯的生活，抑或是生命歷程呢？關於艾雯的生平與文學歷程，包括艾雯自己撰述之回憶錄（自述傳）、文友們所撰述的艾雯印象、學者所撰寫的艾雯文學概述，以及訪問艾雯之訪談錄和參加座談之相關資料。

　　艾雯自己撰寫的回憶錄及創作歷程中，有幾篇值得特別關注，包括呈現創作經歷的《漁港書簡》的序文〈我是怎樣從事寫作的〉[2]與〈自我塑像〉[3]、述及 1950、1960 年代在南部的耕讀生涯〈鳳凰花的歲月——耕讀在南方〉[4]，與闡述個人創作風格〈不具「風格」的風格〉。[5]

---

[1]許琇禎，〈紅塵雲遊客・臨花照影人——關於艾雯《孤獨，凌駕於一切》〉，《文訊雜誌》第 272 期（2008 年 6 月），頁 116～117。

[2]〈我是怎樣從事寫作的〉收錄於兩個不同版本的《漁港書簡》中，分別為〈我是怎樣從事寫作的〉，《漁港書簡》（高雄：大業書店，1955 年 2 月），頁 100～109；與〈摸索前進的路——我是怎樣從事寫作的〉，《漁港書簡》（臺北：水芙蓉出版社，1983 年 2 月），頁 181～192。

[3]〈自我塑像〉，《文學時代雙月叢刊》第 11 期（1983 年 1 月），頁 89～94。

[4]此一文章分別發表於〈鳳凰花的歲月——耕讀在南方（1～4）〉，《臺灣時報》，1985 年 9 月 7 日、9～11 日，第 8 版；以及〈鳳凰花的歲月〉，《南部文壇》（高雄：大業書店，1986 年 5 月），頁 70～86。

[5]此一文章分別發表於〈不具「風格」的風格〉，《中央日報》，1982 年 12 月 13 日，第 11 版；以及〈不具風格的風格〉，《文藝座談實錄》（臺北：行政院文建會，1983 年 2 月），頁 584～590；與

　　在〈摸索前進的路〉與〈自我塑像〉中，艾雯娓娓道來她如何從事寫作的歷程，艾雯的創作歷程大致可以區分為兩大時期：大陸時期與來臺階段。自幼就耽迷文學、酷愛閱讀的艾雯真正從事創作的契機，來自於對日抗戰後，由於父親病歿，其任職檔案、圖書管理員的工作以負擔家計，在圖書館環境的薰陶之下，得以接觸不少中外文學名著，加深其對文學的興趣，隨後以〈意外〉獲得《江西婦女》徵文第一名，並開始在贛縣的《青年報》、《正氣日報》上發表文章，也在《凱報》副刊擔任主編，並投入當時各報副刊正熱烈進行的「發展東南文藝運動」的號召之中。而在 1949 年艾雯來臺時，臺灣的文壇十分沉寂，艾雯早期的寫作以小說和散文並重，她在此針對談到如何使得文藝界兩條寫作路線兼容並存提出見證，亦即一方面兼顧寫作的熱忱，發抒自我的情感與思想；一方面為時代見證，並具有文藝使命感，顯映出時代的風貌：「我做為一個文藝工作者當前『應該』肩負的使命和責任，也就是『由於社會責任和良心所驅使』。但我也挑選我自己喜歡的題材來寫，因為寫自己所熟悉和『願意』寫的，比較容易寫的好。」[6]這便是艾雯創作思想的展現。

　　而在〈鳳凰花的歲月──耕讀在南方〉中，艾雯呈現出 1950、1960 年代迥異於臺北文化圈的南部文壇。1949 年後蟄居屏東與岡山期間，艾雯隨著文藝運動的展開而重新拾筆、專事創作，開始在臺嶄露頭角，她創作散文、小說、雜文、童話、主婦文學等，並且活躍於《中央日報》副刊、《中央日報》「婦女與家庭」週刊、《新生報》副刊、《中華日報》「海風」等週刊，也為《寶島文藝》、《半月文藝》、《自由談》、《暢流》、《時代婦女》、《當代青年》等刊物寫稿，並且普受讀者的喜愛。而艾雯也特別勾勒出上臺北參加中國文藝協會年會所體會到「以文會友」的況味；以及 1952 年文協南部分會在高雄成立後，與來自高雄、左營、鳳山、屏東、岡山的文友們相聚一堂、切磋文藝。艾雯南部的文友們，包括尹雪曼、王書川、司馬

〈不具「風格」的風格〉，《綴網集》（臺北：大地出版社，1986 年 3 月），頁 175～184。
6 〈摸索前進的路──我是怎樣從事寫作的〉，《漁港書簡》，頁 191。

中原、墨人、郭嗣汾、嚴友梅、郭晉秀、郭良蕙、童真等人，他們一同打造出另類的南部文壇氣象，鋪寫出南方的文學歲月。

〈不具「風格」的風格〉則是呈現出艾雯獨特的散文觀，也傳達出她對於文學創新的期盼。雖然艾雯小說的產量比散文還要豐富，但是她還是比較偏好散文創作，對於艾雯而言，散文此一文類會隨著生活閱歷的擴展，而挖掘出生命中內蘊的思想與體察，散文具有多樣性的體裁，以及各具獨立性的形式，所以艾雯自陳她喜歡作多方面的嘗試：

> 不具風格就算是我的風格罷。雖然這樣不一定能寫的精緻深刻，使作品臻善臻美。但我就喜那種將構想付諸實踐，每次寫作一系列時都有一種「創新」的感覺。新的姿態、新的聲音、新的語言、新的面孔、新的傾訴，都令人振奮鼓舞。[7]

而艾雯 1973 年遷來臺北後，越來越喜歡寫系列散文，也是她寫作路上不斷創新與突破的明證。

在眾多文友眼中，艾雯具有什麼樣的風姿與神韻呢？

艾雯與主編《暢流》的王琰如相識最早，早在她於江西大瘐鎢業管理圖書館任職期間便與琰如相識，也由於兩人同時在贛州的《正氣日報》上投稿、發表，而譜下一段早年互相切磋文藝的悅服，彼此互勉互慰、相重相親的情誼。[8]張雪茵則是活靈活現地寫出當時艾雯不僅以暢銷書《青春篇》獲得萬千的讀者的喜愛，艾雯更成為一顆文壇閃爍的星星，其散文小說陸續於報紙連載，不但填補當時文壇的空虛，也撫慰讀者的心靈。張雪茵以「大家都在崇拜艾雯，大家都想知道艾雯」來再現出 1950 年代受到藝文界關注的「嬌點」艾雯，並認為艾雯在文藝中闡示韻味無窮的人生哲

---

[7]艾雯，〈不具「風格」的風格〉，《中央日報》，1982 年 12 月 13 日，第 11 版。

[8]此一文章分別發於琰如，〈我所知道的艾雯〉，《暢流》第 2 卷第 12 期（1951 年 2 月），頁 18～19；以及王琰如，〈我所知道的艾雯〉，《文友畫像及其他》（臺北：大地出版社，1996 年 7 月），頁 133～138。

理，也永遠保持著青春、寧靜自遠和謙沖氣度。[9]

在文友心目中，出生山水秀麗之江南佳麗艾雯，具有姑蘇女兒所有的優點，包括：身姿白皙纖細、為人溫柔嬌秀、靈慧美雅，劉枋即以「姑蘇女嬌娘」來速寫艾雯，憶及 1954 年中國文藝協會在岡山空軍基地參觀時初見秀氣艾雯的情形，也在多年的交往下培植彼此的友誼，劉枋以《紅樓夢》中的晴雯比賦艾雯：

> 大家都知道紅樓夢中的晴雯原是黛玉的影子，艾雯和那位「林妹妹」都是姑蘇人，又同樣的美而嬌弱，多情善感，這一個雯字，正足以表示了這一切一切。[10]

而與北遷中央新村的艾雯毗鄰而居數載之久的張秀亞，則提到艾雯寫出中國人的風雅藝術，除了是因為她感染了出生蘇州城特有地方的魅力之外，還在於艾雯是一位不折不扣的藝術家。蒔花、寫花多年的艾雯，在張秀亞眼中，不失赤子之心，不但熱愛大自然，更是尊重所有生命，也將濃濃畫意的花草世界融貫入文章中，傳播出大自然純淨的愛與美，張秀亞寫下艾雯的綠窗與美真：「她的院中，屋裡有綠蔭、鳥語，有草、有花，而她的心中宛如我前面所說：更儲滿了美、真，對人的那份體恤與關懷，以及孩童般的純摯。」[11]在林海音刻畫與眾多文友交誼與文壇現象的第一手資料《剪影話文壇》中，林海音也描述艾雯這一位吳儂軟語的蘇州姑娘愛與周圍的人分享其愛花的情事，經常在女作家聚會的場合上，不辭辛勞地帶著連根拔起的花草，或是精巧的小盆栽來分贈文友，艾雯這樣真誠的情意，也令林海音十分難忘。[12]

關於艾雯文學綜合印象的單篇評論，其中以張瑞芬〈三生花草夢蘇

---

[9]張雪茵，〈永遠青春的——艾雯〉，《青年戰士報》，1975 年 11 月 1～2 日，第 11 版。
[10]劉枋，〈姑蘇女嬌娘——記艾雯〉，《非花之花》（臺北：采風出版社，1985 年 9 月），頁 62。
[11]張秀亞，〈艾雯其人其事〉，《文學時代雙月叢刊》第 11 期，頁 87。
[12]林海音，〈說不盡〉，《剪影話文壇》（臺北：純文學出版社，1984 年 8 月），頁 206～207。

州——論艾雯散文〉[13]、應鳳凰的〈艾雯——蘇州姑娘永遠的青春篇〉[14]與
鐘麗慧的〈永遠的《青春篇》——艾雯〉[15]，是全方位觀察艾雯文學歷程
的重要參考文獻。張瑞芬在令人矚目的《五十年來臺灣女性散文・評論
篇》中，綜觀艾雯從 1950 年代貫穿到 1980 年代的散文創作，也指出艾雯
在 1950 年代女性作家中的重大意義，在於其為美文一系中最早成熟者，並
且以南方／鄉村觀點迥異於其他臺北女作家群中，張瑞芬以「最早的美文
開創者」為艾雯在臺灣當代散文史上進行定位，指出其散文創作中以《青
春篇》、《漁港書簡》、《曇花開的晚上》、《倚風樓書簡》允稱其中最佳，都
是值得注意的評論觀點。應鳳凰的〈艾雯——蘇州姑娘永遠的青春篇〉，也
翔實精審地將艾雯一生所有的文學經歷羅列出來，清晰記錄下艾雯一生行
止，其中附錄〈艾雯年表〉，也頗具參考價值，亦是引導讀者進入艾雯世界
的重要渠道。鐘麗慧的〈永遠的《青春篇》——艾雯〉，也揭示了艾雯文學
上的關鍵特質，其中對於作家精神風貌所提出的觀點尤具代表性。

　　而艾雯接受訪問之訪談錄，以及參加座談之相關資料，前者具代表性
的文章為〈一條不寂寞的路——艾雯自一切事物中發現真與美〉，在此鍾怡
雯刻畫出艾雯清幽的居家環境營造出不受紛擾的優游生活。能夠欣賞大自
然生趣與美麗的艾雯，除了勤於蒔花之外，也過著與陽臺外竹林邊的松
鼠、白頭翁、綠繡眼、麻雀為伴的幽靜生活，在此艾雯寫作、讀書，默默
的耕耘，保持對於寫作的熱愛。鍾怡雯形容艾雯是保有愛心、童心和關心
的人，認為對周遭萬物關懷，和對生活永不厭倦的熱忱，是艾雯延續創作
生命的主因。[16]後者則是以《文學時代雙月叢刊》所舉辦的「永遠的青春

---

[13]張瑞芬，〈三生花草夢蘇州——論艾雯散文〉，《五十年來臺灣女性散文・評論篇》（臺北：麥田出
　版公司，2006 年 2 月），頁 106～115。
[14]應鳳凰，〈艾雯——蘇州姑娘永遠的青春篇〉，《文學風華：戰後初期 13 著名女作家》（臺北：秀
　威資訊公司，2007 年 5 月），頁 37～43。
[15]鐘麗慧，〈永遠的《青春篇》——艾雯〉，《織錦的手》（臺北：九歌出版社，1987 年 1 月），
　頁 31～45。
[16]鍾怡雯，〈一條不寂寞的路——艾雯自一切事物中發現真與美〉，《國文天地》第 131 期（1996 年
　4 月），頁 54～58。

篇」座談會為代表，參與座談會的來賓包括王琰如、尹雪曼、墨人、邱七七、馬各、魏子雲、張漱菡，以及艾雯本人，這些和艾雯結識超過三、四十年的老朋友，也特別從各自的角度暢談出觀察到的艾雯和其書中的世界，此一座談會紀錄也可以作為理解艾雯文學與人品的捷徑。[17]

二、1950 年代女性文學研究風潮影響下的艾雯研究新局

目前臺灣學界對於 1950 年代女性文學的研究有較大進展，其中最大的關鍵在於以下兩種研究進路的「介入」，突破反共文學時期女性文學的史觀。一為從女性創作角度來敘述 1950 年代臺灣文學，正面肯定 1950 年代女作家書寫的價值。[18]其次，為范銘如從「臺灣新故鄉」此一主題，開拓出 1950 年代女性文學無窮的想像。范銘如精闢地提出女作家有部分創作以臺灣為背景，描寫斯土斯民的生活現象，並具備另類、顛覆性別意識之可能。[19]多位著名學者的重要論述也在評論界興起了一股為 1950 年代女性文學定位的風潮，並具體影響女性文學研究的進展。

艾雯的研究重新被評價，也與學界對於 1950 年代女性文學研究的拓展息息相關。陳芳明在著名論述〈在母性與女性之間——1950 年代以降臺灣女性散文的流變〉，特別強調從男性主流敘述中分殊出來的女性文學史觀，認為以反共政策為準則的民族主義論者和本土史家往往以國家敘事為優先，忽略女性書寫的瑣碎主題，也將「母性散文」視為重寫文學史的起點。陳芳明認為與男性作家相對照，女性作家與政治權力較為疏遠，主要在於女作家偏向於強調空間意識，艾雯也成為陳芳明筆下展現此一清楚書

---

[17]艾雯等，〈永遠的青春篇〉，《文學時代雙月叢刊》第 11 期，頁 105～116。

[18]具有代表性之研究，包括：邱貴芬，〈從戰後初期女作家的創作談臺灣文學史的敘述〉，《中外文學》第 29 卷第 2 期（2000 年 7 月），頁 315～323、梅家玲，〈性別論述與戰後臺灣小說發展〉，《中外文學》第 29 卷第 3 期（2000 年 8 月），頁 129～135、應鳳凰，〈「反共＋現代」：右翼自由主義思潮文學版——1950 年代臺灣小說〉，《臺灣小說史論》（臺北：麥田出版公司，2007 年），頁 111～195。

[19]范銘如，〈臺灣新故鄉〉，《眾裡尋她：臺灣女性小說縱論》（臺北：麥田出版公司，2002 年 3 月），頁 13～46。

寫策略的來臺第一代女性散文家之一。[20]而陳芳明在撰述深具影響力的
《臺灣新文學史》時，也特別從性別觀點與散文書寫兩大進路來重新探究
艾雯文學，一方面指出 1950 年代的女性散文家對於白話文的試驗與提升，
有其不容低估的貢獻；一方面將艾雯散文的修辭藝術推臻至藝術高峰，認
為艾雯散文藝術值得注意之處，在於：

> 她持續不斷地在抒情傳統建構純美的想像，而這種想像卻是從艱苦的生
> 活中提煉出來。她擅長的「書簡體」散文，帶動日後女性散文家的風
> 氣。[21]

陳芳明的《臺灣新文學史》也在宏觀的脈絡中為艾雯於臺灣文學史尋求定
位，提供史家陳芳明對於艾雯文學的洞見之眼。張瑞芬的〈張秀亞、艾雯
的抒情美文及其文學史意義〉也同樣著眼於艾雯在文學史上的重要性。[22]
張瑞芬認為艾雯與張秀亞均為戰後來臺第一代女作家中「美文」一系的前
驅，提出雖然兩人都往藝術高峰前進，也影響下一代書寫的潮流，卻有
「北與南」間抒情美文路線的不同，張瑞芬在此細緻比較艾雯與張秀亞相
異的散文美學風格，認為在散文書寫上，她們同樣代表「一個逝去年代的
典範，與永不止息的美善理想」。
　　而封德屏的〈遷臺初期文學女性的聲音——以武月卿主編《中央日報》
「婦女與家庭」週刊為研究場域〉[23]，則是反思 1950 年代除反共外無其他

---

[20]陳芳明，〈在母性與女性之間——1950 年代以降臺灣女性散文的流變〉，《霜後的燦爛——林海音
　　及其同輩女作家學術研討會論文集》（臺南：國立文化資產保存研究中心籌備處，2003 年 5
　　月），頁 295～313。
[21]陳芳明，〈臺灣女性詩人與散文家的現代轉折〉，《臺灣新文學史》（臺北：聯經出版公司，2011 年
　　10 月），頁 460～464。
[22]張瑞芬，〈張秀亞、艾雯的抒情美文及其文學史意義〉，《臺灣當代女性散文史論》（臺北：麥田出
　　版公司，2007 年 4 月），頁 199～256。
[23]封德屏，〈遷臺初期文學女性的聲音——以武月卿主編《中央日報》「婦女與家庭」週刊為研究場
　　域〉，《琦君及其同輩女作家學術研討會》（桃園：中央大學中文系琦君研究中心，2005 年 12
　　月），頁 3～27。

觀點的評論意見，並鎖定 1949 年 3 月至 1955 年 4 月這六年多來武月卿主編的《中央日報》「婦女與家庭」週刊為研究重心。封德屏以札實的文學史料與豐富的報紙資料，來證明這一群遷臺女作家如何以其多元的文學創作，一步步開拓了女性書寫的空間，也勾勒出艾雯「主婦型」文學的特色。封德屏指出在「婦週」上艾雯以圍繞著家敘事的抒情文風，敘述日常生活的瑣碎題材，與流露出對生命的體驗的抒情散文，贏得眾多讀者喜愛，也以「主婦隨筆」專欄塑造出賢能主婦形象。

王鈺婷的〈多元敘述、意識形態與異質臺灣：以 1950 年代女性散文集《漁港書簡》、《我在臺北及其他》、《風城畫》、《冷泉心影》為觀察對象〉[24] 以及楊幸如的〈露根的蘭花──試探艾雯文本中的鄉土想像〉，可視為在范銘如「臺灣新故鄉」先鋒性研究啟發下，對 1950 年代女性文學研究所進行的反思性研究。王鈺婷特別檢視大陸來臺第一代女作家書寫臺灣之相關文本，透過個別女作家艾雯、徐鍾珮、張漱菡、鍾梅音書寫臺灣鄉土之「異質性」差異，來梳理女作家書寫臺灣土地經驗中微妙複雜的主題和敘述模式，也提供書寫臺灣此一議題的不同視角。王鈺婷以艾雯書寫臺灣鄉土之「異質性」差異，來客觀地回視 1950 年代臺灣的歷史處境，梳理女作家書寫臺灣土地經驗中多元的主題和敘述模式，也提供詮釋新移民女作家之臺灣圖象的不同視角。而楊幸如則是鎖定艾雯文本中的鄉土書寫，來具體考察其鄉土想像的內涵與發展，並且與 1950 年代女作家具有「家臺灣」的論述提出對話性的觀點。楊幸如以「露根蘭花」的隱喻，來說明如同艾雯這樣外省第一代作家是以中國意識為其精神上的「根」之情感狀態，以故土作為其認同上的鄉土，而移植臺灣土地與地方感的型塑，則端賴個人如何與土地產生情感的聯繫，並發展「在地認同」，以具有「深扎入土」的可能。

---

[24] 王鈺婷，〈多元敘述、意識形態與異質臺灣：以 1950 年代女性散文集《漁港書簡》、《我在臺北及其他》、《風城畫》、《冷泉心影》為觀察對象〉，《臺灣文學研究學報》第 4 期（2007 年 4 月），頁41～74。

　　國內外碩博士生的學位論文，計有許珮馨、王鈺婷、陳彙心、羅淑芬、許婉婷、沈彥君等人之學位論文。許珮馨的《五〇年代的遷臺女作家散文研究》[25]，分析遷臺女作家集體湧現臺灣文壇的社會與文化背景，探討這一群女作家如何移植五四美文傳統於臺灣文藝新生地，以中文書寫的白話散文和閨秀散文的美學主流為概念，進一步釐清這批遷臺女作家在臺灣女性散文史所扮演的重要角色與具體貢獻。在第五章中〈各具風姿的閨秀散文〉中，許珮馨特別將 1950 年代散文創作量豐沛的艾雯列為研究對象，細膩探討艾雯的作品風格內容與文學思想，以探究艾雯獨特的創作風格。王鈺婷的《抒情之承繼，傳統之演繹——五〇年代女性散文家美學風格及其策略運用》[26]，主要是以「抒情傳統」的詮釋框架，來作為理解 1950 年代女性散文風格的重要文化語境。從文學場域多重結構之運作，來梳理女性散文與主導文化、文藝政策、市場機制以及文學思潮辯證性地交鋒，並藉此釐清抒情柔美的女性散文在戰後初期臺灣文學場域中的占位姿態，以回應評論界的重大議題，譬如性別政治、美學型塑、中國性等。本研究具體評價艾雯之抒情美文於 1950 年代文學場域中所建構之價值體系，也進一步檢視主導文化與性別主體之間奧妙複雜、互為建構的動態過程。

　　第一部研究艾雯的碩士論文為羅淑芬以《五〇年代女性散文的兩個範式——以張秀亞、艾雯為中心》[27]，羅淑芬提出 1950 年代女性散文中分別由張秀亞與艾雯所建構出來的兩種範式，分別是張秀亞追求散文「純粹性」所建立的「詩化散文」，以及艾雯追求散文「私密性」所建立的「私密散文」，並介紹兩位女性散文家所開拓的美學版圖。在第四章中，羅淑芬以艾雯的散文主題與散文技藝為分析焦點，前者提出艾雯的書寫特質在於刻畫出臺灣風土民情、闡發溫柔敦厚的母愛、展現高遠意境的哲理，與表現

---

[25]許珮馨，《五〇年代的遷臺女作家散文研究》，臺灣師範大學國文學系博士論文，2006 年 6 月。
[26]王鈺婷，《抒情之承繼，傳統之演繹——五〇年代女性散文家美學風格及其策略運用》，成功大學臺灣文學研究所博士論文，2009 年 1 月。
[27]羅淑芬，《五〇年代女性散文的兩個範式——以張秀亞、艾雯為中心》，政治大學國文教學研究所碩士論文，2004 年 7 月。

對於山明水秀故鄉的眷戀等；後者則指出艾雯的散文觀為詩與散文結合的詩化散文，以閒話式的晤談和溶化哲理的述寫來表達出美文最極致的表現。陳彙心的《艾雯散文美學研究》[28]則是以「艾雯散文美學」為主要研究主題，主要採取心理學與美學的角度，來分析「艾雯的生平及創作」、「艾雯散文的內容分析」、「艾雯散文的美感經驗」、「艾雯散文的美學特色」，認為艾雯是真善美的實踐者，也實踐了美文技藝的鑄煉和女性書寫的範式。許婉婷的《五○年代女作家的異鄉書寫：林海音、徐鍾珮、鍾梅音、張漱菡與艾雯》[29]則是探討 1950 年代女作家特有的家臺灣經驗，以其異鄉書寫來構築「兩地」情結的空間感。沈彥君的《艾雯散文研究》[30]透過文獻資料的爬梳與整理，全面分析艾雯的散文作品，以歸納出艾雯散文的成就與價值。

三、中國大陸之艾雯研究概述

　　中國大陸對於艾雯的研究，如 1989 年由公仲、汪義生所編撰的《臺灣新文學史初稿》中，提到這一批來自大陸的女作家躋身臺灣文壇的現象，認為 1950 年代前期臺灣文壇由女作家擔任主角，女作家的作品為本時期的臺灣文壇吹入一股清風，受到為反共八股困擾的讀者之歡迎，並填補了文壇真空的狀態，《臺灣新文學史初稿》評論這一群女作家：

> 反共復國的喧囂聲浪，對這些躲進「閨閣」成一統的女作家並無多大干擾，她們安安靜靜地寫自己的離恨鄉愁，或取材於她們熟悉的大陸生活，或寫她們所處的臺灣外省人生活圈子裡的故事。[31]

---

[28]陳彙心，《艾雯散文美學研究》，臺北市立教育大學中國語文學系碩士論文，2007 年 6 月。

[29]許婉婷，《五○年代女作家的異鄉書寫：林海音、徐鍾珮、鍾梅音、張漱菡與艾雯》，清華大學臺灣文學研究所碩士論文，2008 年。

[30]沈彥君，《艾雯散文研究》，淡江大學中國文學系碩士論文，2010 年。

[31]公仲、汪義生，《臺灣新文學史初稿》（江西：人民出版社，1989 年），頁 77。

其中具體評價艾雯和同時期活躍於文壇的女作家徐鍾珮、鍾梅音、蕭傳文、繁露等女作家一樣，具有濃郁的異鄉戀國情愫，並著眼於這一批女作家愛國懷鄉的思想。[32] 1991 年由劉登翰等所主編的《臺灣文學史》中論述散文創作，首先從創作角度、手法和總體風格著手，來嘗試劃分當代散文的典型品類，在此區分成三類，分別為說理色彩濃郁趣味幽默的生活小品、以委婉筆調親切口吻記敘日常生活或追憶往事的寫實成分較強的散文、飄逸瀟灑意象濃密的詩人之筆；此外並依據臺灣散文家的年齡、歷史背景及時代社會，將臺灣散文家大致劃分為四代：第一代五四期作家、第二代 70 歲以上的散文家、第三代 50 歲以上的作家、第四代 50 歲以下的作家，來綜合性概述臺灣當代散文的創作風貌。《臺灣文學史》中論述 1950 年代散文創作，提出此一時期有戰鬥散文、懷舊散文和學者散文三類散文品種，後兩類作品具有較高的藝術價值。文中將艾雯與張秀亞、王文漪、鍾梅音、林海音、蘇雪林、謝冰瑩、徐鍾珮、張漱菡等女作家，以及宣建人、王聿均、尹雪曼等男作家並列為 1950 年代懷舊散文的主要代表作家，指出由於 1950 年代當時政治高壓氣氛所影響，臺灣散文成就並不大，但是書寫身邊瑣事的女作家，以其特有的細膩感覺和委婉筆致，在當時刻板八股的年代，如同一股撲面而來的清風，並認為：

> 女作家群在這時期也嶄露頭角，雖然總體上看天地不寬，閨秀氣重，但也以擅寫人情人性、抒發性靈，委婉的筆致中有生活情味而在當時的文壇占有一席之地。[33]

在此將《臺灣新文學史初稿》和《臺灣文學史》此二部中國大陸學者有關臺灣文學史的著作中對於 1950 年代女作家的評價相互對照，也無形之中透露出中國大陸學者對於艾雯作品的品評角度。

---

[32] 同前註，頁 73～81。
[33] 劉登翰等主編，《臺灣文學史》（福州：海峽文藝出版社，1991 年）。

　　除了中國大陸學者在臺灣文學史相關著作中有涉及到艾雯研究的部分，同一時期大量湧現的辭典此一工具書中有關於艾雯作家或是作品之介紹，也頗能反映艾雯研究的狀況。這些辭典主要回應中國大陸 1980 年代至 1990 年代逐漸邁開開放的腳步，越來越多臺港澳及海外華文作家之作品在中國大陸出版，在讀者日益眾多的情況下，讀者要求更了解臺港澳以及海外華文作家的生平經歷以及創作情況，於是中國大陸學界紛紛投入編寫臺港澳與海外華文文學辭典的工作，以提供較為全面的資料。艾雯的相關介紹，據目前可蒐集到的資料，收錄於《臺灣與海外華人作家小傳》（福州：福建人民出版社，1983 年）、《臺灣新文學辭典》（成都：四川人民出版社，1989 年）、《臺灣港澳與海外華文文學辭典》（太原：山西教育出版社，1990 年）、《臺灣文學家辭典》（南寧：廣西教育出版社，1991 年）、《臺灣散文鑑賞辭典》（太原：北岳文藝出版社，1991 年）、《臺灣文學辭典》（南寧：廣西教育出版社，1991 年）、《臺港澳暨海外華文作家辭典》（北京：人民文學出版社，1992 年）、《中國當代文學辭典》（武漢：武漢出版社，1996 年）、《臺港澳及海外華人作家詞典》（江蘇：南京大學出版社，1994 年）等辭典之中，其中除了《臺灣散文鑑賞辭典》收錄艾雯〈一束小花〉、〈夜語〉二文，並由李怡撰寫文章之賞析，其他辭典由於辭典本身編排方式的要求，基本上只限於艾雯的生平介紹，但是這些辭典中對於艾雯身世的介紹，不僅增加了艾雯本身在中國大陸學界的能見度，也昭示艾雯研究的開始以及此一研究初始時的形態。

　　單篇論述方面，以閻純德的〈青春和愛的歌唱——艾雯的生平與創作〉最具代表性，閻純德也是中國大陸學者中最關注艾雯研究。目前服務於北京語言大學人文學院的閻純德，曾於北京師範大學中文系任教，創辦並主編《中國文學研究》和《漢學研究》，並多次赴法國巴黎東方語言文化學院、馬賽第一大學等校講學，對於中國現當代文學的研究用力甚深，尤其關注中國女性文學之發展，並兼及臺灣、香港與海外華文女作家之研究，業餘也從事文學創作。閻純德的學術著作，包括《中國現代女作家》、

《二十世紀中國女作家研究》、《二十世紀末的中國文學論稿》等書；並主編《港臺與海外華人女作家作品選》等書。閻純德在〈青春和愛的歌唱——艾雯的生平與創作〉中，提及 1993 年至 1994 年間和艾雯有過四次的書信聯繫，所以他對艾雯其人其事有深入觀察，他特別推崇艾雯是臺灣女性文學史上第一代重要的女作家，一方面是艾雯幾十年的文學耕耘，使其影響幾代人；一方面因為艾雯是 1950 年代女性散文大規模誕生的推動者，閻純德也表彰艾雯「為臺灣女性文學的形成和發展做出了貢獻」。在此篇論文中，閻純德撰寫出艾雯印象記，或者也可以說是作家論，他從艾雯家庭和人生歷練、《青春篇》的風潮、社會的人性的小說、社會的心性的散文幾大面向，來論述艾雯作品風格內容。[34]閻純德認為艾雯的作品，透露出文學真摯美好的一面，艾雯文學的真摯美好，往往是建立在苦心滋潤上，猶如老蚌孕珠一般，一再磨礪，才能呈現出璀璨的光芒，而一生把文學當作精神事業經營的艾雯，則是一位孜孜不倦，追求完美的作家。

閻純德在〈20 世紀五六十年代的臺灣女性散文〉[35]中，延續對於艾雯的研究，他認為 1950 年代正是臺灣散文創作的興盛時期，主要在於此一時期大批女作家積極參與，其以創作成績參與並搭建了臺灣文壇，也使得 1950 年代成為臺灣女性文學形成、發展和奠基的關鍵時期。閻純德提出此一時期女作家的散文不僅多寫日常生活、身邊瑣事，書寫諸如婚姻、愛情、家庭、丈夫、子女及朋友等題材，也寫大事，表現出對於社會的關注，於是他以「既有小我，也有大我」，「既有傳統，又有現代」來稱譽女作家的創作特色。閻純德繼而分別論述張秀亞、琦君、艾雯、徐鍾珮、羅蘭此五位女作家的作品特色，除了評論五位女作家作品風格、文學思想，也對女作家作品進行總體的評論。其中，閻純德指出艾雯是臺灣最重要的散文作家之一，他認為艾雯的散文不僅常藉著對於身邊瑣事的描寫，來宣

---

[34]閻純德，〈青春和愛的歌唱——艾雯的生平與創作〉，《新文學史料》2005 年第 4 期（2005 年 4 月），頁 148～155。

[35]閻純德，〈20 世紀五六十年代的臺灣女性散文〉，《南京師範大學文學院學報》第 1 期（2010 年 3 月）頁 41～52。

洩自己的感情，頌揚母愛和大自然，並以其典雅、雋永、富有哲理性的文
風，來書寫對於真理和愛的渴望，閻純德特別觀察到艾雯作品中的思想
性，在於深入社會底層，以及擷取民間生活萬象，他也從此一面向去綜觀
艾雯的文學全貌。閻純德旨在從社會性此一面向去詮釋艾雯的文學，並論
述艾雯的散文以悲天憫人的胸襟對於民間疾苦的關懷，也評論艾雯的小說
風格：

> 艾雯以散文創作為主，但她的小說創作也不少，可以和散文等量齊觀。
> 她先後出版九部小說集和一部長篇。她的小說創作一如他的散文創作，
> 也是深植於現實泥土中的生命之株，強烈地表現出對社會和人生的關懷
> 良知。[36]

閻純德全方面地觀察出艾雯的散文是社會性的高雅之作，也認為她關注民
間疾苦的小說創作，在臺灣女性文學史上具有特殊意義。

　　而余文博的〈一個多層次的審美藝術空間──艾雯散文藝術論〉，則是
承繼劉登翰等所主編的《臺灣文學史》中對於艾雯作品風格之定位，將艾
雯定義為 1950 年代懷舊散文的主要代表作家之一，認為艾雯以其獨特的散
文風貌，為讀者呈現出一個多層次的審美藝術空間。余文博討論艾雯散文
創作中特殊的散文風貌，從詩歌之意境、散文之意象、小說的故事趣味、
蒙太奇的技法、音樂語言節奏美，此多層次的審美藝術空間，來討論艾雯
的散文創作如何汲取多方面的藝術養分，使其在散文創作領域中走出一條
自己的路。[37]

---

[36]同前註，頁 48。
[37]余文博，〈一個多層次的審美藝術空間──艾雯散文藝術論〉，《重慶郵電大學學報》第 1 卷第 6
期（2005 年），頁 931～933。

四、結語

　　除了上述的研究之外，艾雯的研究與重要作品仍面臨重新評價與整理。譬如艾雯在 1950、1960 年代並非以散文專擅於文壇，寫作方面也極廣闊，小說的產量與散文並駕齊驅，毫不遜色，包括：《生死盟》、《小樓春遲》、《魔鬼的契約》、《夫婦們》、《霧之谷》、《一家春》、《與君同在》、《池蓮》、《弟弟的婚禮》九部作品，都完成於 1950 年代至 1960 年代中期，目前可以看到的相關評論也都集中在 1950、1960 年代，作家司徒衛、魏子雲、歸人、張漱菡、公孫嬿都曾為艾雯的小說作品撰文品評，也說明艾雯的小說作品確實具有藝術魅力與豐富思想，范銘如在〈「我」行我素──1960 年代臺灣文學的「小」女聲〉，也別具慧眼地討論艾雯於《婦女創作集》所發表的小說〈捐〉中在反共懷鄉文學主流之外的「騷動」的性別意識[38]，而艾雯的小說到底還能發掘出何種對於女性身分地位的探索呢？在目前學界對於 1950 年代女性文學的重新討論與界定下，艾雯的小說創作可以激起什麼樣的評論漣漪，提出什麼樣新的詮釋方式？頗值得拭目以待。另外，艾雯所創作的兒童文學到底具有什麼樣的特質？相信 1951 年以《青春篇》抒寫年輕的理想、少女的夢與對未來憧憬的艾雯，其創作也延續青春生命的可貴、燦爛與美好，將在每一個研究世代立下一座座青春的里程碑。

---

[38] 范銘如，〈「我」行我素──1960 年代臺灣文學的「小」女聲〉，《眾裡尋她：臺灣女性小說縱論》
　　（臺北：麥田出版公司，2008 年 9 月），頁 53。

輯四◎
重要評論文章選刊

我是怎樣從事寫作的

◎艾雯

是遠在十年前，正值我無憂無愁地遨遊於夢之王國，生命像三春陽光下的花朵一般蓬勃燦爛時，家庭裡一個突然的變故，把我從理想的雲端打入生活的泥沼。周圍的一切是那麼陌生而複雜，稚弱的心靈一時不能適應這驟臨的現實的考驗，我變得苦悶，消沉，就在這時恰似一個溺水的人撈著了一張浮木般，我終於找著了寄託心靈，宣洩情感的路子——學習寫作。我寫著自己心裡的聲音；我寫下對光明的渴念，也寫下對黑暗的詛咒，慢慢地，我不再消沉苦悶，我不僅敢正視現實，對生活也堅定了信心。我把學習寫作當做一支舵，按上我那時漂流在人海風濤中獨自奮鬥的小舟。不管波浪猖獗，風颺獷厲，我只潛心把著我的舵……

這一段摘錄自我寫在第一本集子——《青春篇》的前面，約略說明了我是怎麼開始寫作的。

不過這裡所謂「開始寫作」，是指開始對外投稿而言，遠因是因為父親是個小說迷，自小受著他的薰陶，在我大字識不到幾擔的時候，就看小說看得津津有味，父親早時偶爾也為那時的禮拜六之流寫點小東西，當我看見他的名字用鉛字印在書上時，覺得他真是「偉大」。當時小心靈裡便產生了一種能夠把名字用鉛字印出來的人的尊崇，同時暗暗的想，假如有一天我能夠把自己所想的，所說的寫出來，得到大眾的欣賞，該是多麼有意義的事。這對我以後的從事寫作。不能說沒有影響。及至進了中學，教國文的曾老師，便大為讚賞我的作文，而且還賦予我一個特權說是「妳如果有

題材，可以自由發揮，不必限於我出的題目。」他還鼓勵我給校中的壁報多寫點東西，記得我那時曾學寫了一個獨幕劇，什麼題目已忘記了，交給曾老師去修改，不想他看了過後卻代我交給縣裡一個小報去登載了，可是那家報紙只載了一個開頭，又遺失了原稿，要我重抄一篇給他們。我卻已把底稿丟掉，這個有始無終的劇本在我的寫作紀錄上，自然是沒有地位的，這以後，忙於功課也就少寫，值得一提的，便要推算到正式投稿的另一篇處女作了。

記得父親去世不久，故鄉又為烽火隔絕，生活的負擔迫使不懂世故的我離開學校，盲目地進入社會。心靈的創痛和環境的突變，確使我一時消失了年輕人那股蓬勃的生氣，很少參與年輕人的活動，唯一的排遣是一卷在手，僥倖的是我的工作恰被安排在圖書館裡，這一下我就像小老鼠跌進了米缸裡，整部整部的中外文學名著就那麼狼吞虎嚥的啃下去。雖然那時我看書還不懂得怎樣作有系統的研讀，分析，但看多了，心裡也就癢癢難熬，有時看過一篇自己頗有同感的作品，常常自己跟自己說，「我也正是這般想，為什麼我不寫呢？」偶然，我也試著寫下些感想和雞零狗碎的斷片，可是當我拿來與別人的一比較，再看看副刊和什誌上的稿約，總覺得自己太差勁太不夠條件，以致連在學校裡時給壁報寫稿的勇氣都沒有了，只是讓那些斷章殘稿像見不得公婆的醜媳婦似的，關在抽屜裡，永受錮禁。

但不久，我終於獲得了嘗試的機會，那時江西省婦運會辦了一個《江西婦女》，有一次公開徵文，題目自選，但內容必需含有抗戰意識，我自問還能應付，便懷著亢奮的心情，化一夜功夫擬好大綱，悄悄的動起筆來。可是，事情卻沒有想像中的進行的快，白天被八小時的工作限制了，就是偷得一點閒暇，也像做小偷似的，用一張白紙蓋在稿紙上寫一行遮一行，生怕讓別人看見了，而有時剛想到一點頭緒，卻又被來借書的人打斷了文思，幾個熟悉的同事看到我那煞費推敲的神情，還要取笑我說：「怎麼有什麼心事嗎？」而晚上，不大健康的身體又不允許我多寫，稍為寫得晚一點

睡覺，母親在壁隔敲著板壁催我，說是明天還要上班呢？限期將屆，原稿還沒有殺青，而我寫字的速度又慢，眼看著將不得不放棄這次應徵，我感到十分焦灼。這時，一個比較接近的同事問我遭遇了什麼事，我囁囁地告訴了他，他立刻鼓勵我儘管寫，他負責替我繕寫，並保守祕密。他那一手整齊的蠅頭小楷一向便為我所知道，自然喜出望外，重新繼續寫下去。我一面寫，他一面抄，果然如期完成。那時因為買不到稿紙，我記得還是自己打了格子用道林紙抄好，再裝訂成冊，——那是一篇一萬多字的小說，題目「意外」，描述一個青年別愛從軍了，結果他的愛人得到消息說是他在一次衝鋒中失蹤生死不明，她悲憤之下，毅然從事救護工作，開赴前線，不意卻在野戰醫院會晤到受傷的愛人。

稿子寄出去後，像是失落了點什麼，又像是有什麼黏住在腦子裡，雖然我極力要自己不去想它，但不知不覺卻又在計算著稿子是哪天寄出的，要哪天到達，現在是不是已經評閱……一串日子過去了，我突然接到一位陌生人劉君的來信，他自稱是參與這次評閱的委員，認為我的稿子一定可以入選，他預先為我慶賀並且希望和我結為文字之交。我還在信疑參半間，接著一本雜誌，一張通知單和一張稿費收據，又同時寄到我手裡，噢，真是太出我「意外」，竟還是第一名！

不用說，那給予我的是多大的興奮，而且還給我帶來了對寫作的信心，覺得自己還可以寫。於是我立刻用第一筆稿費的一部分去印了一千張稿紙，並且取了現在用的這個筆名，緊接著我把禁錮在抽屜裡的稿子，揀了兩篇自己認為可以的加以修刪一下，又試寫了一篇散文，寄給兩家報紙，一家的副刊編輯很快就寄來一份剪報，和一封滿紙鼓勵的信；一個初學寫作的人，能夠獲得主編和讀者的鼓勵，那份感奮是難以形容的，我開始感到人間並不像我想像中的那樣冷酷。另外一家隔了不久也就採用了一篇，我記得那時的稿費很低，很多只附來一些郵票代稿酬，但精神上所享受的愉快遠勝於物質方面的，稿酬有沒有根本就不放在心上。

記得第一篇散文〈尋求〉原是在贛縣的《正氣日報》不知道還是《青

年報》發表的，事隔數月，卻在麗水版的《東南日報》發現了，並且換了個題目。雖然，我為自己的作品能被重視而感到高興，卻怪他不該擅換題目，讓人誤會我是一稿兩投。於是我寫了封信去責問，那位編輯先生回信卻幽默地說：好文章本該向廣大讀者介紹，末了還歡迎我給他們的副刊「筆壘」寫點東西，這算是我第一次得到特約「撰稿」的榮幸。

　　雖然我投稿的開始還算是順利，沒有碰什麼釘子。但由於本身工作的限制，加上那幾年我身體很壞，接連患了兩次九死一生的急性肺炎，休養了一個時期，而且由於缺乏生活經驗，常常感到找不到可寫的材料，因此還是看得多，寫得少。接著又是逃難，又是疏散，動亂中簡直不能寫什麼。等稍為平靜時，我便接受了當地一家縣報的副刊編輯工作。

　　這份工作使我有機會接觸許多愛好文藝和從事文藝工作者，那時東南一角孤單落後，各報副刊正熱烈展開一個東南文藝運動，我除了響應這個運動在所編的副刊上極力強調文藝配合時代的重要性，寫些呼籲號召的文字外，那時因年紀輕血氣盛，看不慣的就想說，因此比較喜歡寫點針對現實的什文，散文也寫，小說寫得較少，為了寫什文還得罪了一些「官兒」什麼的，多少惹了點麻煩。我第一次感到做一個文藝工作者的不容易，一方面需要戰鬥性的作品，要針對現實，揭露黑暗。假如真的揭發了某些人的瘡疤，使他們惱羞成怒，利用職權隨便找點小麻煩，卻也使你啼笑皆非。但儘管這樣，我寫作的立場始終是堅定的。

　　那時有一個朋友辦了個出版社，有意給我出個單行本，可是我把稿子整理一下，覺得自己稍為滿意的作品實在不多，還談不上結集，那時大概是民國 33 年，事情一擱下來，想不到一隔隔了七年，才在臺灣出版了第一個集子《青春篇》。

　　作了二年編輯工作，之後我又踅回原來那個機關裡服務，這以後便時斷時綴，沒有什麼像樣的作品，一直到民國 38 年來了臺灣，那時寶島的文壇十分沉寂，沒有一個文藝刊物，報紙副刊也十分貧乏。想起八年抗戰時，儘管物質條件不夠，交通阻塞，稿費低微，但文壇上卻呈現一種蓬勃

的氣象。一時有所感觸，而那時在那種「真空」狀況中也感到十分寂寞。於是我又試著提起筆來，起初只是寫一些短文投給報紙副刊，慢慢地，籠罩在自由中國文壇上的雲翳消散了。接著文藝運動展開了，文藝刊物發行了，文藝的團體成立了。我的寫作熱也隨著這蓬勃的氣象發展到最高潮，我參加了文藝運動的吶喊，我在反共抗俄的筆隊伍中充當了一名小卒，我得應付報章什誌的索稿，我，除了生病，我沒有擱下過筆。

　　我不慣坐在桌前苦思，平時要寫什麼，總是晚上躺在床上先把腹稿擬的妥貼，往往在桌前坐上半天，一字不成，待躺到床上預備入睡時，靈感卻又翩然光臨。可以一晚上安排好一個題材，甚至把段落等粗枝大葉的處理差不多了，第二天才拿起筆來斟字酌句的寫到紙上去。但也有思考過久，引起失眠，有時卻不得要領便朦朧入睡。

　　當我要描述比較凸出的人物時，我便成了個調製拼盆的廚子。我必須把各種原料拼湊起來，製造一個近於典型的人物。譬如說我預備寫個嗇吝自私的人，我就得打開那個記憶之箱的蓋子，筆記本，把平時所認識的，書上看到的，和聽人說起的，有關那一類人的外形，個性，舉止笑貌以及相同的靈魂原素，選出最合適的來湊上去，然後藉著那些形象再加上自己的想像力，設身處地的去體會他可能作點什麼，發生點什麼故事。有時當我熱中於人物的塑造時，我會不知不覺的模仿筆下那個主人公的動作，喃喃地背誦著他說的話。如果我覺得這個人物還塑造的合適，隔了很久都還是活在我心裡，就像我真正認識這麼一個人似的。如果失敗了，那就同曇花一現般，隨著時間過去，不留下一點痕跡。但多半經我塑造的人，都會留下一點不太深刻的印象。

　　有時，我是有了主題才去塑造一個配合故事的人物，有時卻是偶然見到或是聽講的某一類型的人物有所感觸，為他編製一個故事，而主要的表現那個人。我覺得前者寫起來比較容易，但不深刻。後者比較不容易寫得好，但它卻能給讀者介紹一個活龍活現的人物，和他的遭遇，而把這些栽在讀者心裡。

　　有些作品，我固然是從自己的生活經驗中採取的題材，有些卻是根據收集來的材料寫的，譬如去年我因為聽說鹽民的生活怎麼怎麼困苦，決計預備寫一篇有關鹽民生活的小說，以引起各界的注意。於是便開始從報紙上收集有關這方面的材料，例如一則鹽民代表晉省請願的消息，一則有關產鹽區建設的通訊，一篇鹽民生活的報導，等收集得差不多了，我便加以整理並使它們在我心裡融成一氣，一如我曾親身經歷過這種種。然後加上故事情節，寫下了那篇〈銀色的悲哀〉，結果看到這篇文字的朋友還以為我真去訪問了鹽區哩！

　　在寫作過程中常常遭遇的困難就是「起頭」，文思就像一團棉線，只要抽到了頭自不難徐徐抽下，但困難的是因為有時找不著頭。往往煞費思考起了無數的頭，卻沒有一個合用的，有時卻是斟酌一個合適的字，一個句子，一句對話，或是推敲一個恰當的形容詞，或是寫成了文章卻想不到一個合適的題目。而且愈是文思滯澀的時候，愈容易煩躁，心裡像有無數小毛蟲在蠕動著，爬行著，逐漸蝟集成一團堵住胸口，使我有窒息的感覺，本來來臺灣後，環境所使，我已習慣在嘈雜中致力寫作，但逢上那樣的時候，隔一重板壁廚房裡的笑語，窗戶外孩子們的嬉喜，都一句句清楚的灌進耳朵。有時弄得頭昏腦脹，灰心喪氣，實在疲乏不過，便放下筆來預備休息一會，讓腦子澄清澄清。可是如果正在寫一篇小說，儘管我去跟鄰人扯談，上街去散步，或是找一本書看，心裡卻總會時不時的感到一種不安，一種憂鬱，一種莫名其妙的憤怒，這時我會覺得吃飯沒有滋味，睡覺不再安寧，這份情緒一直要延長到稿子完全殺青。完成一篇難產的作品，就似完成了一椿苦工，又似割除了一個贅瘤。那時的心情特別輕鬆愉快，而飯也吃得下了，丟下碗，不管屋子裡怎麼吵鬧，我可以倒在床上便酣然大睡，彷彿從來不曾睡過那樣香甜的覺。

　　但有時也逢上文思洋溢的時候，可以一氣呵成一篇作品，就如寫的那篇〈當我們並轡馳騁的日子〉，5000 字的小說，連構思帶完稿只化一天一夜的時間。而自己還覺得滿意。因為我平時筆下不太流暢，一天 5000 字已

是最高紀錄，不斷的練習不斷的寫，確是從事寫作一條跌撲不破的定律。

　　我覺得寫初稿時，雖然也有障礙重重。但憑著一股子熱勁寫下去，總是充滿著亢奮和新鮮。最艱煩的莫過於初稿完成，重新來一遍二遍的審察、修改，繕正，常常我情願再開始一篇新的，不願意去繕正已完成的。

　　我自問看過的中外文學名著實在不少，使我憾恨的是當我有機會浸沉在書城裡時，我只顧埋頭大嚼，卻不會作系統的研讀，不曾留下翔實的筆記，以致事隔多年，大部分書的印象都已淡去。但也有些我心愛的作品，曾一讀再讀，一直還保留著深刻的印象，記得第一本給我印象最深的是奧爾柯特著的《小婦人》。我曾為那簡潔樸實的筆調，親切的語氣，以及那充滿著溫情的氛圍所深深感動，而那四個個性迥異的「小婦人」，尤其是二姊「喬」，許久許久都還活在我心裡。冰心、落華生、綠漪、麗尼的散文也很喜歡讀。後來我又喜歡讀那些風格超潔、細膩、深刻、帶著一種憂鬱的美，而有著詩和散文情調的作品。像岡察洛夫的《懸崖》、拉馬丁的《葛萊齊拉》、屠格涅夫的《貴族之家》、洛蒂的《冰島漁夫》以及哈姆生的《牧羊神》等等，其他如莫泊桑和普式庚的短篇創作，傑克‧倫敦的《野性的呼聲》、托爾斯泰的《安娜‧卡列尼娜》、米切爾的《飄》、紀德的《窄門》、羅曼‧羅蘭的《約翰‧克利斯多夫》，以及我國的《紅樓夢》。我常常愛某一作家的某部作品，卻不愛他全部作品。而有些作品我卻並不是愛它的風格和內容，只是因為它曾給予我一種啟示。我也許會從我所心愛的每一部作品裡吸收一點東西，至於說究竟是什麼書會給予我寫作的影響，我卻不能確實的說出來，我要為自己的作品製造一種適合於我自己的風格，但那還是一個濡濕的泥坯，還待費神去琢磨。

　　許多年來，文藝界一直為著文藝的二條寫作路線起著爭執，一條是「應該」寫什麼，（文藝必須配合政治），一條是「願意」寫什麼。（為寫作而寫作），可是我卻認為兩者是可以兼容並存的，就如羅曼‧羅蘭所說寫作是「——由於社會責任和你的良心，或者某一種的內心需要所驅使……」譬如我寫反侵略，反極權，配合國家戡亂政策的作品。那是我做為一個文

藝工作者當前「應該」肩負的使命和責任，也就是「由於社會責任和良心所驅使」。但我也挑選我自己喜歡的題材來寫，因為寫自己所熟悉和「願意」寫的，比較容易寫的好。所以，我現在是兩者都寫。

從開始學習寫作到現在，我曾經獨個兒在黑暗中摸索前進了這些年月，在那些年月中，除了書本，我不曾得到過任何指引。我惋惜那些不曾為自己好好把握的時間，應付生活和不斷的逃亡，更使我喪失了不少光陰。我常常覺得自己對文學的修養是太淺薄了，而且寫得也不夠。當我有時看到我的名字被列入自由中國的作家群中時，總使我慚愧萬分。但幸好文學是一種不受時間限制不受環境阻礙，隨時隨地可以自修的學識，我曾經化費那麼些忍耐的精神去學習，我仍舊可以支付更多的忍耐和精神，追隨諸文壇先進同文之後，從事學習。在「充實自己的」工作中，我永遠是飢渴的。

我希望有那麼一天，我的足跡印遍祖國美麗豐饒的土地，訪問過祖國莊嚴偉大的河山，然後再回到蘇州那森嚴，幽靜的古屋裡，或是在山明水秀的鄉間結屋三椽，摒除一切瑣事俗務，靜靜的從事寫作——這樣的一天已不會遠了，是嗎？

——原載「女作家寫作生活」，民國 41 年 9 月 24 日

——選自艾雯《漁港書簡》
高雄：大業書店，1955 年 2 月

鳳凰花的歲月

◎艾雯

一

　　「40 年」，乍看之下，不禁怵然吃驚，有這樣久的年代，這樣長的時間麼？做為一個文藝工作者，平時只知默默地耕耘自己那一方方永遠耕不完的格子田，「我寫，故我在」。寫作與生命早已鑄融成一體，似乎從來不去計算筆尖下刻畫掉多少歲月，多少青春年華。自學習寫作到現在，應該是超過四十年了，而自來臺灣算起，又還差幾年。不管怎麼算，我還不準備寫回憶錄，更不敢在這樣歷史性的大題目下做文章。倒是在南臺灣耕讀的那一段日子，24 年，畢竟是漫長的時光。而想起南方，總讓人聯想起明燦的陽光，純樸的風氣、醇厚的人情味，和寫作生活中的點點滴滴，融貫成一串串如珊瑚藤般溫馨難忘的回憶，我把那屬於南方的時日，總稱鳳凰花的歲月。

　　民國 38 年初春，勝利後還來不及回故鄉蘇州，便從避難八年的贛南直接來到臺灣。最早住在屏東郊區的臨時眷舍。一座大院子面對面並排兩列日式平房。座衡對宇，咳唾相聞。一家五口，竹牀、板舖、榻榻米俱備。以今之避秦人自居，能有這樣遮風避雨的安身處，便已滿足，安頓下來，上班的上班，上學的上學，做了近十年職業婦女，家務孩子一向由母親帶女佣照料。彼時我卻成了無業遊民。地陌人疏、惶惶惑惑，心中有一種深深的失落感。而輾轉遷播，所有藏書均未能攜帶。巡視全市，更是讓人失望得心酸，寥寥幾家書店，陳列的只有言情和武俠。除了內幕，新聞及趣

味性幾份詩之舊雜誌,再沒有其他刊物,文學作品簡直罕如鳳毛麟角。圖書館收藏的倒多半是日文書。記得民國 58 年《幼獅文藝》也是「文壇的回顧與前瞻」邀稿。在〈沙漠變綠州〉一文的開頭還描寫過當時的情況:「20年前,當我肩挑憂憤、心懷離愁,匆匆踏上臺灣的綠岸,第一眼的感覺是不愧為美麗的寶島。當我卸下行裝,進入城市,叩訪各方,卻不禁失望地感到:這竟是一座『荒島』!」

一點不錯,對一個愛好文學,或從事文藝工作者來說。儘管土地肥沃,物產豐饒,但它卻是一個貧瘠的荒島,一片枯燥的沙漠,儘管陽光普照,四季如春,但它卻面臨著一個漫長而淒涼的,文學上的寒冬。

數十年異族的占據統治、阻遏、排斥,幾乎在這裡形成了中國傳統文化的斷層。

但不管當時身處荒漠,時逢寒冬。慶幸自己在工作之餘,一直擁有一份對文藝的愛好。一支可以塗塗寫寫的筆。從事寫作,可以是興趣,可以是工作,可以是精神事業,不受任何環境的限制約束。文學的綠野更是無垠廣闊。只要具備熱誠和勤勞,可以自由耕耘、自由開墾。為使自己安定下來,唯一能做的事就是寫點什麼。一個月後的某日,我坐在板舖上,俯就臨窗的舊課桌,寫下來臺後第一篇報導:〈從贛南到臺灣〉一稿,還是越過海峽,寄回贛州在《民國日報》發表的。

二

寒冷的日子終究會解凍,荒蕪的田園一經墾拓,自會萌發新綠,先是《中央日報》遷臺發行,偏屬文藝,作風開明,可讀性大的「中副」,像一股清新的晨風,吹散了昏沉的滯留鋒,不僅給作者開放了一片可耕可讀的園地,也給原來的幾家副刊帶來了朝氣,競相革新版面,《中央日報》除了茹茵主編的「中副」,還有武月卿的「婦女與家庭」、孫如陵的「報學周刊」、陳約文的「兒童周刊」。《中華日報》有蘇仁予的「海風」,和馬各主編的「新文藝」。《新生報》有鳳兮主編的「新副」,還有「新生文藝」、「每

周文藝」、趙美姿主編的「兒童之頁」，以及《公論報》的「文藝」、《新臺日報》的「八卦山」等，有投稿也有約稿，作品有了發表的園地，主編們又都是最好的鼓舞和催生者，寫得也就越來越起勁。我輪流在那些篇幅上寫散文、小說、雜文、童話、短篇、孩子事、主婦與文學，甚至「副刊性質的商榷」，與齊如山老先生討論「宣傳宜用國劇式話劇」等，常有兩家副刊一天同時見報的時候。而幾家報紙副刊，不僅發揚文藝不遺餘力，也真正做到了作者和作者間的橋樑，由文章引起共鳴，彼此欣賞仰慕再由副刊轉信，結交了不少文友和讀友。記得通信最早的是住在蘇澳的鍾梅音，還交換副刊雜誌（那時沒人會訂閱讀幾家報紙和雜誌的）她的一手字寫得美麗清晰。信也寫得勤快，不少文友也都是先通信再認識的。最難得的是失散很久的老友王琰如和墨人，都由副刊轉信而致又取得了聯絡。

　　民國 39 年初，「新副」發起一次關於「當前文藝政策」的討論，不少先進與同文熱烈參與這一問題的討論。我也寫了一篇〈再來一次文藝運動〉。文中極力強調文藝在當前的重要性；是堅定信仰，激勵民心，闡揚人性，提升精神，美化心靈不可缺的精神糧食。而文藝的路線永遠是追隨歷史的潮流、反映時代的。只要是建設性、積極性、啟發性的作品，又何至於全成為「八股」？至於展開和推動這次文運，有三個原則；一是在出版條件不夠的目前，唯有運用報紙副刊的力量來推動。編輯要不辭辛勞的廣闊園地，架設橋樑，並注重作品水準，提高讀者興趣。增闢文藝信箱或青年園地，鼓勵青年寫作。二是文藝工作者必須聯繫起來，組織一個文藝協會。定期集合互相討論、批評、建議、研究、觀摩，同時彙集優良作品，出版叢書、發行刊物。

　　好像過了不久，便接到副刊編者聯誼會（？）一封邀請函，為發起組織一個作家協會。是年，自由中國文藝協會在學術、新聞、文藝界諸前輩策劃下正式成立。我不曾去臺北參加大會，卻在《新生副刊》「五四特刊」寫了篇：〈燃起了正義的火炬〉，文中提到現階段的文藝幾乎成了彌留狀態。文藝工作者除了團結整肅，組織筆隊以發揮戰鬥力量，另一個要務是

挽救當前趨向低潮的文運。自問功力不夠，我本來不慣寫這類的硬性文章。想來這就是興趣以外的使命感吧。

三

緊跟著報紙副刊的革新、擴充，雜誌出版也漸漸抬頭，呈現一種新的風貌，不說文藝性的刊物陸續問世，就連一般政論、綜合、學術，或各公家機構發行的期刊，也都增闢了文藝欄。最早崛起的純文藝月刊是民國 38 年潘壘創辦的《寶島文藝》。編排新穎、內容純正，在當時來說，很夠水準。這是第一家向我邀約的雜誌，我也欣然繳卷；是篇小說：〈一個女作家〉。

打從《寶島文藝》開始，幾乎一有新的雜誌創刊，或一般刊物增闢文藝欄，多半會接到創刊人：主編的約稿函件，或托文友輾轉代邀。起初是感到榮幸，有約必應。之後是情不可卻。有些果然是自己想寫的，有的是不好意思應付。約稿的信件也是形形色色。有的是冠冕堂皇，一般公式化，有的是委婉訴求，動之以情。有的是函電交遞、緊迫盯人，有的是坦率陳述、以誠感召，還有出於玩笑的威嚇：如「妳再不寫稿來援助，只有到我墳前去聽蛄蛄叫了！」到後來，作品漸漸偏重於刊物，副刊上反發表得越來越少了。到民國 61 年離開岡山，多多少少曾寫過稿的雜誌計有：《寶島文藝》（潘壘）、《半月文藝》（程大城）、《自由談》（趙君豪）、《暢談》（王琰如）、《時代婦女》、《當代青年》、《地方自治》、《中國的空軍》、《中華婦女》、《中華文藝》（李辰冬）、《小說》、《語文半月刊》（趙友培）、《明天》（杜蘅之）、《中國一周》、《民力》、《大道》（張雪茵）、《文藝創作》、《中國文藝》（王平陵）、《文壇》（穆中南）、《文藝月刊》、《讀書半月刊》（傅紅蓼）、《國風》、《晨光》（吳愷元）、《現代兒童》、《學友》、《民風》、《民友》、《幼獅文藝》、《海風》（鄭修元）、《新世紀》（老沙）、《反攻》（臧啟芳）、《今日婦女》（姚葳）、《幼獅》、《祖國》、《復興文藝》、《文學雜誌》（夏濟安）、《人間世》、《自由青年》（呂天行）、《自由中國》（聶華

芩）、《海外之風》、《婦友》、《紙業知識》、《中國勞工》、《廣播雜誌》、《國資》、《海洋生活》、《亞洲文學》（王臨泰）、《作品》（章君毅）、《政治評論》（任卓宣）、《民主憲政》、《木刻散文》（朱嘯秋）、《皇冠》（平鑫濤）、《創作》（楚軍）、《薰風》（王平陵）、《沙龍》、《劇與藝》（許希哲）、《青年俱樂部》、《新文藝》、《文藝月刊》、《中央月刊》、《新時代》（杜呈祥）（漏掉自難免）⋯⋯。這許多刊物有的可惜只曇花一現，有的出版三、五期就夭逝了，也有苦撐好幾年的。能夠流傳到今天的，除了一些公家刊物、文藝性質的已寥寥無幾。在條件不夠、讀書風氣還不普及的當時，個人或同事自費創辦雜誌的精神和熱忱，實在可敬可佩。所以大略記下，也可以當作那時期刊物盛衰起落的一份紀錄。

四

民國 40 年，我從屏東郊區搬到臨近火車站的南京路。魚鱗板的日式平房，前後院子。我終於有了一張小小的三屜書桌，一側臉可以眺望馬路上綠蔭扶疏、木履躂躂，春夏間紅艷的鳳凰花和金黃的相思花交織成一片錦繡，一次電力公司來任意砍斲，攔阻不成，我還義正辭嚴的替樹們寫了篇〈控訴〉登在「中副」。漫漫長夏，被列為「四凶」之一的「屏東太陽」，火辣辣的烤炙著小木屋，而我的寫作熱忱也被蒸發得越來越高亢。那一年春，我出版了第一本散文集。

《青春篇》的順利出版，說來點意外。那時如果真的想出書而讓我自己去找出版社，恐怕連門都沒有。原是在左營開海福書店的一位沈經理，轉輾托墨人介紹要出版我的作品。並成立了「啟文」出版社。幾經磋商，我自早期的習作中選了四分之一，自來臺後的作品中選了四分之三。書名取自其中一篇篇名。封面由高敬久設計，一塵不染的純白底，右上角極柔和的線條，勾勒出一抹綠！背景淡綠襯出蒼綠草。樹，橘色題字，顯得清新悅目。在文藝作品罕如鳳毛麟角的當時，啟文出版社搶先出版了這樣一本小小的冊子，竟也風光一時。沒有什麼廣告、宣傳，居然還很暢銷。最

令人高興的是除了讀者的愛護，更獲得不少文壇先進如葛賢寧、王平陵、趙友培先生及相識不相識的文友如劉心皇、季薇、孫旗、李莎、張雪茵、亞敏等撰文題詩、批評鼓勵。也有還從金馬前線，偏僻地區讀者來信索購，出書不久，其中一篇〈路〉便蒙教育部編譯館收入國中國文課本，然後又被全國青年讀者選為最喜歡的作者和作品。這許多榮寵和反應。使我第一次深深地感到，做為一個默默耕耘的文藝工作者，在這世界上並不是全然孤寂的。

五

是年五月，我第一次去臺北，參加了文協年會，真正體會到「以文會友」的況味；在濟濟一堂的會場，以及會前會後那些天的聚餐、邀宴、茶敘、晚會、拜訪中，我見到了學術、文化、文藝界的前輩和先進：張道藩、張其昀、高明、胡一貫、王平陵、葛賢寧、陳紀瀅、謝冰瑩、趙友培，在版面上慕名，或已通信未見面的，王藍、王集叢、鍾雷、穆穆、茹茵、鳳兮、司徒衛、朱嘯秋、羊令野、糜文開、孫如陵、呼嘯、公孫嬿、王臨泰、郭嗣汾、覃子豪、魏子雲、以及心儀最神交已久的女作家群：徐鍾珮、林海音、鍾梅音、琦君、張漱菡、劉枋、劉咸思、王文漪、蕭傳文、陸勉餘、武月卿、張明、張雪茵、李樂微、蓉子、童鍾晉……等，一時簡直記不清，我是個內向的人，一向口笨舌鈍、拙於辭令，更不擅交遊。不想那幾天認識的人竟比我一生——28 年中所結交的朋友還多。儘管不少是匆匆把晤，互道仰幕，卻有似曾相識，一見如故的感覺。讓人覺得「文人相輕」這句話。應該改作「文人相重」才對。

我就住在睽別多年的好友王琰如家中，熱誠好客的她，忙著接待來訪的文友，也忙著以地主的身分帶我，坐著三輪車各處去拜訪，安排得緊湊的日子過得忙碌而愉快，不想就在我即將南返時累得宿疾復發，這下反害苦了琰如，深夜為我去找藥、求醫，悉心照顧我。梅音和她先生余伯祺、她弟弟第一次見面就幫我注射。拓建花園的名建築師修澤蘭——那時還是

鐵路局的工程師，姊夫黃肇中的同事。為我送來自己飼養的來亨雞蛋，那時剛剛引進，稱是珍貴的營養品，但最珍貴的是那份體貼的友情。

自臺北南返，南北之間的距離彷彿縮短了。文藝團體南下參觀訪問，總不忘記先取得聯絡，會合後一致行動。文友們也常繞道屏東一遊。除了作家，也有藝術家。查意模曾陪了同鄉音樂家王沛綸專程來訪，攝影家苗豐盛為我留下了不少美妙的景物，王小痴給孩子畫了可愛的卡通。張漱菡來訪時造成左鄰右舍的哄動。宋膺兄為陳紀瀅先生和我們在東山寺攝下難得的鏡頭，到民國 41 年文協南部分會在高雄成立。會員一百多人，來自軍中、學校、家庭、社會，相處十分融洽，除了團體活動，平常也保持聯絡的文友還不少。高雄有尹雪曼、王書川、楊海宴、葉蓓芬、陳暉、顧冬。左營有彭邦楨、墨人、郭嗣汾、張放、季薇、陸珍年。鳳山有陸震廷、司馬中原。臺南有馬各、潘壘、嚴友梅。屏東除了司馬青山、秦嶺雪，後來又加上郭晉秀、郭良蕙。岡山有童真、陳森兩夫婦和邱七七。去高雄，總是去葉蓓芬家，去陳暉的大業書店打個招呼，再電話邀約眾友小聚，來我家便去吃吃土土的小館，喝喝沒情調的咖啡，談寫作談生活談往事。暢敘無隔，那份君子之交的友誼，便一直持續下去，成為通家之好。蓓芬和七七更是我的莫逆之交。那時很多文友都未婚，也有比我更年輕，不知誰開的頭叫大姊，成了習慣。有一次臺北來了好些作家合辦座談會，其中還包括了文壇先進前輩。席間有人自然喚了我一聲：「大姊」，卻引得趙友培先生笑著說：「我們的小妹什麼時候升格為大姊了？」說真的，以我的年齡和「作」齡，那夠資格被尊稱大姊？這一叫，三、四十年可真把人給叫老了。

寫作是靜態的，獨自靜靜的思考，默默的耕耘，悄悄地進修，將自己所見所聞、體驗、感受、融鑄為文字。而參加文藝團體是動態的，一些活動，可以帶領作者深入廣大社會，擴充生活範圍，了解周圍在進行什麼，別人又在做些什麼，可以增加見聞，開拓胸襟，豐富寫作題材。自然，這些活動須得有人去推行辦理。南部分會由於會員分散各地，人手少，更沒

有人專任駐會負責。文化活動的風氣也還沒有展開。每次開大會辦活動，最忙的總是尹雪曼、王書川、彭邦楨、陸震廷。我一向不會辦外務，頂多出出點子，提供意見，出版選集時審核稿件，幫忙想個書名──像成立十週年出版《我們的作品》、20 週年出版《六十年代》，只有一次，決議要參觀高雄水泥廠，並招待大家午餐。尹雪曼和書川怕公文來不及又缺少說服力。非要我一起去當面接洽，真是好窘。參觀那天由於廠方熱誠接待、服務周到，倒是皆大歡喜。

那年春，應《中華婦女》的邀約，我開始寫第一個長篇小說：〈夫婦們〉，每月連載。以大雜院宿舍為背景，塑造了 17 對思想形態，生活方式完全不同的夫婦。

民國 42 年，在離屏東以前，大眾書局出版了我第一本短篇小說：《生死盟》。「14 篇平凡的故事，卻都是用愛和恨、血和淚，以及歡樂、憂慮、渴望，祈求等串綴起來的。」其中寫鹽民艱苦生活（民國 40 年前後）的〈銀色的悲哀〉，曾被有關方面列入改善鹽民生活的檔案，也改編成廣播劇。

屏東四年半，在生活上、心理上已漸趨穩定。沒有工作，寫作自然而然成為我唯一的精神事業。我很喜歡那富有農村風味的小城。閉上眼，彷彿還能感到那火辣辣的陽光，看到那座衡對宇，兩排大王椰守護著的大雜院，還有寫到夜深時，只聽得後園中大芒果咚咚的墜地聲。

六

民國 42 年 8 月，我家遷居岡山，一住便是 20 年。

東群村是個十分安靜單純的眷區，花木掩映、巷道寬敞，儘管住屋陳舊，卻有前後院可以栽花植樹、養貓狗、養雞鴨。一道小河繞過田舍，沿著村旁潺緩流向鎮上，架在河上那種樸拙的木橋便叫柳橋。

剛搬去不久，我寫了篇短文〈趕在太陽前面〉，文章在「中副」見報的當晚，就有人找上門來提名探詢。原來是四個百合花般純淨可愛的女孩，

還有攜了《青春篇》的。含羞帶怯地說：讀我的文章提到柳橋，猜我一定搬來了村中。在眷村要打聽一家新加入的人家，並不太難……那是我第一次面對我的小讀者們——省立岡中愛好文藝的高材生。是柳橋介紹的。

巧的是，和邱七七正好住前後巷子，她那時小姑獨處（住姨母家），為人師表，性情溫和可親，做事有條不紊，我們經常見面，切磋寫作、討論問題。晚上從林蔭道散步到柳橋，又彼此來回相送。有時嫌家中人多嘈雜，擇地而寫，躲在空軍新生社會議廳裡，約法三章，各自埋頭揮筆。那時我正應《中央日報》「婦女與家庭」主編武月卿之約，寫「主婦隨筆」（改名《生活小品》出版），一週一篇，而《中華婦女》〈夫婦們〉連載是一月一篇，再加上其他約稿，精神壓力很大。

不久婦女寫作協會與青年寫作協會先後成立，我們都是會員，每年二次聯誼北上開會是最開心的旅遊，撇開一切瑣事，搖搖晃晃坐七小時的平快號。到臺北總是萬家燈火，而車站的燈光下總會輝映著幾張親切的臉。婦協、文協差不了幾天，青協是八月。來回車票、聚餐、住宿，安排得十分周到。文友們見面更是愉快，只有一年例外：（大概是酬謝我們代表空軍參與國軍文藝展出有功吧）端午節由空軍總司令王叔銘將軍邀請，我倆專機北上，住剛落成的空軍新生社，金龍廳設宴，晚上在介壽館看徐露和紐方雨的《白蛇傳》。不過七七由於職務在身，總是匆匆趕回，我卻每次都要在王琰如家多賴些日子。

有一次文協組成軍中訪問團南下訪問，並通知我們去機場會合，而空軍官校陳校長亦當面囑咐：要幫忙接待貴賓（因外子那時還在空軍）。我們去跟著大夥兒吃了，也參觀了，卻一直弄不清自己究竟是主人還是客人。

岡山在臺南與高雄之間，文友們南下北上，中途下車繞一繞，也是常有的事。有一次好像是臺中、臺南和高雄的文友會合了，結伴來訪，大概有張漱菡、陳其茂、馬各、尹雪曼、郭嗣汾、王書川等八、九位。

七

我是個愛靜的人，平時除了寫作、閱讀、種種花、做點家務，常常三、五天大門都不出，而民國 54 年卻是我活動最頻繁的一年。先是「五四」文藝節去臺北接受文藝協會頒發的文學散文獎章。回來不久，一天忽然開來一輛吉普車，下來的是穆穆，說是來接我去左營。原來文協組團南下，宣慰「五一」海戰勝利的一一九軍艦。由我代表獻旗給海戰英雄。「第一次踏上那雄偉的戰艦，望著那一張張被海風日炙染得黧黑的臉，那整齊肅穆的行列，那昂揚艇首的巨炮。背負著廣袤的藍天，浸潤著燦爛的陽光，恍惚已融鑄成鋼鐵般的一體，已融洽成一個壯志、一個期許、一個準備，再出發、再勝利！」──摘自〈海上長城〉。

接著，八月間又隨文藝輔導團去澎湖。那依稀大陸風光的村舍，真實而又充滿朝氣的島。那守望在堡壘上的哨兵，如同屹立在港口的燈塔，護衛著人們和船隻的安全。三百多年的大榕樹庇蔭著一片安詳。我們去訪問地被訪問，沒想到要槍桿的陣營中竟有那麼些愛好文藝的人。軍區司令趙錦龍還陪同乘巡邏艇遊海港……三天的行程，帶給我很大的震撼、很深的感受，如雙重的收穫。

而 11 月，去枋寮參觀「重慶演習」，海陸攻擊、火炮實彈，令人驚心動魄。最讓我興奮的是親眼看到了蔣總統，先是從臺上遠遠望見穿黑披風的身影，從車上下來進到校閱臺，演習結束後在空軍大棚廠聚餐，紫色的降落傘緣飾著四壁，餐桌排成長ㄇ形，當大家就位，總統戎裝英挺、精神矍鑠地走出來，還繞過餐桌，緩步向前，舉杯示意，威武中涵蘊著慈祥，像春陽映照一室。人人都沐著光輝，恭謹地高舉擎杯的手，如同高擎一顆崇敬的心──那一刻，永銘心頭，今生難忘。

八

每年五四文藝節，南部分會總要出版一期紀念特刊。由尹雪曼策劃，

就借《新生報》，由陸震廷彙編，在《中國晚報》也出特刊，由陸震廷負責
主編，並合辦文藝徵文比賽。民國 56 年我去臺北中山樓參加了中華文化復
興運動發起人大會，翌年五四就以「文藝復興在今朝」為題，寫了一篇。
在我離開南部以前最後寫的一篇是〈最好的慶祝〉，再摘錄如下，正好作為
告別前互勉之辭。

當春天來臨，擁有花朵的燦爛、絢麗，以及無限蓬勃的生意。
當五月來臨，閃耀著文藝工作者光輝的理想，充沛的熱情，和一片真
誠。
五月，是文藝播種、萌芽、開花的季節，屬於文藝工作者自己的節日。
有春天，世界才能繁榮不絕，萬物才能生存不滅；有勤奮耕耘的文藝工
作者，文化才能不斷進展，我們的文藝園地才能欣欣向榮、生生不息。
為維護真理和正義，維護人權和自由，我們的筆，是不流血的武器。

九

離開南部，來臺北已經 12 年了。由於健康情形，只好限制自己「減迅
慢行」。熬夜、限時邀稿，這些都已成為過去。這些年來，不過出版了四本
書。還有一些尚未結集的系列散文，以及不少正待開發的寫作計畫。選擇
了寫作，是終身奉獻的精神事業，而寫作的路是永無止境的。在有生命的
日子，總得一步一步繼續走下去。

近年來臺北的文化活動越來越多。經常有公家邀請或團體組織的參
觀、訪問、旅遊、講習、座談等等，可惜我都不能參與，倒是女文友們見
面，三、兩好友不定期小聚，慶生會每月相逢，更有什麼開會、喜慶、展
覽上碰頭。有泛泛之交、君子之交、忘年之交，自然也有推心置腹、互勉
互慰的知交。來臺灣的親友很少，交往的大都是文友。由此可見現在的文
人不但不相輕，而是相親、相勉、相敬、相重。

24 年，畢竟那是一段漫長的時光，在我生命逝去的歲月上，已烙下難以磨滅的印記。難忘那些守著寂寞默默耕耘的長夜；難忘那些付出心血，仔細刻畫構想的朝朝暮暮；難忘那幽靜的小村、河上的柳橋、淳厚的人情味、難忘文友們互相切磋的悅服、交往的愉快。如今，我身在臺北，卻心繫南方。

為追求更完美的人生，發掘更優良的人性，創造更豐富的生命，建立更合理的生活，我們的筆，是最好的工具。

為增加人與人之間的了解，聯繫人與人之間的感情，我們的筆，是最佳的橋樑。

隨時抓住那思想上迸射的火花，智慧所閃熠的光采，生命力的躍動，感情上的激奮，和良知上的不平。用我們的筆，使那易逝的不朽，短暫的永存，無形的有形。

當我們以嚴肅虔誠的心情接受了文藝，便當視作生命的一部分。永不鬆懈、停止，或放棄。正如海明威所說：「堅強的活下去，寫出不朽的作品。」

寫作的路是艱辛的，但我們有披荊斬棘的勇氣；寫作的路是無止境的，但我們有鍥而不捨的精神；寫作的路是寂寞的，但我們能化寂寞為熱誠。而這條路上，卻從沒有時間的限制，年齡的區別、學歷的徵選。在創作的生命中，年輕的果然年輕；已經不年輕了，仍舊保持年輕的心，創作便是進步，進步中是不會有衰老的。在有生命的日子創作，使生命光輝，使生命充實，使生命延續，永遠、永遠循環不息。

在這屬於自己的節日，我們當舉筆互勉，我們當自我策勵。投下全部熱忱，獻出全副心力，再接再厲，努力創作。唯有最好的作品，才是最好的慶祝。

——選自中國文藝協會南部分會編《南部文壇》
高雄：大業書店，1986 年 5 月

自我塑像

◎艾雯

未曾生我誰是我，生我之時我是誰？

熊崑珍或是艾雯，只是一個代號，一個名稱。

五官容顏，體態身材，只是形像，一個父母所賜予的血肉之軀。

在外婆及雙親的嬌寵呵護下，是一個柔弱、羞怯、內向而有點倔強任性的小女孩。在深深庭院的綠蔭下，寂寂古屋的書香中，當同年齡的孩子忙著計算雞兔同籠，忙著遠足郊遊時，那易感的小心靈常常獨自浸沉於幻想王國，一知半解地自書本中探索另外一個世界。

在清平安詳、無憂無慮的歲月中，是一個沉靜、善感，十分矜持的少女，書卷氣多過屬於女性的溫柔。在校時國文總是最高分、圖畫上過展示欄、數字體育勉強及格。不慣嬉笑遊樂、愛好自然、藝術、一切美好的事物。心高氣傲，任何事情要求完美。對未來、對自己，懷有崇高的理想，美麗而遠大的期許——那是生活在幸福的雲端，做著綺夢的熊崑珍。

抗日戰爭爆發，炮火震碎了寧靜的歲月，父親在任上去世，溫馨的家庭突然失去支柱。

遽遭失怙之痛。烽火又隔絕了家鄉。而寡母幼妹，活著的仍需活下去。面對兩種抉擇：接受師長和學校特別設置的寬免名額，繼續念書；負起養家的責任，接受安排的工作。不加考慮，擦乾眼淚，挺起柔弱的肩膀，接下了重擔。只是一個不知天高地厚、不懂人情世故的 17 歲女孩。

想高飛的翅膀尚未展開，便已鎩羽折翼。

　　複雜繁富的社會，可以是無情的染缸，純潔的心靈毫無防備地投進去，不知染成什麼彩圖。也可以是不設教室的學校，在工作中學習擴充自己，接受深廣的自我教育。從枯燥繁瑣的文牘、檔案、轉而圖書管理——能被書本圍繞著真是一種奢侈的享受，接觸到前人豐富燦爛的智慧、喚醒了血液中深潛的文學因子——幼時父親的薰陶，嗜讀的興趣，老師的培植，交融洽合成一股躍躍欲試的渴望，而外在的壓力，和內心的衝擊，更促使憂傷苦悶的心迫切尋找宣洩的出路——開始學習寫作。「把寫作當做一支舵，裝置在那葉在人海風濤中奮鬥向前的小舟。」(〈序〉，《青春篇》)

　　在寫作中發現了自己，在思考中認識了自己，在接受時代的考驗、生活的挑戰中，建立了自己——那是從蔭庇下站出來，面對現實的艾雯。

　　一支筆，一支筆在坎坷的人生途上，成為我的生命之光，成為我的希望之火，成為我轉變的支柱，成為我徬徨時的指針。成為我生存於這個世界的憑恃，成為我接受挑戰的對抗武器，也成為我的心腹朋友。

　　責任使人長大、苦難使人成熟。艾雯的我，慢慢化柔荏為堅毅、化憂傷為力量，除了在那個「生產報國」的工作崗位上貢獻微小的力量，也投注全部熱誠在自己選擇的志趣上。有了目標、同時也增加了生存的勇氣和信心。當民國 32 年日寇迫近大庚，機關停止生產，我押著一船圖書，疏散到較偏達的上猶縣待命。卻由於投稿副刊主編的介紹，意外地進了凱報社。開始先負責資料、不久又主編副刊。我是個孜孜不倦、勤奮盡責的小園丁，經常讓小小園地花草茂盛，生氣盎然，新的工作更開拓了我新的境界。接觸到一些成名作家和充分熱忱的年輕作者。那時閩浙一帶未曾淪陷的區域，周遭與外界隔絕，形成孤立。東南一角人文薈集、各報的副刊也蓬勃一時，熱烈地進行展開發展東南文藝運動，我參與號召，並試著擬定一套編輯方針；為提高作品水準，讓副刊「大地」成為純文藝的讀物，陸續又另外開闢了「詩藝術」、「文談」、「文藝評論」、「民間」、「大家看」等三日刊式周刊，方塊取名為「大題小做」，針對現實、反映社會、警惕民心、鼓舞士氣。在當時當地還頗有點感召力量。

最難忘懷的是到民國 33 年年底，敵人已成強弩之末，進退失據。終於步步迫臨這孤立的一角。全城居民撤退，報館圖書及報社器材均用木筏運走，我伴同小腳的母親、幼小的潤妹、翻山越嶺、長途跋陟、歷盡了艱辛困苦，避難到離城 80 華里的管前鎮，接著又進入山坳的平富鄉。每人準備一小包米和衣服，以備隨時躲入山壑。由於各方面迫切的需要，報紙在稍作安頓後，便在一座空的學校內印行了。我在黯澹搖曳的油燈盞下畫著版面，校訂文稿。手搖的印報機在亮晃工的竹篾火把下不停地轉動著，一捲捲印好的報紙用本地產的空白竹紙偽裝，天不亮送報的就挑著籮筐翻過山頂，穿過荒野，送去四面陷敵的城裡，和送去敵後的村莊鄉鎮。一直到報導勝利的消息。而當收音機裡播報出敵人投降的新聞時，大家狂喜歡騰之際，我忍不住獨自攀登屋後常去的紅土山巒，噙著滿眶熱淚，振臂疾呼：「我們勝利了！」只聞群山欣然呼應，迴聲透過天風松濤、一波波從山谷湧來，掀起衣袂飄揚，散髮拂面彷彿要把我高舉上天。

圖書館的五年喚醒我、啟發我、充實我、使我踏上寫作的路。報紙副刊三年，增加我珍貴的閱歷，拓寬我生存的範疇，在學習發揮才能時肯定了自我。我是那樣由衷地喜歡那兩份工作，願視為終身職，但當民國 38 年為避亂辭職來臺灣時，我只是一名無業的軍眷。

民國 38 年，臺灣文壇幾乎是一片浩劫後的真空，我拾筆專心寫作，從屏東到岡山。前幾年，「我在辛勤的默默耕耘中，得到更多的體驗，有更深切的認識，失鄉的悲憤感時憂國的苦悶，和文藝的使命感，寫作的熱忱特別高昂旺盛。寫反映戰鬥氣息，闡揚人性光輝，刻畫這時代人類堅苦卓絕的精神的小說，寫鼓舞心靈、培養情操、提升生存勇氣的散文。寫配合當時掀起文藝運動、文化復興的短文，也寫童話、寫得很雜，也很粗淺，卻付出了我全部熱忱和心力」（「在飛揚的時代」，聯副 1950 年代文學座談會）。

自民國 40 年出版第一本散文集《青春篇》到現在，已經 31 年了，在民國 67 年重新交水芙蓉出版時，我在〈新版題記〉最後曾說「……如果青

春不只紅顏，也包括一種心情，一種意志，一份永遠對事物的好奇，對一切美好的喜愛，對人類的關懷，對理想的執著；那麼，青春雖然不再，慶幸我還多少剩有這些，可以作為明日創作的資源。」而現在，我仍然執著這樣的說法。在這許多年來，寫作最勤時有一年出過三本集子的紀錄，也有一個時候寫小說的興趣比較濃厚。民國 62 年遷來臺北，卻越來越喜歡寫系列散文。生命真是漸行漸深的覺醒，想是由於年齡增長、生活體驗豐富、閱歷寬廣、思想暢達、體察更深，每每觸及一種題材、一點感受、一份構想，總會像漣漪般一圈圈擴揚，聯想到更多類似的蘊涵。最近在一篇〈不具「風格」的風格〉中，也曾寫到我的旨趣和觀點：

> 在散文的領域中，我寫多方面的內涵，我也試著寫多樣性的體裁，和各具獨立性的形式。常說作品的風格反映一個作者的人格，而所有優秀的作家，自始至終，傾注全力在自己的觀點，文字、意境上琢磨錘鍊，一貫作業，的確都有他獨特的風格，無論說理抒情，給人極其深刻的印象。但對我來說，風格兩字也可以把它分開來詮釋：風是風度，代表一個作者的精神、人格、和氣質，是心靈和德性的結晶，是不卑不亢的骨氣，堅貞的意志，高潔的情操，和不倦不息的愛心，屬於人的本質和平時的修養，就像光附著於太陽上，融貫映照於所有不同形式的作品中。而作品的作風、格調，卻由於一貫的思想，獨立的內涵、文字、意境、技巧，形成各種不同的形象和體裁。也許我自己缺少點專精的耐力，又怕局限了格局而內容越寫越貧乏。總喜歡做多方面的嘗試，以期從變化中求創新、求突破。近年來，尤其喜歡寫自成一系列的作品，像在觀點上一致，文字上自創一格，獨闢門徑。取材卻是多方面多角度的，或者是一種新的領悟，或者是述說一些事物，或者是探索生命的真諦。
>
> ……也許，不具風格就算是我的風格罷。雖然這樣不一定能寫得精緻深刻，使作品臻善臻美。但我就喜那種將構想付諸實踐，每次寫作一系列

時都有一種『創新』的感覺。新的姿態，新的聲音、新的語言、新的面孔、新的傾訴，都令人振奮鼓舞。畢竟，寫作的路上，原是不斷的嘗試和創造。

寫作半是環境、半是遺傳，自小就靦腆羞怯，不善言辭，天性中又有舊文人那種謙沖為懷的性向。當初從事寫作、出發點純係興趣所在。最怕的就是虛名之累，和精神壓力。認為一個文藝作者，應該讓讀者通過文字，去了解他的思想、感情，及旨趣所在，不必現身說法，展示本人，或炫耀自己。因此，寫作數十年來，一直避免參與公開演講、座談、接受訪問。以致常被人誤會。為此，我寫了〈今之隱者〉（《綴網集》）：

朋友常揶揄我是今之隱者：隱於名利界，社交圈外；隱於物慾橫流，科技囂張外的淳樸；隱於市廛紅塵中的淨土；隱於不合時尚的執著；隱於白底黑墨的鉛字背後。

我雖不欲承認，亦不予否認。因為我熱愛人生，喜歡生活，更關懷周遭的一切。我渴望能深深了解這生於斯長於斯的國家，知道發生在四周的事情，關切人類的命運，萬物的生長盛衰。我願意嘗試各種生活方式，參與各種生存的搏鬥，體驗人生的淬煉，我重視人性的尊嚴，尊崇生命的莊敬，更讚美那些奉獻的精神，忠貞的赤心，誠懇的意願，高潔的情操……我融攝所有的愛心、關切、感受、領悟於方寸之間，熔鑄成文字、織就篇章，呈現在別人面前的是心血之作，卻與我那血肉之軀，色相形體無關。作者只須讓讀者通過作品了解思想，不必以自身詮釋作品。

而「隱」不是遁世、不是逃避。我入世接受試煉，參與人生。站出來還我自我。自甘清靜淡泊，好似清風明月；喜歡自由自在，如同閒雲野鶴。

儘管滿眼繁華、蓋世名利，我只取我那一簞食、一瓢飲。

　　而唯有如此，才能領略：「獨立市橋人不識，一星如月看多時」的境界，而當我欣賞美好世界、當我參與人間活動。既可以超然物外，也可以與物為春，真正享受了「萬物皆為我備，眾生由我旁觀。」

　　一生健康欠佳，受氣管宿疾牽制，不知剝奪了多少人生的樂趣、糟蹋了多少可以寫作的時間，但我一直服膺吉辛所說：病的是身體，是靈魂的衣服，思想的茅舍，而靈魂仍然可以遨遊宇宙，頭腦仍然可以運轉自如。而思考、寫作，更是隨時隨地可以進行的活動。儘管體質上、性格中都有軟弱之處，但對理想，對做人做事的原則，對是非黑白的分辨，對生活所持的態度，對美的追求，對自己選擇的立場，卻是十分、十分地執著。

　　或說：「頭腦的困倦，由於興趣的繁富」。那正是我。由於興趣廣泛，分散了神思。英國女作家朗爾說：「我愛自然。次於自然，我愛藝術。」而我還加上愛一切可愛的、美好的、樸拙的、新奇的事事物物。身為女人，不擅也不耐調味烹飪，卻熱衷於弄泥翻土、拈花惹草。不只欣賞花木的韻姿，更參與生命成長的喜悅。如持贈友人，與人分享也就擴大了喜悅。俗諺：「種花植樹的人，心中洋溢著愛。不僅愛己，而且愛人」，我完全相信。

　　受蘇州人那種崇尚風雅、恬淡自適，善於優遊歲月，又最能享受中國人悠閒藝術的傳統影響，和秉承了父親愛好自然、愛好書畫、淡泊名利、狷介不羈的性向。塑就我早期的原坯。而生活的磨練，和自我鞭策、自我教育、融鑄成如今的我。性格中有可愛的優點，也存在著無數弱點。不完全滿意，卻也得無可奈何接納。未來也不知還有沒有可塑性？好在人不能改變，總還能擴充。

——選自《文學時代雙月叢刊》，第 11 期，1983 年 1 月

姑蘇女嬌娘

記艾雯

◎劉枋[*]

　　想寫艾雯不是一天半天兒了，可是每次執筆，總是陣前易將，寫出來的又是別人。這絕不是因為艾雯的名氣不夠大，也不是因為我和她的交情不夠深，而是我認為她的嬌嬌柔柔的性格，可能會吃不住我這信口開河的胡說亂道，若是寫朋友竟得罪了朋友，多划不來。

　　可是，和她畢竟是有近三十年的交情了，文友群像中若單漏掉了她，也是說不過去的事兒。為此，我先登府向她當面告罪。我說：「艾雯，我要寫妳了，如果有出言不當之處，請不要見怪。」

　　「妳認為我是那麼小器的人嗎？」

　　「當然不，當然不。」

　　那天我是帶著孫女前去的，有小孩在面前一打岔，我們很難談什麼正題。我心中希望的正是如此，否則言多語失，此文恐就又寫之不成了。

　　艾雯自己寫的小傳中是如此開始的：「艾雯，本名熊崑珍。民國 12 年出生於山水秀麗，文風特盛，有天堂之譽的幽靜水鄉──姑蘇。」

　　這也就是本文題目的「其來有自」。

　　由於她是熊氏女嫁做朱氏婦，使我一看見她的本名，就會想起當年北京大學嘲罵一位名學人的打油詩：「一身豬（朱音）狗熊，兩眼官勢錢，三長吹拍騙，四維禮義廉。」這詩絕對和艾雯沾不上一點邊兒，只是由朱熊二字的字音，引起我心中笑意，我的「沒正形」總是如此。

[*]劉枋（1919～2007）散文家、小說家。山東濟寧人。發表文章時為金甌高商國文教師。

　　玩笑開過，且說該說的。

　　和艾雯初相見，是民國 43 年夏末時候。中國文藝協會組團訪三軍官校，在岡山空軍基地參觀時，艾雯和邱七七兩人前來會合。第一眼她給我的印象是：「喝，好秀氣的一個人兒！」她細皮白肉，嬌嬌柔柔，一開口，很不標準的國語，說時細聲細氣，慢條斯理。

　　當然大家互道傾慕，我感覺到我愛她的文章，（那時我早已熟讀了她的《青春篇》文集，及一些散見於報章雜誌的佳作）似乎勝過於愛她的人。她的儀表是太可愛了，江南佳麗，應是人見人憐，而我這種直腸子的山東佬，卻有點怕那種嬌滴滴。

　　那之後，每年的文協年會，她大半都趕來參加。北部的文友們總不免再私下酒宴款待，我也多次忝為陪客，時間的累積，很自然的我們非成為「老朋友」不可。近些年她由南而北，三年前更遷居到中央新村，我和她又得以「幸接芳鄰」，不免往還又頻繁了些，如此，我們間的距離，終於拉近。其實，我很明白，在她的心情上，可能對我和對臺北的一些文友一視同仁，說不定還偏重我一點兒，只是我心裡自己搗鬼，覺得她太嬌柔，自己太粗魯，而不敢坦然培植我們之間的友誼。

　　她體弱多病，但絕不是個懶人，看她的小院中擠滿了繁茂的花花草草，室內擺著無數的植物小盆景，全是她朝夕灌溉，剪枯去蕪的精美成績。

　　她忍著氣喘的病痛，也不忘記吸收精神食糧。她不大外出活動，一人在家，伴著她的是書。她的書卷氣遮去了不少年輕時女性的嬌美，近年的艾雯，在我看來才真是一位人文相符的作家了。（我多想說：「才真是我輩中人了」，但，那樣太往臉上貼金，把這心中話，括在括弧內吧！）

　　艾雯的女兒朱恬恬，不愛文章愛繪畫，當年她的嬌憨，撒賴的踢打媽媽已隆的肚皮，使得她失去了弟弟或妹妹，（此事見於艾雯的一篇文章）。如今小恬恬也早做了母親，艾雯的媽媽熊老太太也健在，她有一張照片，是老伯母北來遊榮星花園所攝，我說：「為什麼不帶上恬恬的兒子，那樣就

是四代同堂了」。

　　但是，實際上艾雯家裡卻是清靜的近於孤寂。朱先生治公在外，早出晚歸；長長的一整天，樓上樓下只有她一個人。所謂文窮而後工，這窮該不是說缺乏金錢，少吃無穿的貧窮，而是說用盡了工夫，窮心窮力。我卻覺得寂寞中才能寫出好文章，艾雯一直寫作不輟，是她清靜的家庭環境「逼」的，假如她打牌，她嗜酒，她愛看電影，一個人的體力精神──尤其是像她那樣的身體──早就不夠用的了，還有閒情寫文章？真是「門兒都不門兒！」

　　有次我寫〈姊妹花中一姝豔──記趙淑敏〉，有的人看後說：「妳寫的很活，但是不夠翔實，我們看了，對趙淑敏仍然所知無多。」

　　人家的話是對的，我寫我的文友，全是寫自己對她的印象，以及一些瑣碎不為人知的小事，信筆行文，能博讀者一笑，於願已足，若以我的這些「人物記」當做資料，是絕對不夠格的。這大概也就是「秀才買驢，書下三行，不見驢字」的文人通病吧！

　　我寫艾雯寫的仍欠翔實，可是如果教她作自我介紹，可能比我寫的更空，現在我抄一段她自書的小傳：「自幼受父親的薰陶，加上寂寞童年，小小年紀便耽迷於新舊小說，在學時也常常受到國文老師特別嘉勉。不知不覺已在小心靈中植下了愛好文藝的根苗。但生於安樂，卻長於憂患。一連串國難，家變，生活的磨難，戰亂的危害，時代的考驗，社會的錘鍊，乃化柔荏為堅毅，在憂國憂家，又必須與現實搏鬥的苦悶中，找到了宣洩感情的路子，在茫茫人海，選擇了航行的方向──學習寫作。而圖書館的工作，正好得以暢讀中外文學名著。嗣後主編報紙副刊，又經常接觸到許多作家的作品。由於內心的需要，創作的熱忱，以及某一種自我鞭策的力量，隨著閱歷與體驗的增長，數十年來，對文藝的興趣已不僅是愛好，早已一滴一點深深地溶入生命中，成為心靈所繫，精神寄託，畢生鍥而不捨，努力以赴的目標。

　　縱使身體不太健康，但對理想卻十分執著，對人生更十分嚴肅。自認

拙於辭令，不擅交遊，平時喜歡在凡庸的生活中保留一分閒暇，享有一些小小的情趣。閱讀寫作之餘，便種種花草，聽聽音樂，養養小動物，收集收集小玩意，自己縫紉幾件新裝，逛書店，看畫展。對大自然，對一切美好的事物，永遠感到新鮮和好奇。

民國 40 年在臺出版第一本散文集《青春篇》，民國 44 年曾被選為『全國青年最喜閱讀作品及作家』。民國 54 年獲文協文藝散文獎。已出版著作18 種，散文占三分之一，三分之二為小說。自『浮生散記』開始，近年來喜歡寫自成一系列而風格迴異的散文，現已有四類作品正陸續寫作發表中。

寫作這條路，原無前路可循，更是永無止境，唯願一息尚存，能永不間斷地寫下去，付出愛心和熱誠，為人生添注一點美，增加一分生存的勇氣，並為這個偉大的時代作見證。」

由以上的小傳中，你都知道了艾雯些什麼？她的學歷？她的經歷？她的婚姻生活？我覺得，認識一位作家，能知道她的思想抱負，嗜好愛惡，就足矣，夠矣。

艾雯這兩個字極美，因之很被一些歌壇歌星，舞國小姐，茶室中茶娘竊用過，但從沒有朋友勸艾雯改改名字，因為艾雯的「註冊商標」自民國38 年始。我更覺得她的這筆名取的好，大家都知道紅樓夢中的晴雯原是黛玉的影子，艾雯和那位「林妹妹」都是姑蘇人，又同樣的美而嬌弱，多情善感，這一個雯字，正足以表示了這一切一切。

——選自劉枋《非花之花》

臺北：采風出版社，1985 年 9 月

艾雯其人其事

◎張秀亞*

一切的美，

都閃爍著她的愛

每讀到詩詞中那些描寫江南的句子：

遙憶江南梅熟日，

畫船吹笛雨瀟瀟……

「春水碧於天……」我這三十多年前江南的過客，心上就又浮起那江南風景留給我的青碧山水的回憶，我立即似又生活在那一竿濛濛的煙雨之中，更沉醉在那春水綠如藍，岸花似欲燃的景色中。

而「小樓一夜聽春雨，深巷明朝賣杏花」的詩句，更使我想到江南蘇州城裡，那青石板鋪的長巷，被那綿密如絲的長腳春雨，濡洗得泛出一派清光，在斷續的賣花聲裡，一扇樓窗訇然的開了……。

看到艾雯，我就想起了推開一扇小樓窗子的那隻素手，同那向了巷中凝望的一雙黑睛，——那到一籃花枝上探詢春之蹤跡的一雙黑睛，雖然窗外雨霧濛濛，但那雙雙黑睛裡的天空，卻是晴朗湛深，淨無雲翳。

她喜歡花朵，而花朵似乎更喜歡她。

---

*張秀亞（1919～2001）詩人、小說家、散文家、翻譯家。河北滄縣人。發表文章時為輔仁大學文學研究所教授。

　　也許你還沒見過艾雯，但你總在她的文章中見過她蒔的花，她養的鳥，更看到過她筆下的煙雨江南，那水上的輕舫，小船，那綠色的城郭——她為我們寫出了她的生地蘇州城特有的地方的魅力。

　　作家而外，她也堪稱得起是一位藝術家，在她的心上棲息著美與真。以及孩童般的純摯。

　　我初次拜訪她。還未進門，就先聽到那清脆的鳥鳴——宛如朱自清的詩中所寫的：鳥兒「珠、珠」的叫著，門邊還有她那隻心愛的狼犬——那隻龐大的動物，表情卻是異樣的溫馴，牠更有著極富文學意味的名字——那名字喚《傲慢與偏見》的作者奧斯汀女士另一位名著中女主角的一樣：愛瑪。愛瑪那天正懶洋洋的在門階邊曬日黃，——一院的碧綠新篁，一地熾燃著的猩紅非洲鳳仙花，……女主人那柔曼的語聲，都似自珊瑚藤的輕蔭中灑落到我的耳中，帶著那麼多的溫馨與親切感。

　　走進屋子，我不禁揉揉眼睛：我以為艾雯引我走入一座別致的小型花圃了：——屋角、牆邊、椅腳下，座燈架旁……，是幾十只小小的綠釉、黑陶的盆缽，其中有的綠葉披拂，有的小花正開得爛縵，有的才萌生了青色的翅翼似的子葉，而那盆可愛的牽牛，才向著晨光展現它的彩色號筒——艾雯的妙手在寫作妙文之餘，又施展「綠手指」的本領了，小盆小鉢，都是她培育出來的花苗同新枝，我在低頭逐一採訪這些綠色的小生命之餘，忍不住又抬起頭來，因為在我的頭上有一隻黃鳥唱得正起勁——原來我未走進來時，聲達戶外的，就是這隻小小的歌手，它的籠子，就掛在那花花草草的一片小天地的上面，——窗外的高高一座架子的銅鈎上。

　　一些作家常常喜歡以象徵意味的「綠窗」為文題，而艾雯卻真正有她的「綠窗」，——窗楣上爬滿了裊裊的珊瑚藤，那些多情的藤蔓，耐心而又細心的為女主人遮住了熾烈的日影，卻並不阻撓綠綠明月的清光與點點柔和的星輝。我想，如果拿她的這可愛的窗子和我那嵌著藍天，飄著白雲的「北窗」相比，她的更多了一份濃濃的畫意。

　　她的院中，屋裡有綠蔭、鳥語，有草、有花，而她的心中宛如我前面

所說：更儲滿了美、真，對人的那份體恤與關懷，以及孩童般的純摯。

　　幾年來，我有幸與她隔巷而居，有時候，我聽到門外輕輕的剝啄，隔著門隙，看不到人面，卻只見一大片婆娑綠影。打開門，原是她好意的為我送來了她園中的芳馨：鳳尾草，翡翠珊瑚，彩色葉，聖誕紅的插枝……，濕綠綠的，猶帶著泥土的香味，把她庭院中鮮潔的空氣也帶來了。有時，她更可感的同時送我她的精心作品。

　　花草是自她庭院中折來；而作品則是擷自她靈心的一隅，帶著她純真的感情與深沉的哲思。

　　她懂得生活的藝術，她愛好大自然，大自然給我們的顯示是毫不做作，艾雯的為人亦復如是。在一些方面，她真可以說是大自然的孩童。有時她童心來復，趣味盎然的把玩一些小玩意，小卡片，我偶爾也來加入；有時也在電話中互相告訴各人逛店買來的「新奇的藝術品」，一談就是兩個小時。以致別的朋友打電話一直打不進來，往往害得她們去詢問電話局障礙臺！

　　艾雯的文學作品，讚者極多，讀者甚眾，但我想有關她生活、為人的一些可愛的方面，大概知者還不太多，我和她毗鄰而居數載，如今她搬至他處，我就將我所知於她這一方面的，略加敘述，算我送她的喬遷賀禮。我更要說的是：她能把藝術溶入她生活中，正如一位西洋作家所說：

　　一切的美

　　都閃爍她的愛。

——選自《文學時代雙月叢刊》，第 11 期，1983 年 1 月

說不盡（節錄）

◎林海音[*]

　　春來秋往，「剪影話文壇」自從本年 4 月 29 日開始在「聯副」跟讀者見面，於今八個月了，也接近了預定 12 月底暫告一段落的結束期。翻翻照片，數數名單，竟還有數十人要寫沒寫的呢！這是因為十月出國請假一個月，回來後又寫海外作家篇「打個岔」一個月，這兩個月算下來，可不就把預定要寫的給耽擱了！但是這一專欄不擬延長了，因為明年開年我將有早計畫的工作要做；跟主編商量，請在這最後四星期裡，多賞些地盤，而我的寫法為了節省篇幅，也就取消標題，一路依照片說下來。（也是「說不盡」啊！）將來出單行本時再做增訂調整。事實上，一些本來也不擬在報上刊登，因為他們或因不宜上報，或因照片等資料還沒找好，就統統留我到書上去「放肆」的寫吧！

　　艾雯，這位吳儂軟語的蘇州姑娘，如今可也做了祖母哪！1940 年代她的散文《青春篇》很受青年女讀者的喜愛。她的身體不是很好，常在軟弱中，所以停筆了一陣子，早年住在岡山，近年北來後大概生活的情趣高了，因為可以跟更多的文友見面，我想，和有同好的朋友交往也是很重要的吧！她又重新拿起筆來，在「中副」有一散文專欄「綴網集」，及《中央月刊》的「還鄉草」，「華副」的「倚風樓書簡」，她說她寫作只是「減速慢行」，卻沒有完全停過筆喲！閒時她愛養花，收集小玩意兒，每次女作家的慶生會，總會帶些小物件送人，種了小植物的小小花瓶啦，從自己花圃中

*林海音（1918～2001）散文家、小說家。本名林含英。苗栗人。發表文章時為純文學出版社發行人。

摘下的枝枝草草啦,每人一棵,拿回家去養吧!我有幾盆蕨草類,就是她送的,一枝之本,現在都成了繁盛的一大盆!

——選自林海音《剪影話文壇》

臺北:純文學出版社,1984 年 8 月

不老的「青春篇」
艾雯

◎鐘麗慧*

　　說得一口吳儂軟語，不太健康的身子和恬淡自適的生活態度，艾雯外表給人的感覺是不食人間煙火；然而，在她文弱的外表內卻深藏著一顆赤熱的心，熱愛寫作、摯愛自然、關懷朋友，對文學的情感尤其執著，是她抱著使命感終身經營的精神事業。

姑蘇才女追尋永恆的青春

　　正如她在其成名作《青春篇》的〈新版題記〉中所說的：「如果說青春不只紅顏，也包括一種心情、一種意志，一分永遠對事物的好奇，對一切美好的喜愛，對人類的關懷，對理想的執著；那麼，青春雖然不再，慶幸我還多少剩有這些，可以作為明日創作的資源和動力。」也如她的自述：「寫作這條路，原無前路可循，更是永無止境，唯願一息尚存，能永不間斷地寫下去，付出愛心和熱誠，為人生添注一點美，增加一分生存的勇氣，並為這個偉大的時代作見證。」

　　這位出身於姑蘇書香門第、自幼嗜愛閱讀的女作家，抗戰時期隨父親到江西上任，不幸父親突然故去，家鄉又被烽火隔絕了。當時年僅 17 歲的她，毅然輟學就業，肩挑起照顧寡母和幼妹的生活，迫使她「想高飛的翅膀尚未展開，便已鎩羽折翼」，於是，在「外在的壓力，和內心的衝擊，促使憂傷苦悶的心迫切尋找宣洩的出路——開始學習寫作。」「把寫作當做一

---

*發表文章時為大呂出版社發行人，現為文字工作者。

支舵，裝置在那葉在人海風濤中奮鬥向前的小舟。」

民國 30 年，在圖書館服務的艾雯以本名熊崑珍寫了第一篇作品〈意外〉——一萬多字的小說，一鳴驚人，獲得《江西婦女》徵文的第一名。這才取了「艾雯」作筆名，開始向各報紙投稿，接著便進入報社當副刊主編。對文藝乃有更多的接觸和琢磨。她曾自許要做盡責的園丁，竭力墾拓那片小小文藝園地。回憶起當時避難在山區編報的緊急情況，艾雯認為是她一生最難忘的經歷。

民國 38 年 2 月，來到臺灣屏東，立刻又重拾文筆寫作，直到今天，她一直是位「專業作家」，再未做任何為稻粱謀的工作。三十多年來，她出版了九本散文集、十本小說集、一本童話和一本自選集，另有排印中的散文集《綴網集》（現已經由大地出版社出版），及同時進行寫作的系列散文「忘憂草」、「最愛是蘇州」、「你我的書」、「花韻」和「我住柳橋頭」等五種。其中有十種著作是在她來臺寫作的第一個十年內出版，足見她寫作之勤和受歡迎的程度。

她在聯副「飛揚的年代」中憶述前十年的寫作心情說：「我在辛勤的默默耕耘中，得到更多的體驗，有更深切的認識，失鄉的悲憤，感時憂國的苦悶和文藝的使命感，寫作的熱忱特別高昂旺盛，寫戰鬥氣息的，闡揚人性的，反映當時社會和人們心態的小說，寫鼓舞心靈，培養情操，提升生存勇氣的散文，寫配合當時掀起文藝運動、文化復興的短文，也寫童話，寫得很雜，也很粗淺，卻付出了我全部熱忱和心力。」

出版自由中國第一本散文集

民國 40 年 4 月，艾雯出版了第一本散文集《青春篇》，有人說也是自由中國第一本散文集（民國 67 年由「水芙蓉」新版印行）。在那個有「文化沙漠」之稱的年代，《青春篇》竟然一連再版八次，其暢銷程度，在今天的書市上也是難得的佳績。民國 44 年曾被選為「全國青年最喜閱讀作品及作家」的散文類第一名。其中〈路〉一篇，收入初中國文課本第三冊（民

國 73 年重編入第二冊）。

《青春篇》共收入艾雯早期的散文作品 47 篇，「有屬於少女的夢，有屬於青年人的理想。以純潔的心靈，熾熱的感情，寫出對未來的希望，對光明的頌揚，對真和美的憧憬，對自然萬物的情愛，以及奮鬥創造的生活意志，溶哲理於抒情，寓激勵於柔情，為青春豎立一座里程碑。」

《青春篇》一書影響了許多人，除了千千萬萬初中生國文課本上得到的影響外，更影響了不少今天已成名作家，諸如：余阿勳在《涓涓集》書中的〈寫作生涯〉一文寫著：「……早晨四、五點鐘起來，利用路燈背《青春篇》。」郭兀在〈又聞潮聲〉一文中，回憶他當兵時寧願調作伙夫，好利用空暇去書店、圖書館看書。直到自己賺點稿費有能力買書時，「第一本買的便是艾雯女士的《青春篇》。」張拓蕪收在《左殘閒話》書中的〈瘠上〉一文有段：「雖然買不起書，但新書一上市，我就先讀為快，那段時期，……艾雯的《青春篇》……我都有手抄本，大部分也都能背誦。」

民國 42 年 8 月，「大眾書局」出版了她的短篇小說集《生死盟》，書中收錄短篇小說 14 篇。她自序說：「這裡所描述的只是一些平凡的人和平凡的故事，然而，卻是親切而真實的。……他們都有一顆正直的心，一個樸實而善良的靈魂，他們的感情是單純的、直率的，愛就是愛，恨就是恨，僅為著一個好好活下去的信念，一份對真理的憧憬。……無論對人生、對生活、對真理都有著執著不移的愛和信心！」

其中〈銀色的悲哀〉寫的是早年鹽民生活困苦的情形，這篇小說是她有感於鹽民的困苦，大量蒐集有關資料了解後再動筆，加以人物塑造和故事情節，以樸實無華的文字，道出貧窮、飢餓、疾病卻被社會忽視的鹽民生活，讀來令人辛酸和悲哀。這篇小說曾被改編為廣播劇；也被當局做為改善鹽民生活的資料。另外，〈隔岸的控訴〉被選為「中華文藝函授學校」做教材。張漱菡在讀後感中說：「我看見了善良真摯的人們那崇高可敬的面孔；我聽見一些純正高貴的中華兒女的血液在奔流，這都是書中那熱愛祖國、崇尚自由的人們在演出可歌可泣的感人事蹟。」

民國 43 年 7 月又由「帕米爾書店」出版第二本短篇小說集《小樓春遲》，收錄短篇小說十篇。其中做為書名的這篇，寫的是兩個作家的奮鬥歷程，他們為現實生活所困，其中一個曾為黃色讀物出版商利誘而寫了一本黃色小說，歷經奮鬥、掙扎、沮喪、動搖，最後仍能堅定立場為理想與邪念、困難繼續搏鬥。在當時推行文化清潔運動時，可說是真正文藝工作者沉痛而堅定的宣言。「春雖然遲，但春終究會來臨的。」糜文開先生曾評道：「其鋒利的程度，使假反共招牌以出賣黃色貨品的作家無所遁形。一位吳儂軟語的女作家，而有這樣的才氣，真是了不得。」

民國 44 年 2 月，「大業書店」再出版第二本散文集《漁港書簡》，收有散文 24 篇。民國 71 年「水芙蓉」新版印行，增加了五篇遊記，附錄三篇書評等。

〈漁港書簡〉一文是她遊覽過南部幾個漁港，了解海和漁民的故事後，又得知政府貸款使「漁者有其船」的消息，另外蒐集補充資料，培養情緒構成印象而寫成的。在壯麗又粗獷的波光濤影中，浮映出漁民討海生活的危險和艱辛，他們的感情和希望，以及美好的遠景，生動感人。正如她在〈寫在前面〉上所誓言的創作抱負——「一切藝術永遠是聯繫著時代的，它不僅是表現一己的感情生活，更要從這時代人民大眾豐富的生活中去提煉，它不僅是刻畫個人的希望和理想，更要刻畫出這時代人類對明日的希望和理想。」江聲評它「是一個寬厚的心靈，向世界發出愛和鼓勵的語言。」

同年六月，出版第三本短篇小說集《魔鬼的契約》，收有八篇短篇小說。其中〈罪與恨〉、〈魔鬼的契約〉、〈家庭教師〉和〈一個女作家〉四篇，是時代意味較濃的作品；其餘〈偶像〉、〈表兄妹〉、〈春歸夢殘〉和〈海嫁〉，則是愛情故事為題材的作品。艾雯最喜歡〈海嫁〉一篇，這故事題材是她聽來的，發生在汐止的傳說，悽婉動人，卻也啟示了偉大的犧牲精神，有人生意義的涵蓄。

司徒衛評這本小說集說：「顯現出艾雯女士善良的心地和嚴正的創作態

度；她以智慧的眼睛靜觀世態、人生，又以優美嫻雅的筆觸細加描繪；她的文字，在晶瑩與端凝中，呈現質樸無華的美。」

八月再出版第三本散文集《生活小品》，這是她第一次的系列散文集子，共有 45 篇。艾雯自述說：「自日常生活中取材，期望喚醒人們在凡庸繁瑣的現實生活中，抬起頭來環顧一下四周的環境，原來生活中充滿了情趣。檢視一番心底的寶藏，原來每個人都擁有最可貴的財富：乃是智慧、愛，和快活的心地。」歸人評介說：「它揚溢出智慧的思想，和溫良的人格，作者能從平凡的生活中，發掘出新穎的思維和哲理。」

民國 44 年，是艾雯豐收的一年，連出三本新書，足見她寫作的勤奮。

民國 45 年 9 月，由「遠東圖書公司」出版了《艾雯散文選》，從已出版的《青春篇》、《漁港書簡》和《生活小品》三書，選出 62 篇結集。

民國 46 年 8 月，將在民國 41 年至 43 年，在《中華婦女》連載的長篇小說〈夫婦們〉由「復興書局」出版。她以甫來臺定居的屏東大雜院為背景，寫個性和生活方式不同的 17 對夫妻，反映出那一個時代的人民生活群相、社會狀況。她在楔子中說：「大家都是不願受迫害的一群，大家都有著同樣的信心，為暫時逃避紅禍，來自富庶廣漠的大陸。寶島是一艘風浪中的渡船，大雜院只是這艘永不沉的大船的一角，待渡過這一段腥風狂瀾，再同返故園。」連載時，並曾請畫家席德進畫插圖。徐存在評中說：「作者在探索人性之餘，更認為人與人之間的諒解與默契，互助與合作有著更大的價值。因此，她想望著一種美好的夫婦之道，想從這風雨同舟的一群中，見出中興的運會。」魏子雲則認為：「書中那些平淡無奇的故事，讀時都那樣風趣動人，諸如題材的處理、形式的創造，尤其人物的塑造，都有其獨到的功力，是一本相當成功的小說。」

民國 47 年 3 月，出版第五本小說集《霧之谷》，收錄短篇小說〈不是故事的故事〉、〈異國溫情〉等 18 篇。其中〈東吉嶼海峽〉一篇，寫澎湖群島漁民與海浪暗礁搏鬥的生活，尤其主人翁修建東吉嶼燈塔故事，非常感人。

民國 48 年 12 月,「正中書局」出版第六本小說集《一家春》,共收錄 15 篇短篇小說。都是諷刺人性和現實社會的作品。其中〈一家春〉是採用書信體進行的小說。兩家鄰居為了鋸樹小事,通過數封交往的信,由陌生、糾紛、爭執、諒解,最後把牆打通,兩家變成一家,寫來十分風趣。

民國 51 年 5 月,出版第五本散文集《曇花開的晚上》,全書收錄 35 篇。「有對感情的刻畫,有對自然的崇拜,有對生命的熱愛,有對生活的啟示,有對哲理的探討,而融貫全書,是作者單純的願望;願在人們習慣性的沉滯中喚醒心靈,從那現實生活中獲得一種超越、一種淨化,從那平凡的事物中覓得新穎的美,創造更完善的生命。」「那始終懸掛在她心頭的,是博愛大同的世界、詩書禮樂的世界,和詩情畫意的世界,這一片豐饒乾淨的天地,就是她在月白風清的良夜,願向我們耳語的:雖然顯得天真和樸素,因為有人堅信,也就成為動人。……正如花朵開放時,給我們增加了夢的養分。」這是徐存在介紹本書中所說的。

為女兒寫童話故事

同年七月出版了兩本新書,一是小說集《與君同在》(復興書局);一是童話《森林裡的祕密》(兒童書局)。

《與君同在》,收有〈父子島〉、〈鄉下醫生〉、〈花魂〉等 15 篇短篇小說,是艾雯的第七本小說集。當時郭風評論說:「艾雯小說作品的取材,正把握住市井和鄉村一連串動人的故事,再加上作者正確目光的觀察,聰明智慧的抉擇,透過熟練寫作的技巧,——逼真地描述出來。在平淡中有偉大,在瑣事中有啟示……更值得稱道的,在書中 15 篇作品中,沒有傳奇故事,也沒有八股氣息,它給讀者的只有一個『真』字,在字行間,洋溢著人性的光輝,人間的摯情,使人讀了有親切之感。」

《森林裡的祕密》,是艾雯唯一的童話著作。收有 12 篇童話故事。這些故事都是當年她講給獨生女朱恬恬聽,後來又在《中央日報》、《新生報》兒童版、《學友》等處發表的故事。

民國 55 年 5 月,「正中」出版第八本小說集《池蓮》,收有〈虎子〉、〈斑竹〉、〈苦海墜珠〉等 20 篇短篇小說。其中〈義母〉一篇,探討了老年人的問題,寫出老年人需要的不是物質享受,而是親情的慰藉。艾雯的小說觸鬚,總深植在廣大的現實社會人群裡。

民國 57 年 12 月,出版第九本小說集《弟弟的婚禮》,收有九個短篇小說。大都是反映社會現象或刻畫人性的小說。唯有〈繡繃子的姑娘〉一篇,是用蘇州話寫蘇州小戶人家女兒的一生遭遇。

民國 64 年 3 月,出版第六本散文集《浮生散記》。她自述說:「從困厄的生活,通向心中丘壑的一段心路歷程,化解內心的衝擊、矛盾為謙遜寧靜,擷取心靈深處最真的回音,提升為生存的勇氣,肯定自我,站在比現實更高的地方。」溶哲理於抒情中,是一本性靈的札記。

四月,緊接著出版第七本散文集《不沉的小舟》,收有 45 篇作品。寫她病中的體悟,寫她摯愛的花草、大自然,寫親情、鄉情、生活情趣,寫她讀書、寫作的快樂和執著,還有用吳儂軟語訴說的童年……等等。

民國 69 年 11 月,黎明文化公司出版《艾雯自選集》,收有散文 39 篇、小說六篇。

民國 73 年元月,出版第八本散文集《倚風樓書簡》,這是她計畫寫作的系列散文之一。艾雯自述說:「離開蟄居 20 年的小鎮,賃居大臺北,『倚風』而樓,當居安思危,給自己是一種警惕。而新環境、新接觸、新交往,帶來新的振奮和感受,隨手拈來,信筆而寫,與摯友閑閑細語,卻也涵蓋了思想、人情、風土、自然、生活情趣,書信的體裁,自然平易而曉暢。」王逢吉教授評介本書說:「作者超越了平常狹隘的家庭親屬範圍,揚棄了身邊瑣事,以感恩的心情,付出深厚的愛和關切,懷著謙遜和熱忱去探索、參與、認同人生,融攝所見所聞所感,去詮釋生命的歷程。涵蓋了大自然之美和人生真諦。從而獲得心靈的慰藉,肯定了生命的價值。處處有生活的情趣、空靈的哲思,具有古典澹雅的風格。」

在艾雯已出版的著作中,小說和散文是等量齊觀,可是她的散文家名

氣比小說家大，其原因或許是她的小說集出版得早，有的已絕版，沒有普遍發行，很難在一般書店看到；或許是近些年她不再寫小說了……其實她自己也比較偏愛散文。因為她認為：「一個散文家，可以運用天地間任何事物，說他自己，或表明自己與外界一切的關係。」她主張：「只要心中有愛，只要能關懷周遭一切，只要有悲天憫人的胸襟，只要對任何事物感到好奇，散文內涵可以包羅萬象，散文的題材更俯拾皆是，面對如許浩繁，我獨選擇其特別使我動心、使我有所領悟、使我銘感難忘、使我感到意義深遠的，經過思想融貫、感情鎔鑄，再發為文字。」

因此，近年來，她喜歡寫自成一系列的作品，有觀點一致、文字獨創一格、取材多方面的；有新的構想、新的領悟；有述說身外景物之美；有探索生命真諦、闡述人生哲理的……等等，她說：「我喜歡做多方面的嘗試，以期從變化中求創新、求突破——不具風格就算是我的風格吧。」

系列散文，有的已出版，如：《生活小品》、《浮生散記》、《倚風樓書簡》；及在「中副」連載，由「大地出版社」出版的《綴網集》。這一系列散文是她「長久以來，經時代的錘鑄、生活的磨練、自我的塑雕，自心靈深處浮出一波一波的回響，是生命的詮釋，是人生的剖析，是價值的評定，是理念的確定，是思想的超越、感情的昇華、生命的領悟、自我的肯定。用簡潔精練的一字一句，深入淺出，寫成一則則小品；在思想上是一種突破，在文章上是一種創新。」

為寫作付出全部的熱忱與心力

此外，進行中的系列多達七種，分別是：「你我的書」——有表達於外的行為舉止，有涵蘊於內的欲望、品德、智慧、情感、人格、器識……著意的刻畫，反覆的闡揚，展示這些，如同展開一冊人生的巨書，讓你我一同研讀、思考，有所領悟。

「忘憂草」——從天地萬物、社會景象、文化藝術中獲得靈感，借物起興，捕捉住事物的神韻精華，遣詞選句，刻意描繪，而身存萬物之中，

用恬淡的胸襟，和萬物回響交流。

「最愛是蘇州」──以赤子之忱、童稚純真的眼光和口吻、詩意的情調，來寫蘇州的景致、風格、文物，顯示其動人之處。

「我住柳橋頭」──以純樸的字句、真摯的感情，蘸上祝福和感謝的蜜汁，勾勒眷村 20 年，單純的田園生活，克勤克儉中有奮發的朝氣，鄰居們和睦相處，彼此息息相關。

「花韻」──以散文詩般的筆致寫一花一世界，花的神形韻姿，配上版畫家林智信的插圖，相互輝映烘托，益顯得生命的律動，躍然紙上。

「日光頻道」──只寫陽光下發生的事情，充滿生之喜悅、成長的奮發。

「物情物趣」──小小一樣物品，常常包含許多感情與經歷，牽引到心靈更深更遠處。

民國 12 年出生的艾雯，長期在氣管炎宿疾和最近眼疾的侵擾下，仍勤寫不輟，雖然自稱「減速慢行」，但其對文學的執著與摯愛，令人敬佩。青年學者沈謙以「前輩風範與青春活力」形容她，再恰當不過了。沈謙說得好：「艾雯是把文字當做藝術的，字裡行間，充分流露了書卷氣與靈秀氣，而且，既富情趣，又饒韻味。在她的筆下，許多微不足道的瑣事，都生動有趣，許多不惹眼的小東西，都呈現多采多姿，真是萬物皆有情，處處生趣盎然；一草一花一木，都通靈氣。」「艾雯其實是把生活當做藝術的，她蕙質蘭心、仁厚率真、恬淡自適，十分懂得享受生活的情趣。任何平凡的事物，隨時有嶄新的觀察與有趣的發現。透過這些文章，讓讀者也分享了她的特殊感受。適足以培養審美的觀念與高尚的情操。」

──民國 74 年 2 月

──選自鐘麗慧《織錦的手》

臺北：九歌出版社，1987 年 1 月

三生花草夢蘇州

論艾雯散文

◎張瑞芬*

> 摘下一掬璀璨的白，滿握盈盈的香，捧進房來，灑布在枕頭四周。但願
> 今夜夢裡，花香引領我回去，回去我那魂牽夢縈的故鄉，回去我那開滿
> 小小茉莉的童年的長廊。
>
> ——〈小小茉莉〉

　　2003 年，以 80 高齡出版散文集《花韻》的艾雯，2005 年又以〈人在礦溪〉入選《九十三年散文選》。筆力未減當年的她，近年陸續於副刊發表的長篇鄉愁散文（如〈月華濃處是姑蘇〉，更令她的新舊讀者驚詫不已。這支文壇健筆，當真是青春不老，一至於斯？

　　艾雯以散文名家，或與早年極受好評的《青春篇》和國中課本（〈路〉一文）的制式印象有關。事實上她的小說寫得早且多，依序有《生死盟》、《小樓春遲》、《魔鬼的契約》、《夫婦們》、《霧之谷》、《一家春》、《與君同在》、《池蓮》、《弟弟的婚禮》，產量絲毫不遜於散文。綜觀其所有作品，選集或再版者若不計入，小說和散文的產量，至今恰恰都是九本。所不同者，她的小說創作大抵結束於 1960 年代中期（《弟弟的婚禮》為最後一本短篇小說集），約當同時寫作的《曇花開的晚上》，卻彷彿標示了艾雯全力往散文發展的路向。1973 年，她離開了住了 20 年的岡山，移居臺北新店中央新村、天母，自稱此後越來越喜歡寫系列散文，於是而有著名的散文

*發表文章時為逢甲大學中國文學系副教授，現為逢甲大學中國文學系教授。

集《浮生散記》、《不沉的小舟》、《倚風樓書簡》、《綴網集》，以及《花韻》，都是以同一主題／形式，不同文體呈現的「計畫寫作」（簡娉語）。艾雯佚文與至今尚未結集者，至少包括「最愛是蘇州」（懷念故鄉）、「我住柳橋頭」（眷村生活）、「孤獨，凌駕於一切」、「忘憂草」諸多系列，以及包括〈人在礦溪〉在內諸多近作。

在 2005 年國立臺灣文學館與《文訊》編成《張秀亞全集》皇皇 15 巨帙後，1950、1960 年代重要作家面臨重新評價與整理或許是可以預期的事。尤其女作家中文本佚較嚴重的艾雯與鍾梅音。艾雯在 1950 年代女性作家中的重大意義，首先是她是美文一系中成熟最早者（甚至比張秀亞美文風格的形成更早，此詳下文），其次是她的南方／鄉村觀點異於臺北女作家群亦極明顯。身為外省第一代來臺女作家，艾雯的《漁港書簡》，及同時期小說（如描寫屏東大雜院的《夫婦們》），和當時鍾梅音寫蘇澳（《冷泉心影》）、張漱菡記新竹（《風城畫》）、王明書念念於北縣新莊泰山鄉（《不惑之約》），以及蕭傳文描繪里弄世情與南部鄉間的《陋巷人家》、《丹鳳村》，都成為值得注意的時代見證與一手資料。艾雯先以空軍眷屬的身分棲遲屏東、岡山等地二十餘年，筆下所及，遍於漁民（〈東吉嶼海峽〉）、鹽民（〈銀色的悲哀〉）、農家（〈四重溪之春〉）和山鄉（〈白雲深處覓歌舞〉）。有些文本甚有特定的地域指涉，如小說〈海嫁〉寫汐止傳說，《夫婦們》記屏東大雜院，〈東吉嶼海峽〉及〈父子島〉是澎湖漁家血淚，〈漁港書簡〉在枋寮、東港海邊小琉球，稱得上是第一代外省女作家描繪臺灣本土風情較廣者。其中〈銀色的悲哀〉曾編成廣播劇，並使鹽廠福利因此改善，影響頗為廣遠。

艾雯的第一本散文集《青春篇》出版時日甚早，傳抄耽讀者眾[1]，被譽為「自由中國第一本散文集」或「1950 年代一首綺麗的散文詩」。她的作品結集早，主要由於其寫作並非起於渡海之後，早在抗戰期間，艾雯就累

---

[1] 余阿勳，郭兀，張拓蕪曾多次回憶當時誦讀傳抄之感動，見艾雯，〈青春不老——爾雅版《青春篇》新記〉，《青春篇》（臺北：爾雅出版社，1987 年）。

積了許多作品，甚且有出書之議。[2]《青春篇》第三輯中爲數不少的故鄉憶往，就寫於江西大庾、上猶、平富等地。1950 年代初，「文協」與「文獎會」成立未久，戰鬥文藝初倡，相對於小說，散文一項因不在獎助項目之列，相對較不受重視，除了女作家的懷鄉憶往的抒感，當時文壇上的散文以專欄雜文爲大宗。將《青春篇》約同時期的散文集稍事羅列，不難見出艾雯的散文成就在當時的獨特性。

　　1950 年代前期的雜文集，有洪炎秋《閒人閒話》、宣建人《抒情集》、鳳兮《雞鳴集》、《真情集》、尹雪曼《小城風味》、王書川《北燕南飛》、寒爵《百發不中集》、童世璋《寸草集》，女作家較知名的，是王文漪《愛與船》、徐鍾珮《我在臺北》、鍾梅音《冷泉心影》、邱七七《火腿繩子》、張秀亞《三色菫》、林海音《多青樹》、張漱菡《風城畫》、蕭傳文《鄉思集》、琦君《琴心》、張雪茵《拾回的夢》、謝冰瑩《綠窗寄語》、蘇雪林《歸鴻集》。艾雯的《青春篇》於其中不但最爲早出，且已相當成熟。當時女性散文之最傑出者呈現兩種不同的風格，徐鍾珮和林海音是新聞眼兼俐落筆，屬「入世」一派，張秀亞和艾雯則玲瓏剔透，有「出塵」之風。琦君、鍾梅音，甚至張秀亞，嚴格說來都在 1960 年代才到達自己散文技藝的高峰（羅蘭、胡品清 1950 年代則根本尚未出現），做爲最早的美文開創者，艾雯在臺灣當代散文史上，其意義自然非同一般。

　　綜觀艾雯散文，寫作時間完整貫穿了 1950 到 1980 年代，達 30 年盛景。近期圖文各半的《花韻》若不計入，《青春篇》、《漁港書簡》、《曇花開的晚上》與《倚風樓書簡》允稱其中最佳。《青春篇》作爲艾雯的第一本書，在 1950 年代，如煙火升騰於夜空般獲致無上聲譽，並和張漱菡的小說《意難忘》同膺 1955 年中國青年寫作協會發起學生票選「全國青年最愛讀之作家」，足見艾雯當時令人驚豔的程度。在女作家中，艾雯不是唯一擅作書簡、日記、手札體的作家（張秀亞、張雪茵、胡品清皆優爲之），卻可能

---

[2] 1944 年在大陸，時任《凱報》副刊主編的艾雯，曾考慮由朋友的出版社結集出書，見艾雯，〈摸索前進的路——我是怎樣從事寫作的〉，《漁港書簡》（高雄：大業書店，1955 年）。

是最早擺脫素樸寫實的憶舊，採抽離、昇華的手法作寓言象徵的前行者。
這種運用意識流、擬人法與幻設技巧打破文類界限的實驗，張秀亞直到
1960 年代中期的〈杏黃月〉、〈十葉樹〉諸作才顯現出來，而艾雯早在《青
春篇》的〈青春篇〉、〈海角燈影〉、〈七〉、〈牆〉、〈尋求〉、〈在片刻的黑暗
中〉就做過成功的表演。她寫黑暗、寂寞、隔閡，甚至光明，都能與實象
拉開距離，著重空靈的義涵，因此使她的散文格外珠圓光冷，出塵俊逸。
文字篇幅趨向短小，像心靈短文、寓言小品的體制，更令人把玩再三，愛
賞不置。這種象徵、設問、擬人技巧，至《曇花開的晚上》中〈秋的腳
步〉、〈感情的遺產〉愈發老練，幾近爐火純青。

　　除了較早的文類實驗，艾雯的另一項文字特質，是以細膩悠緩的辭
藻，醞釀主題氛圍，這使得她的小說和散文特具美感。例如：

「狂暴的大海似乎感到惶恐和迷亂，掀起的浪柱未敢正視炫耀的亮光便
瀉落了。浪花與浪花彼此碰撞著，擠嚷著，一路低吼著奔流出峽口」、
「窗下的海平靜得像一個深邃的湖沼，只在風過時掀起粼粼漣漪，微波
輕拍著沙岸，宛如朵朵曇花忽明忽滅」、「太陽懸嵌在碧藍的蒼穹，讓璀
璨的金光像溶解了的金液一樣傾瀉在大地袒露的胸膛」、「俏麗的燕尾剪
下了燦爛的春天，青蛙鼓著翠綠的肚皮，叫來悠長的夏季」。[3]

　　艾雯這種綿密悠長，重藻繪的文字特質，顯然與明淨簡約，同稱美文
大師的張秀亞有別。糜文開稱其文字為「工筆雕琢的美女，楚楚動人」，江
聲則讚賞她的《漁港書簡》拋棄概念吟詠，趨近樸實。至《曇花開的晚
上》，艾雯文辭的優美婉約，已使歸人歎為謝婉瑩（冰心）和凌叔華的結
合。[4]這種精緻的文字屬性，在當時兼擅小說與散文的女作家中堪稱翹楚，

---

[3]引自艾雯，〈東吉嶼海峽〉、〈漁港書簡〉、〈幽禁〉、〈月未圓〉諸文。
[4]糜文開，〈由《漁港書簡》想起──值得大家注意的一個創作問題〉、江聲，〈艾雯的《漁港書
　簡》〉，俱收入艾雯，《漁港書簡》（臺北：水芙蓉出版社，1983 年）附錄。歸人（黃守誠），〈讀
　《曇花開的晚上》〉，原載《婦友月刊》第 103 期（1963 年 4 月），收入艾雯，《曇花開的晚上》

也正因此,艾雯許多小說的可看性,主要不在那些離奇偶遇的情節布局,而是由文字的細膩動人與搖曳生姿撐起來的。因一棵庭院大樹締結良緣的芳鄰(〈一家春〉)、家教女老師徵友驚逢負心良人(〈死水微瀾〉)、主婦捐出戒指後被丈夫義賣會中購回(〈遙遠的祝福〉)、痴心女捐血巧遇失散戀人(〈血緣〉)[5],種種雜亂情緣,淒婉動人,其真實性和「堆砌」、「雕琢」卻偶為評論者疑慮。[6]

如果說《青春篇》偏重象徵——書寫回憶,用寓言抽離實相,作為艾雯第二本散文集的《漁港書簡》則洋溢著健康寫實與陽光的暖香。雖則也有延續《青春篇》隱喻風格的〈生命的音樂〉、〈無聲的弦琴〉,卻開始延伸目光,貼近生活,寫逃離來臺、寫父母、寫臺灣。〈漁港書簡〉是一首對摯友「林」喃喃獨語,細述大海與漁民的深情散文詩;〈四重溪之春——萍蹤履痕〉一系列南島紀遊,珠圓玉潤,帶點文言氣味,很有鍾梅音後來《海天遊蹤》韻致;同樣寫顛沛人生,〈航程〉以不同階段的水上行旅寫心境更迭,結構佳整,正如羅蘭〈燈的聯想〉;〈從贛南到臺灣〉記初至屏東,見井然有序,迴異京滬,頗可與張雪茵〈烽煙歲月〉或張漱菡〈黃沙河的惡夢〉並讀[7];〈摸索前進的路〉自道寫作生涯的起始,更具研究艾雯的史料價值。

1955 年出版的《生活小品》,是艾雯應《中央日報》「婦週」武月卿之邀,化名「思瑾」(丈夫「霈」、女兒「小瑾」)的系列主婦隨筆。這種勵志主題的手札體結集,和孟瑤《給女孩子的信》、張秀亞《凡妮的手冊》性質

(臺北:水芙蓉出版社,1974 年)。

[5]引自艾雯短篇小說集《霧之谷》(臺北:正中書局,1958 年)、《一家春》(臺北:正中書局,1960 年)、《池蓮》(臺北:正中書局,1966 年)。

[6]江聲,〈艾雯的《漁港書簡》〉、司徒衛,〈艾雯的《魔鬼的契約》〉,《五十年代文學論評》(臺北:成文出版社,1979 年)。

[7]羅蘭,〈燈的聯想〉,《生命之歌》(臺北:洪範書店,1985 年)、張雪茵,〈烽煙歲月〉,《中外雜誌》第 19 卷第 3 期(1976 年 3 月),後收入張雪茵,《綠蔭庭院》(臺北:常新文化公司,1978 年)、張漱菡,〈黃沙河的惡夢〉,收入蘇雪林等,《我們的八十年》(臺北:時報文化出版公司,1991 年)。

略同[8]，艾雯以日記形式，在春晨自勉、綠窗小睡、月下閒步、收養貓犬間，記下生活的瑣碎浮光。這系列文字，明顯比張秀亞同時期的《牧羊女》、《懷念》、《湖上》正向、歡悅且積極，優美的文字沖淡了說教意味，堪稱幸福主婦的人生思索，和《浮生散記》[9]及《不沉的小舟》前半部性質略同。這幾部作品，在艾雯後來的佳作掩映中，或許不能視為傑出，正如1986年的《綴網集》，珠璣片語，充滿智慧與哲理的光彩，然而艾雯最擅長的畢竟不是靜思語錄，而是細膩綿密，一種單純事物的繁複表達。例如〈夜語〉等待丈夫夜歸、〈乍晴〉是雨後散步的心情、〈小花瓶〉喻年輕時易碎的夢、〈曇花開的晚上〉寫夜觀曇花綻放的驚喜。這些佳篇，完整呈現了1962年《曇花開的晚上》的美文風格，〈初航〉、〈表演者〉與〈鄉村老郵差〉則超越《青春篇》的少女綺夢，顯現出慈憫為懷的練達人情。「彷彿一位睡眼惺忪的少女，那一排秀長鬱密的睫毛不住閃動，突然，一陣顫抖，瑩光閃閃，一束潔白纖細的花心，盈盈探首花外……」。艾雯聲名卓著的〈曇花開的晚上〉，在各種選集及不同時代中不斷被讚歎驚豔，是文字觸動了每個人的心靈，盈盈綻放如午夜的青春花蕊。

徐存評論《曇花開的晚上》曾指出，艾雯以「我」為中心，大量運用書信、獨白、日記體，特別與讀者親切誠摯之感。[10]然而衡諸眾多典型主婦文學絮絮叨叨的丈夫兒女與生活細項，不難發現，艾雯事實上表達的是抽象情感，遠非身邊實相（《北窗下》之後的張秀亞亦然）。自謙「不具風格就是我的風格」的艾雯，明言自己喜歡做新的嘗試，並從變化中求創新、求突破，然而她一向隱逸山居，與張秀亞同被視為覷腆避世之人，其實艾雯有一寫作理念亦和張秀亞同。艾雯認為，作品與作家的血肉之軀、色相

---

[8] 《凡妮的手冊》後，張秀亞又為王文漪《婦友月刊》寫就《少女的書》，此書原於1961年婦女月刊社出版，後收入張秀亞，《心寄何處》（臺中：光啓出版社，1969年）後半。

[9] 艾雯《浮生散記》於1961年開始寫於岡山，此系列發表於《文壇》月刊，1975年移居臺北後才結集成書，寫作時間跨越甚長。《浮生散記》於1990年由漢藝色研文化公司再版，易名《明天，去迎接陽光》。

[10] 徐存，〈夢的養分——介紹艾雯《曇花開的晚上》〉，《文壇》第26期（1955年4月），後收入艾雯，《曇花開的晚上》附錄。

形體無關,「作者只需讓讀者通過作品了解思想,不必以自身詮釋作品」。[11]
整個 1960 年代艾雯創作量最大的時候,她也只在小說〈隕星〉和散文
〈翳〉中,露出一點自敘傳的影子。〈翳〉是幼時上海家中遭日軍轟炸的心
靈暗影,〈隕星〉則是孤女蘇穎因投稿結識編輯李唯為,二人的戀情中終於
在戰亂中離散的凄美故事。熟讀艾雯的讀者都知道,抗戰初起時艾雯父親
於大庾任上去世,時 17 歲的艾雯,肩負起孝養母妹的責任,輟學就業於資
源委員會鎢業管理處圖書館(並與王琰如同事)。[12]第一篇作品〈意外〉,即
獲《江西婦女》小說組冠軍,獲評審極大鼓勵,此後取「方興未艾」之意
為筆名,開始了投稿《正氣日報》、《青年報》的寫作生涯……。

　　1973 年自岡山遷居臺北後,經歷數度大病,艾雯的小說完全停筆,愈
發偏好散文寫作,自信散文能創造崇高的意境,「那種內蘊的美的氣氛,是
別的文藝形式所缺少的」。1984 年的《倚風樓書簡》,標示了艾雯散文最明
顯的進境。體制偏長,排比句法用得更多,按秋冬春夏時序,以書簡獨白
行文。篇題長句如詩——〈夢回天涯芳草遠〉、〈又待荷淨納涼時〉、〈昨夜
幽夢忽回鄉〉、〈還似舊時遊上苑〉,如同向摯友傾訴的一卷思鄉卷軸。此憶
念故鄉題材的開展,實為「懷鄉草」系列的延伸,寫母親髮簪上的茉莉,
蘇州年節的水仙,外婆醺人欲醉的玫瑰酒,其真情與細膩,完全顯出艾雯
優美的文字擅長。頗富意味的是,正如琦君 1980 年代在美的《留予他年說
夢痕》,琦君夢中思念的故鄉成為兩處——溫州和臺北,為在艾雯《倚風樓
書簡》,則日日念想,是蘇州與岡山,彷彿隔著時間與空間的渺遠呼喚,無
心的走入夜夜夢裡。正如艾雯於此書序文中所說:「書信是最溫柔、率真、
親切、自然、平易,而且可以包含一切的文學,正適合意到筆隨的融抒
情、敘事、說理於一爐。」學者沈謙譽艾雯此書充滿書卷氣和靈秀氣,與
艾雯於中央新村毗鄰的張秀亞稱美她心靈的美和真,相信都不是虛言。

---

[11]艾雯,〈自我塑像〉,《文學時代雙月叢刊》第 11 期「陽春」(1982 年 1 月)。
[12]王琰如,〈我所知道的艾雯(熊崑珍)〉,《文友畫像及其他》(臺北:大地出版社,1996 年),與艾
　雯〈摸索前進的路〉對這段初寫作時期的往事描述甚詳。

　　《倚風樓書簡》的佳篇如林中，栽花攀藤，成寶石瓔珞翡翠簾；修竹獨倚，憶及父親書畫；小窗窺夢，鳥雀為鄰；遊歷史博物館想到故鄉的河塘蓮池；歲寒聖誕紅有友人問疾的情意，篇篇絕妙，耐人品賞。其中〈寄我一朵鳳凰花〉和〈第一座城〉顯然是特殊的，南臺灣岡山小城的鳳凰花成了艾雯病中的思念，屏東大橋底下沙灘上迤邐連綿的西瓜，市街上蓮霧瓜果豐碩沁甜，大王椰子仍然守衛著大雜院嗎？故鄉是心之所在，而情感是它唯一的通道。

　　《倚風樓書簡》及其同時發表的系列散文「忘憂草」，或懷鄉系列，精美如詩，涵蓋萬物精華，藝術情境，任何一篇或都比入選國中課本的少作〈路〉更加經典。同樣的遺憾，或也在鍾梅音、張秀亞等早期知名女作家身上。《倚風樓書簡》寫作前後橫跨十年之久，懷鄉系列其實至今未完，在在顯出艾雯柔弱生命的堅強底蘊。儘管病弱之軀使得漸趨遲暮的艾雯不得不「減速慢行」，距《倚風樓書簡》約二十年的《花韻》，再一次令人見證了她對文字的堅持，與生命的韌性。正如評論家陳芳明在《臺灣新文學史》中所說：「她的美文追求，仍然充滿生命力。由於創造力的持久，影響力特別深遠。」

　　半世紀後，再看艾雯的文學，小說在同時期女作家中文采較佳，散文則是最早臻於成熟巔峰的。尤其在小說取材上，人物角色頗為廣泛，也著力人生悲苦（如小說〈樂園外面的孩子〉寫私生子，〈苦海墜珠〉中被毒犯控制的女子，〈弟弟的婚禮〉中姊弟畸戀），除〈群魔宴〉少數篇章符合反共政策外，其實寫的是人性的糾葛和美善期待。如花草向陽般，艾雯筆下，總是充滿對光明的嚮往。有些篇章如〈殼〉、〈考驗〉思索女性外遇處境，甚且和林海音的《春風》、《曉雲》一樣，稱得上女性意識的前行者。

　　終生刻畫美善心靈，艾雯祈願「刻畫出這個時代人類對明日的希望和理想」。艾雯的文學，正如評論者江聲所說，是「一個寬厚的心靈向世界發出愛與鼓勵的語言」。《漁港書簡》序言中，艾雯曾自道自己沒有健康的體魄，相信作品卻有健康的氣息。在那樣的戰鬥文藝反共時代，艾雯自己力

行「健康文藝」的方針。翎羽片片、黑色斑斑，都是心路歷程的痕印。青春如小鳥一樣一去不回，17 歲失怙的少女，抗戰年間，攜母妹避居江西山中上猶城。爲防老虎，校舍大窗戶釘著手臂粗的柵欄，油燈下，編印報紙，並編織著寫作的夢想。艾雯這個名字，像張秀亞所說的，叫人憶起江南綿密如絲的長腳春雨，青石板的長巷濡洗得泛出一派清光。是花香月影，水光瀲灩中，吳儂軟語的姑蘇美女。像 1950 年代一首綺麗的散文詩，艾雯代表一個逝去的年代的典範，與永不止息的美善理想。

——選自張瑞芬《五十年來臺灣女性散文・評論篇》
臺北：麥田出版公司，2006 年 2 月

蘇州姑娘永遠的青春篇

◎應鳳凰*

　　艾雯，一生創作頗豐，擅散文兼小說，也出版童話集，作品有《小樓春遲》、《漁港書簡》、《曇花開的晚上》、《艾雯自選集》、《倚風樓書簡》、《綴網集》等，她說「一切藝術永遠是聯繫著時代的。寫作不僅是獨抒性靈，表現一己的感情生活，更要從這時代人民大眾豐富的生活中去提煉；不僅是刻畫個人的希望和理想，更要反映這時代人類對明日的希望和思想。」她的作品正是這些想法的體現。

命運乖桀的童年

　　艾雯，本名熊崑珍，1923 年生於江蘇蘇州。江蘇歷代文風特盛，艾雯感染那份氣息，自小便具有江南兒女寧靜恬淡的性格。艾雯出生在書香世家，父親能書善畫且酷愛閱讀，七、八歲時小艾雯無意間發現父親的藏書，在一知半解下拿起章回小說、古典小說閱讀，耳濡目染之下她也耽迷於啃小說。艾雯自幼多病，上學時斷時續，母親又隔了 13 年才幫她添了一個妹妹，童年生活的寂寞不言可喻，幸得閱讀的滋養和陪伴，也因此和文學解下不解之緣。

　　1937 年全家隨父親到江西任職，不久中日戰爭爆發，故鄉淪陷，越二年，父親不幸病逝異鄉，她不得不輟學擔負起家庭生活重計。她找到一份圖書館管理員的工作，在那裡她得以博覽群書，吸收中外著名文學的精華，並且開始嘗試投稿，第一篇習作〈意外〉，應徵《江西婦女》徵文，得

---

*發表文章時為成功大學臺灣文學系副教授，現為臺北教育大學臺灣文化研究所教授。

小說組第一名，爾後她便以部分獎金自印稿箋，取艾雯為筆名開始投稿，文章刊於贛州《正氣日報》、《青年報》、《民國日報》、《東南日報》等，在當時頗有名氣。女作家王琰如曾和她同一辦公室，在得知艾雯即熊崑珍，且自己作品與艾雯一同刊出時，欣喜若狂，即時和艾雯約定共同在文學園地上努力耕耘。1944 年時艾雯避難上猶（山城），進上猶《凱報》工作，兼編副刊「大地」，並參與各報「發展東南文藝運動」，她響應寫了一些現實的文章，呼籲青年朋友要熱愛生命，熱愛國家，此時她已將寫作和生命融合在一起，她說：「我寫作，由於本身的責任在不住督促我；我寫作，由於良心的聲音在不住激勵我。」

因為戰亂，得以結識她的夫婿，兩人在那層巒疊嶂、不受戰火侵逼的「福」地舉行史無前例的婚禮，這一段記憶及當時緊急辦報的經歷最讓她難以忘懷。1949 年避難來臺後定居岡山，幸福的生活及虛弱的身體，使她成為一個現代隱者。人雖隱居，但其文章卻一點也不隱，她的作品不斷地出版，陪伴著時代青年的成長。

辛勤拓墾文學園地的熊大姊

曾經有一本以諷刺著名的雜誌刊了一段小品，大意是：「女人從事寫作的結果：世上少了一個好的主婦，而多了一本壞書。」因為這個刺激，艾雯立下宏願：要做一個好的主婦，而且又要寫成一本好書。

由於受父親影響，艾雯自小便喜愛文藝，舊小說、新小說、兒童文學都是她案上常客。中學時，她曾一度享有國文老師賦予自擬作文的特權。由於早年失怙，童年的心靈是寂寞的，家庭的重擔及苦悶的心迫切需要宣洩的管道，她曾自言：「我將寫作當做一支舵，裝置在那葉在人生風濤中奮鬥向前的小舟。」

「生活是一種磨練，時代是一座大熔爐，經過考驗、錘鍊，從苦難奮鬥中成長，一支筆已是我希望的柱杖，幫助我走過那段艱辛崎嶇的人生道路。」艾雯如是說。她給自己訂立了崇高的寫作目標——以闡揚人性光

輝、提高人的尊嚴為主，刻畫這時代人類堅苦卓絕的精神，並反映各階層形形色色的生活。而她也忠於自己的理想跟堅持，《生死盟》中的小人物都是刻苦、堅韌、擇善固執的形象；《小樓春遲》則是一本反黃色的小說集，裡頭寫的人物都是忠於理想，不被利益誘惑、與生活搏鬥的人，她出版這本書批評當時黃色書刊充斥的現象，以及為短暫利益而出版不當書籍的人。

她曾獲得第 54、67 年度的中國文藝協會文藝獎章。1955 年青年寫作協會曾舉辦一次「全國青年最喜閱讀的作品及作家」的測驗，艾雯的作品《青春篇》以最高票當選。當時中學生上課不專心，在桌子底下偷看艾雯的散文，老師們偶爾默許這樣的行為，因為艾雯的作品既健康又砥礪人，她文章往往創造光明的意境，為易受誘惑的中學生指引正途，傳達積極的人生觀。例如她的名言──生活，為的是征服它！

艾雯作品出版數量及其受歡迎程度，證明她理想的完成：既是一個好的文藝工作者，更是一個賢妻良母，也因此博得文壇「大姊」的尊稱。張漱菡稱讚其作品風格，認為她敏銳的觀察力與感受性，「使得任何不為人所注意的平凡事物或人物，一遇上了她，便彷彿種子在肥沃的土壤上，總會吸收了去，生根發芽，由她那支鋒利的筆培植出美麗動人的果實來。」

艾雯十分好客，家中總是聚集三兩文友。她也喜歡過半隱居的生活，鮮少離開家門，恬淡自適好不快樂。在家中她默默寫作，譜出一曲又一曲的人生樂章，鼓勵無數被生活打敗、鼓不起勇氣向生活還擊的人。1953 年艾雯與夫婿住岡山空軍眷村時，即出版她第一本短篇小說集《生死盟》。熊大姊不但自己寫作不懈，對於空軍眷村太太們，因深知軍眷獨處空閨的寂寞，且寂寞使人多想，便鼓勵大家將情感訴諸文字，為自己建立一個正確的生活目標，因此也鼓勵出不少好文章。

艾雯的文學創作，以小說和散文為中心。早期小說最多，橫跨 1950 到 1960 年代，除了大量發表在各文藝雜誌上，結集成冊的有《生死盟》、《魔鬼的契約》、《夫婦們》、《霧之谷》、《一家春》、《與君同在》、《池蓮》、《弟

弟的婚禮》等八本，1960 年代至今，艾雯作品以散文為主，且持續不懈，
從最早的《青春篇》到最近的《花韻》，約三十本，數量豐富。

一沙一世界，一花一天堂

自覺是蘇州人的緣故，也為了懷念蘇州「上有天堂，下有蘇杭」山靈
水秀、人文薈萃的名句，來到臺灣之後，艾雯喜歡自己動手栽種花草，是
文藝圈裡有名的「綠手指」。她認為種植可以直接參與另一種生命的繁衍和
成長，感受自然生命綿延不絕的奇妙，由植物之中可以得到生存的啟示和
心靈的喚醒。例如她認為高風亮節的修竹，最可以代表她身穿長袍、清靜
瀟灑、個性耿直淡泊的父親。藉著花草，她不僅懷念父親，也記憶起童年
成長的蘇州。張秀亞說過：「如果拿艾雯的『綠窗』──窗櫺上爬滿了裊裊
的珊瑚藤──和我那嵌著藍天、飄著白雲的『北窗』相比，她的更多了一
分濃濃的畫意。」

張秀亞也曾讚美艾雯的作品融合了抒情的美與哲理的深思：「作家而
外，艾雯堪稱得起是一位藝術家，在她的心上棲息著美與真，以及孩童般
的純摯。……作品則是擷自她心裡的一隅，帶著她純真的感情與深沉的哲
思。」歸人也稱讚艾雯的散文是早年的謝婉瑩和凌淑華的化合者，詠物寄
情，闡發哲理，將哲理化入生活之中。

2003 年她出版《花韻》，以優美的文字，搭配插畫，細細描繪出草木
的形姿，原本極為平常的事物，到了她的筆下，卻一個個都活了過來。對
花草的耐心及豐富的生活經歷，以及關懷萬物的那份愛心，都是支持她永
遠青春的原動力。

──選自應鳳凰《文學風華──戰後初期 13 著名女作家》

臺北：秀威資訊公司，2007 年 5 月

一條不寂寞的路
艾雯自一切事物中發現真與美

◎鍾怡雯*

　　尋訪多時才找到艾雯的住處，那真是一條百轉千折的路。等候許久的艾雯一再抱歉自己的住家太難找，每一位登門造訪的朋友都嘗盡「踏破鐵鞋無覓處」的苦頭。

　　艾雯的居家環境十分清幽，客廳和書房的陽臺栽滿生意盎然的花草，几上案頭點綴著玲瓏盆栽。客廳的陽臺外面還有一片蒼鬱的竹林隨風起舞，不時沙沙作響。這片竹林每天邀來松鼠、白頭翁、綠繡眼和麻雀，艾雯一天餵牠們二次飯粒和水果，牠們為艾雯帶來許多生活的情趣和歡樂。我們談話的時候，麻雀們就在外面吱吱喳喳。艾雯仔細觀察過這些來去自如的「食」客，發現牠們和人類一樣，各有各的個性。白頭翁傻傻憨憨的，卻最顧家，有好吃的東西，總是叫家人來吃。她比較喜歡綠繡眼，不但聲音嬌，動作優美，也長得秀氣。其中兩隻綠繡眼還你逗逗我，我逗逗你，十分恩愛的樣子。艾雯在陽臺上準備了水仙花盆當牠們的洗澡池。牠們十分守秩序，一隻一隻輪流洗，直把水花洗得四處潑濺，這樣的景緻在陽光的照耀下更顯得份外美麗。

　　最讓艾雯難忘的是一隻到她手上取食的松鼠，她親暱的稱牠「松鼠寶寶」，至於其他只敢悄悄吃食的松鼠們，她一律叫「膽小如鼠」。她每天洗好切好蕃薯招待這些每天來探望她的松鼠客人。有時艾雯在打電話，松鼠寶寶就站在窗口看她。小傢伙喜歡吃花生米，艾雯有時向牠喊：「松鼠寶

*發表文章時為《國文天地》主編，現為元智大學中國語文學系教授。

寶，有花生米啊！」牠馬上放下手上的蕃薯到她手上來吃。這樣的溫馨畫面有照片為證，艾雯說她一手餵松鼠，另一隻手拿傻瓜相機，好不容易攝得一張珍貴的畫面。如今她只有空對照片想念可愛的松鼠們，因為自從開馬路之後，牠們就不再出現了。艾雯無限惋惜的說：「牠們可是千里迢迢來看我的啊！」根據她的推測，松鼠是從附近的公園跑過來的。那個公園走路大約需要十五分鐘，原本一路上有許多百年老樹和野花野草，自從開路之後便斫除了許多。對於喜歡大自然、珍惜一枝草一點露的艾雯而言，這實在是十分令她難過的事。

公園裡有一條從陽明山來的溪流叫「磺溪」，艾雯很喜歡趁天氣好的時候到那裡散步。夏天她早上五點多就起來，沿途欣賞野花野草，再下到山陰道走進公園就聽到水聲淙淙。她聽著水聲做香功，有時在石頭上面水而坐，像人在水中央，閉起眼睛，淙淙水聲變成了瀑布，變成了江洋，心隨水逐流，便甚麼煩雜事都忘記了，而一些美好的感受，都成為寫在水面上的文章。香功的其中一式是用食指拇指圈成三角盯著一個遠處的目標凝視，艾雯通常都找最美的景物框成一幅畫。有一次看到一隻白頭翁停在枝梢整理羽毛，她捨不得轉移目標，這一式便做了一次又一次。

對她而言，散步也是她和大自然對談的時刻。是去「朝水」，是去探望小花小草各種樹叢以及鳥雀們這些老朋友。艾雯經常讀有關植物的書，因為她認為只是欣賞、記得它們的顏色外觀並不足夠，還要進一步知道它們的名字，了解它們的特性及季節，下一次再見它綻放的時候，才倍覺親切，生出「哦！老朋友開花了！」那種分享生命的喜悅。不僅如此，有時散步還帶回一二枝，用鉛筆把花草畫下來，打算篇數夠了配上文字再出書。她並沒有正式學過繪畫，但是一張張素描卻畫得十分傳神，頗得植物的「神韻」。那是她用心靈和大自然的交談，在在說明作家對萬物敏銳細緻的觀察和感受。那條通往公園的路因此也就成了一條通往「美」的路，不是當年被戰火封鎖，被截斷、回不去家鄉的坎坷路。

艾雯依然對離開半個多世紀的故鄉蘇州有著近乎痴迷的感情。她稱蘇

州為「我的蘇州」，舉凡蘇州的一切都是美好的、優雅的，她自稱自己寫作用的是「中國人的思考，蘇州人的觀點」。蘇州的作家朋友范培松為文介紹她寫蘇州的文章時，給她取了「艾蘇州」的封號，而她確實也像幽靜安詳的水鄉——蘇州那樣悠悠閒閒，恬淡自適，講究情調和情趣，對生活和朋友充滿了熱誠。蘇州的一切令她魂縈夢牽。前幾年她回去了一趟，原以為可以稍減思鄉之苦，卻沒有想到回來之後仍然懷念不已。當她讀到余秋雨在《文化苦旅》所寫的〈白髮蘇州〉，頓時便有知音之感。余秋雨認為蘇州是中國文化寧謐的後院，是作家、藝術家的小島，「柔婉的語言，姣好的面容，精確的園林，幽深的街道，處處給人感官上的寧靜和慰藉」，這樣的想法的確是說到艾雯的心裡去了。她認為余秋雨的文字和感情能夠把歷史呼喚到讀者的眼前來，使人起共鳴。

艾雯一直把閱讀當作享受，長期以來除了古今中外文學，亦涉獵自然及植物方面，尤其是蘇州有關的書。最近則剛看完《感官之旅》，才發現人的嗅覺是最強的記憶。她以自己的經驗來印證——聞到茉莉花香，她就想起蘇州的夏天，外婆和母親將珍珠般的茉莉花別在髮和襟前；一聞到七里香，就會想起岡山住宅的綠籬和南臺灣的種種。至於吳冠中的《畫外音》則是先愛他畫的蘇州古橋，自然也就不會錯過他的文章。宗白華《美學的散步》也是她的枕邊書之一。此外她還有許多喜歡的床頭書，是經常翻閱重讀的。

艾雯收入國中國文課文的那篇〈路〉初寫於民國 33 年，來臺後改寫一遍，原收錄在民國 40 年出版的第一本散文《青春篇》中，於民國 46 年選入國中國文課本。和許多國中國文課文作家一樣，不時會有人打電話給她詢問和〈路〉相關的種種問題。當時她住在南臺灣，相較於許多作家常常演講和出現在公共場合，她顯得靜態多了。倒是《青春篇》一書出版之後，收到許多讀者的信。有一位後來成為作家的讀者余阿勳，在他的《涓涓集》一書中提到，當時物資貧乏，沒有電燈，他清晨五點鐘起來就著街燈看《青春篇》，不知情的人還以為他非常用功呢！郭兀則當伙頭兵有經濟

能力稍好之後，買的第一本書就是《青春篇》。張拓蕪甚至把文章手抄下來，還有朋友當面背誦，這些都令艾雯非常感動。一直到今天，仍有一些已是知名作家告訴他讀過課文和該書，而成為「忘年之交」。

最近這許多年，艾雯喜歡寫「系列」散文，除了已出版的《明天去迎接陽光》、《倚風樓書簡》、《綴網集》，手邊已寫了一半或數篇，及剛開始或正在策劃中的也不少。她自己覺得隨著年齡增長，人生體驗越豐富，領悟更深，可寫、想寫的很多，只是題材太偏冷了，分類太細，又彼此牽制，加上健康情況不佳，只好減速慢行，不知何時才能一一完成。好在寫作的路永無止境。蘇州學人顧炎武曾說：「道遠不須愁日暮」，只求健康能幫忙。

艾雯是在抗戰時期父親去世，進入社會後開始寫作，大約是十八、九歲的時候，筆耕至今，已出版了二十多種小說、散文集，而理念和興致依然，一直在計畫構思中。這麼輝煌的成果，除了歸功於作家的努力之外，對周遭萬物的關懷，對生活永不厭倦的熱忱，以及對一切的好奇心和廣泛的興趣應是延續創作生命的主因。看艾雯收藏蒐集的那些可愛小動物造型、陶瓷小瓶盂缽、圖片畫冊、圍巾手帕、幾百冊文粹選集和上萬成套成組的火柴盒，有來自臺灣、世界各國和大陸手繪的。令人佩服的是她將標貼還原成火柴盒，再分門別類安放在各式紙盒中，譬如「歷代中國皇帝」、「清明上河圖」、豐子愷的漫畫「紅樓夢人物」、「敦煌壁畫」。

艾雯的書房佈置得十分「蘇州」，流露出典雅閒適的氣氛。門口的對聯「艾納書香留一室，雯華月色照千遍」是詩人羊令野所題，室內有張佛千的嵌字聯：「彩鳳作喻以問艾，錦雲成章乃曰雯」。牆上的燈罩是她親手縫製而成，書架上有好幾幀蘇州水印木刻及女兒為她畫的粉彩肖像。或許是受了艾雯的影響，自幼熱愛藝術的朱恬恬創設了一家畫廊，想為天母地區增加一些人文氣息。

我們談話的時候，艾雯的女兒就陪伴在她身旁。她說小時候母親為她縫的衣服，由於款式時髦好看，鄰居的小朋友還會借去穿，甚至有的先

「預約」——等朱恬恬不能穿了，送給他們家的小孩。

　　艾雯喜好清靜，加上健康欠佳，平常深居簡出，有人問她：「你每天待在家裡，不寂寞嗎？」艾雯說門外有開放的大自然，家中有源源不盡的書籍資源，更加上要她照顧的這些生活中的種種情趣「小事」，就夠她忙得時間都不夠用了，那會寂寞？這樣一個興趣廣泛、對一切事物都保有愛心、童心和關心的人，生活對於她而言，確實是永遠青春的詩篇。

——選自《國文天地》，第 131 期，1996 年 4 月

評介《青春篇》

◎葛賢寧*

　　艾雯女士的《青春篇》，包含 46 篇散文，於本年四月由啟文出版社出版。純粹的散文，本來很難寫，這本《青春篇》，卻寫得非常美，顯出作者無限的天才。

　　作者年紀很輕，生活圈子很小，但對她所接觸的人生，自然和宇宙的狹小的一部分，能用慧眼去觀察，慧心去體會，她握一把金鑿子，因掘發的深邃，遂通於廣闊。

　　她是一個柔弱的女性，日常常生病，可是她生命裡，卻藏著堅強的意志，熱烈的情愛，她愛花愛自然，但對人生卻是採取積極的態度。她愛幻想愛做夢，但又同時愛過奮鬥創造的生活。她愛光明愛真理愛人類，因而憎惡戰爭，憎惡魔鬼，讚美捨己救人的哲人和英雄。

　　時代的烙印，在這集子裡是很濃的，然而無損於《青春篇》的價值，她帶給少男少女們以人生精美的果實和晶瑩透澈的智慧。

　　〈夏夜戀歌〉，寫她對真理的追求，勝過珠寶和詩卷。〈青春篇〉，寫出她為理想而奮鬥為事業而創造的心願。〈迎向黎明〉，是篇激勵青年的戰歌，〈這一年〉，說出海鷗帶給她戰鬥的信念。〈海角燈影〉，讚美海上的燈塔，不讓腥紅的濁流侵入自由中國的領域。〈散文時代〉，警惕自己不要讓庸俗卑困的生活折磨了進取的心。〈花開的時節〉，願以自己辛勤換來的收穫，使別的人們得到實惠，引為無上快樂。〈為了情熱〉，說出她愛美與和諧，不惜支撐著屬弱的身心，盡自己那一點兒熱和光。〈橋〉，發揮「愛即

*葛賢寧（1908～1961）詩人、文學評論家。江蘇沐陽人。發表文章時為《文藝創作》月刊主編。

創造」的真諦。〈神，信仰〉，歌頌聖潔與犧牲救世的哲人。〈長橋夕暉〉，勉勵人類要堅強如河流的涓涓不息。〈路〉，指示人生應永遠前進。〈水的懷念〉，表現人生的和諧與活潑。從上列的各篇實質來說，都是有益青年心智的作品，也見出作者胸襟的遼闊。

戀愛與事業的矛盾，困擾著每一個青年男女，也曾困擾著作者艾雯女士。她在〈夏夜戀歌〉中使真理（事業）戰勝了戀愛和物質，在〈青春篇〉中流露了青春不再事業無成的惆悵。〈遲暮〉中則寫出事業與戀愛兩無成的悲哀。而在〈戀愛與事業〉一篇通信中，竟直率地勸告女友不要拋掉事業捲入戀愛的漩渦；萬一已經捲入戀愛的漩渦，也不可完全拋掉事業。這是對女性的忠實勸告，也代表作者的人生觀。

主婦與事業的衝突，曾困擾了許多智識婦女，也曾困擾了作者。她在〈門裡門外〉一文中，讚美家的安逸溫馨，也憎厭家的狹隘自利。驚怯於門外的風雨浪濤，也驚喜於天地遼闊。她要使她精神的生命，進出於門裡門外而得調劑發展。所以在〈心靈的縈寄〉，〈愛情的渴念〉，〈主婦與寫作〉諸篇裡，勸已告做主婦的女友，除狹隘的愛情，要有更高的生活意義；不要為家庭瑣事所汨沒而努力於事業的建設。

這些，她並不是說教，而是真摯的規勸與心靈的傾訴。

她愛自然，從〈都市之訪〉和許多寫景的文字裡，窺見了她的興趣。她不僅愛自然的清新秀麗，更愛自然的和諧和生動，從〈水的戀念〉裡帶來了她心頭的消息。

她愛花，從一朵白玉蘭，想到姑蘇的白玉蘭，姑蘇的茉莉、珠蘭、梔子、黛黛和玫瑰。因愛花而愛賣花孃，因愛姑蘇伶俐俏麗的賣花孃，而想到如今共匪盤踞下故鄉的哀鴻遍野，筆下帶來無限惆悵與淒哀。〈悁念〉也是她懷念故鄉姑蘇的作品，對遺老遺少的雅逸與頹廢，說不出是惋惜還是鄙棄。

她愛純潔的友誼，〈柔情頃刻入冥煙〉，敘述很美麗動人，像一個故事，一篇小說。

　　她愛兒童，寫她母性愛的，有〈祝福〉、〈靜靜，她正睡著〉、〈永恆的創痛〉三篇，寫她同情與憐憫窮苦兒童的，有〈黃昏的祝福〉一篇。尤以後者為深厚。

　　此外，寫女性的神祕的，有〈藍色的夢〉，寫年華易逝的惆悵的，有〈過年〉一篇。讚美勞動與勞動者的，有〈刷新〉、〈船夫〉兩篇。同情牲畜的忠馴而厭惡人類缺乏仁恕之道的，有〈細雨黃昏〉一篇，其餘幾篇，皆是寫作者身邊瑣事和一時感興。感人的力量較小。

　　從《青春篇》一集的文字技巧來說，筆者認為是極清新秀麗的。前人評杜牧之詩說：「有情芍藥含春淚，無力薔薇臥晚枝，拈出退之山石句，始知渠是女兒詩」。筆者認為這四句詩，也可形容艾雯散文的風格。雖然她作品裡尚有許多新的東西，但女性的柔和嬌艷，卻充分表現出來了。無論寫景抒情，狀物述事，都有一派清新，無限玲瓏，委婉曲折，毫無黏滯。

　　筆者最喜愛的是〈夏夜戀歌〉、〈青春篇〉、〈藍色的夢〉、〈遲暮〉、〈黃昏的祝福〉，有屠格涅夫散文詩的美麗動人。〈處處花香〉，亦如姑蘇賣花姑娘的伶俐俏麗，轉側生姿。〈恬念〉的清脆，〈柔情頃刻入冥煙〉的飄緲，和上列諸篇，都是極成熟極優秀的創作。其餘各篇，亦均達水準以上。

　　艾雯女士的天才很高，前途無量。希望她繼《青春篇》一集更求努力。

　　　　　　　　　　　　　　　——選自《中華日報》，1951 年 6 月 29 日，第 6 版

值得大家注意的一個創作問題

◎糜文開[*]

> 山圍故國周遭在，潮打空城寂寞回。
>
> 淮水東邊舊時月，夜深還過女牆來。
>
> 朱雀橋邊野草花，烏衣巷口夕陽斜。
>
> 舊時王謝堂前燕，飛入尋常百姓家。
>
> ——劉禹錫「金陵五題」之二首

　　艾雯寄來她新出版的散文集《漁港書簡》一冊，得暇展讀，覺得她的散文的確雕琢得細緻俊俏，有如工筆的美女，楚楚動人。其中有些篇可當圖畫看，有些篇可當新詩讀；有些篇含蘊著耐人玩味的哲理，有些篇可選做中學生的國文教材。可是最令人注目最令人欣賞的仍是那篇做為書名的〈漁港書簡〉，雖則她在自序中說：「選『漁港書簡』做書名，並不是因為這一篇寫得特別好，而是為勉勵自己在這一個課題，這一個方向下，再試作更多的努力！」是的，艾雯寫東西是不草率的，她每一篇都是用心細寫的，也許她寫這一篇並不特別費勁，琢磨的工夫並不特別深，但她選取了最恰當的題材，寫出了最現實的好主題。因此這一篇描寫貧苦漁民實際生活配合上政府「漁者有其船」的政績的作品，輯集在 18 位作家所寫的 18 篇散文的《海天集》中，我認為是壓卷之作，在她自己的這冊 24 篇的散文集中我也不得不承認為「特別好」了。而也就因為這篇特別好，她向這個方向的更多努力，也特別顯得有意思。

---

[*]糜文開（1908～1983）散文家、翻譯家、文學評論家。江蘇無錫人。發表文章時為外交部專員。

我讀這本書的最後一篇〈我是怎樣從事寫作的〉，注意到她報告她寫作的方法說：「有些作品，我固然是從自己的生活經驗中採取的題材，有些卻是根據收集來的材料寫的，譬如去年我因為聽說鹽民的生活怎麼困苦，決計預備寫一篇鹽民生活的小說，以引起各界的注意。於是便開始從報紙上蒐集有關這方面的材料，例如一則鹽民代表晉省請願的消息，一則有關產鹽區建設的通訊，一篇鹽民生活的報導，等蒐集得差不多了，我便加以整理並使它們在我心裡融成一氣，一如我曾親身經歷過這種種。然後加以故事情節，寫下了那篇〈銀色的悲哀〉，結果看到這篇文字的朋友還以為我真去訪問了鹽區哩！」

〈銀色的悲哀〉是她的一篇小說傑作，收錄在她的小說集《生死盟》中，正如我認為〈漁港書簡〉是艾雯最好的最重要的一篇散文，張漱菡曾在《暢流》半月刊上評論〈銀色的悲哀〉是《生死盟》一書中最美麗的也是最令人愛讀最值得注意的一篇，她讀了這個小小的鹽民故事，為之「悽然淚下」！

〈銀色的悲哀〉的寫作的確引起了社會對鹽民生活的注意和改善，這篇小說，劉枋把它改編為《銀田戀曲》廣播劇，更在收音機中感動了廣大的聽眾。

因為艾雯沒有到過鹽區，沒有親自考察過鹽民的生活，而能寫出這〈銀色的悲哀〉的傑作來，讓我想到了一個創作的方法問題，讓我有這樣的認識：一位有才力的作家，沒有親身經歷一種特殊生活，也能創作出描寫這種特殊生活的傑作來的。有心人的寫作，就使是一位不出門的女作家，也能超越她日常茶飯的身邊瑣事，超越她個人悲喜的戀愛故事，而著眼於外界的現實，以創作出代表時代代表地域代表某種特殊生活的傑作來。

我腦中首先想起的是唐朝一代詩豪的劉禹錫的「金陵五題」，那「金陵五題」中〈石頭城〉和〈烏衣巷〉兩題，是我們每一個人能背誦的兩首傑作，我們且讀劉禹錫在自序中報告他寫作的經過：

余少為江南客，而未遊秣陵，嘗有遺恨。後為歷陽守，跂而望之。適有
客以金陵五題相示，逌爾生思，欻然有得。他日，友人白樂天掉頭苦
吟，歎賞良久。且曰：「石頭詩云：『潮打空城寂寞回』，吾知後之詩人，
不復措詞矣！」餘四詠雖不及此，亦不孤樂天之言爾。

　　劉禹錫沒有到過南京，而他的「金陵五題」比多少到過南京的詩人寫
得好，而且成為千古絕唱，後來到南京去的詩人墨客，仍只能套用他的詩
句來充實自己的作品，這是古代一件有名的創作美談。

　　接著我想起的是最近三八婦女節由教育部中華實驗劇團在臺北第一女
中公演的四幕話劇《春風吹綠湖邊草》，該劇選取了酒家女的題材，寫出了
養女問題的主題，也是我們今日復興基地的臺灣所必須注意的事。但這劇
本的作者叢靜文（筆名叢林）卻是一位不能親赴酒家去觀察的女教師，她
從未踏入酒家的大門，也無從接近這些酒家女和環繞於她們周遭的各色善
惡人物，她自稱：「生活園地窄小的像隻鳥籠」。「所以敢大膽採取距離生活
極遙遠的體裁作為練習的骨幹，是由於報章上常登載迫害養女的新聞而引
起的不安。」可是她「勇敢而又嚴肅的摸索著刻繪」出來的這劇本卻居然
相當深刻，演出的成績也相當圓滿。秋雁在「中央副刊」上批評，說她
「人物刻畫逼真」，「不失為一完整的劇作」。

　　我又想到蘇雪林所寫取材於印度故事的劇本《鳩那羅的眼睛》，她沒有
到過印度，但劇中印度的色彩很濃，因為她研究印度的神話傳說，看過不
少關於印度的書籍，所以她關於印度的智識，比居留過印度若干時的人們
還要豐富。

　　我又想起張愛玲的小說《秧歌》，她是寫匪區農村最成功的一位作家。
雖說她是從鐵幕裡逃出來的，但她在匪區時只居留在上海。匪區的人民是
層層隔離的，她被封閉在上海，無從下鄉去觀察農民的生活，然而她還是
描繪出了匪區農村的真實故事來。最近美國女作家霍巴特，她寫鐵幕內上
海地方反共組織的小說《鐵幕探險》一書，也只在香港蒐集材料。

　　這許多創作的實例，證明描寫特殊地區的特殊生活，不一定要親自經歷或親自去觀察才能寫得好，借重別人的紀錄，採取別人的見聞，運用你的心智和想像來體察醞釀，也可以創作出卓越的作品來的。

　　於是我寫信去問艾雯，她寫〈漁港書簡〉這篇傑作，是否與〈銀色的悲哀〉情形相同？

　　她的答覆是：不盡相同。她說：「我也很高興有機會談談你提出的那個問題。是的，寫那篇〈銀色的悲哀〉，我確是一步都未去過鹽民區。我只是先有一個動機，也可以說是主題。我想把他們貧苦無告的生活反映給社會，引起當局的注意，於是我便開始收集有關鹽民的生活報導，通訊，消息，一面醞釀故事，塑製人物，等這些都在腦中融貫成熟，再設身處地的滲入自己的情感，小說便完成了。朋友們居然認為我寫得頗真切。」

　　「至於寫〈漁港書簡〉，做為那裡面背景的小琉球嶼，我倒的確去遊覽過一天，也約略看到和聽到一些漁民的生活。回來後我便預備寫一個有關漁民生活的故事，但直到二年後看到政府貸船的消息，我才決計把這兩者反映出來，湊合成一篇散文。自然，僅僅憑我自己遊覽看到的是不夠的，另外還得蒐集一些材料。前者是先有了主題，再由蒐集的材料中構成印象，後者是先有了印象，再引起動機，因此我在寫前者時比較費時，而寫後者時比較親切輕鬆。」

　　「我同意你的意見，就是『沒有實地考察，也可以寫特殊生活的創作，』但必須有準備充分的材料，那怕是極細微的。最好是去訪問與特殊生活有關的人。自然，他們口中的材料是最真實可貴的。」

　　這創作上的一個尚未引起文藝界注意的新問題，由於時代的激盪，客觀的情形有此需要，由於我們當代幾位勇敢女作家的努力試驗，已經證實了這一創作方法的可以採用，女作家們可以解除題材上身邊瑣事的拘束，擴大寫作的範圍，大家來正視外界的現實問題。艾雯的寶貴經驗，最值得大家的參考，我希望叢靜文也把她創作《春風吹綠湖邊草》時摸索的經驗寫出來，把心得公開給大家。

更重要的，我們今日自由中國文壇上反共作品的貧乏和空洞，也可循此途徑以求努力充實豐富，我們沒有親見匪區生活的男女作家們，只要肯用心，有耐性的蒐集報導匪區情形的材料，訪問匪區出來的人物，是可以寫出像樣的描寫匪區的作品的。

這是我們今日值得大家注意的一個創作問題，這裡，我提出作為大家討論的課題。

——選自《暢流》，第 11 卷第 5 期，1955 年 4 月

夜讀《生死盟》

◎張漱菡*

　　在臺北小住經旬,每天在烈日下曝曬著,熱得人似乎隨時可以融化。昨晚回到風城,一下火車,便覺涼生兩袖,果然風姨是特別偏愛著這個小城的。我被一陣陣含著各種音響的夜風一路吹送到家,真感無限的快意!沐浴後,帶著一身慵眠,躺上床,已是午夜 12 時;隨手拿起艾雯寄來的她的新書《生死盟》。原打算略翻兩頁便睡的,豈料一讀開頭,便不能罷手,我竟忘了時間和疲倦,聚精會神地一篇連一篇連接著閱讀下去;直到全書的最後一個字為止,始輕輕地,長長地噓口氣,放下書,鬆懈了那隨著書中每篇故事的情節而轉變著喜怒哀樂的緊張情緒。

　　看看鐘,已是深夜二時。然而,我已完全沒有了睡意,連日的辛苦,旅行的勞頓,全都消失殆盡。我熄了燈,閉上眼,但書中的一些人物,卻活潑潑地出現在我眼前,他們一個個都是活的,有血有肉,有靈魂,更有力量;他們帶領我走進了書本,不,是走進了各種不同的他們所生息的環境中去,分嚐著他們的快樂與悲哀。我看見了一些善良真摯的人們那崇高可敬的面孔;我聽見了一些純正高貴的中華兒女的血液在奔流。這些都是書中那熱愛祖國,崇尚自由的人們,在演出可歌可泣的感人事蹟。儘管艾雯在那篇〈寫在前面〉一文中說「這裡描述的,只是一些平凡的人平凡的故事——沒有渲染,也沒有誇張……。」是的,這 14 篇小說中所描寫的人物與故事,的確都是平凡而不誇張的;然而,他們卻平凡得如此不凡!平凡得如此真摯而可愛!他們彷彿都已從書中躍出,讓你親身體驗到似的看

*張漱菡(1929～2000)小說家、散文家。本名張欣禾。安徽桐城人。發表文章時專事寫作。

到他們那些有血淚的事故，緊緊抓住你的心絃，使你無法不讓他們支配著你的情緒。

〈生死盟〉、〈隔岸的控訴〉，是寫兩個真正能夠懂得與運用「愛」的熱血青年，在遭遇了共匪暴虐的危害，以至喪失掉自己或最親愛的人的生命，卻仍然為了愛的支持——愛祖國與愛人——而信賴著真理，而凜然不屈；「水可涸，石可爛，信念卻永劫不渝！」他們認為在反侵略反極權的今日，生存的意義乃是「要為生者雪恥，為死者復仇！」

〈吹笛子的人〉、〈夜潮〉、〈正義的使者〉、〈季大夫〉等篇，作者以生動凸出的筆法，介紹幾個有崇高人格的平凡人物們，一些感人肺腑的愛國故事。

〈距離〉、〈密不錄由〉、〈狡兔〉又是如何尖利而痛快地暴露出人性與社會的卑劣面，使你發出會心的微笑，與舒暢的歎息，因為這正是你常常遇到，感到的一些人類的渣滓。

〈夥計老闆〉、〈有生命的日子〉、〈沒有身分證的女人〉三篇，作者用沉重有力的筆，敘述幾個遭遇赤禍，逃離魔窟，在生活的壓榨下喘息著的小人物，是如何在勇敢地掙扎著。而支持他們生存勇氣的只是一個堅強的信念，對政府反攻必勝的信念。

最美麗，也是我所最偏愛的乃是〈銀色的悲哀〉，這是一篇描寫那被一般人忽視而且陌生的鹽民的困苦情形。樸實無華的文字，活生生繪出一幅貧窮，飢餓，疾病，勞苦而卻被社會遺忘的鹽民生活圖，「焉知盤中鹽，粒粒皆辛苦，」是的，我們每餐不可或缺鹽粒，每一粒都是鹽民們的血汗與生命的代價，然而他們貢獻了血汗與生命，卻仍在飢餓線上掙扎，這是一個何等值得注意的問題。讀了這個小小的鹽民故事，又怎能不令人惻然淚下！

艾雯在她的散文集《青春篇》後，又出了這本小說集，繼之而來的尚有將出版的幾本書，對於她的才華與寫作的成就，遠在我未認識她前，便早已心儀其人了。相識後，對著她那文靜的儀態，更使我不勝心折！她敏

銳的觀察力與感受性，使得任何不為人所注意的平凡的事物或人物，一到遇上了她，便彷彿種子在肥沃的土壤上，總會吸收了去，生根發芽，由她那支鋒利的筆培植出美麗動人的果實來。

　　讀到一本成功的作品，我們不僅為作者賀，也為讀者賀！

——選自《暢流》，第 8 卷第 2 期，1953 年 9 月

遲讀《小樓春遲》

◎公孫嬿*

　　在測量文章中情感的深度，艾雯女士無疑地是位刻苦而精緻的細工。唯其了解情感，故而能抓住微妙的剎那，使之載留在紙上，賺取了讀者情感的共鳴。在這一方面，其實我們應以「情感的指揮者」目之為妥。誰若是翻開了她的書，誰就得聽憑作者的左右。而這種感人至深之處，並非作者做作的，因其能駕馭文字，所以在表現上，光潤圓滑，似乎天衣無縫，讀艾雯女士的文章，很容易接受她的氣質的感染。

　　艾雯女士是位勤奮的作家，我們隨時可以在各大報紙刊物上拜讀她的文章，不論隨筆小品，或於說理論文，以及文藝作品，文字細膩，深度刻畫，成為她的特色。但任何一篇小文，都能看出作者執筆之嚴謹，無論布局，技巧，用辭，都能令人體會出作者的苦心孤詣，這種對讀者忠誠的態度，也正是艾雯女士能擁有大量讀者的原因，她是無限的向讀者們負責的，她的文章正可以說明這一點。

　　幾年來辛苦的耕耘，艾雯女士的收穫便是由她忠忱善良的氣度中，獲取了讀者們的摯誠推讚，這也就是她至高的報酬，艾雯女士不計較這些，但是她的讀者們可不願輕易忽略這些。多用文字表現自己，便是對於文藝工作熱心的人的風度，不必吶喊，不必標榜，好壞不是自己嚷出來的，是事實砌集成的。民國 43 年 7 月，艾雯女士將她的小說集《小樓春遲》拿給了她的讀者，便印證了她偶然的風度。

---

*公孫嬿（1925～2007）詩人、散文家、小說家。本名查顯琳。安徽懷寧人。發表文章時為金門防衛司民部砲兵營長。

　　《小樓春遲》是一冊厚 117 頁的集子，其中包括了十個短篇。這十個短篇的故事表現，作者各用了不同的技巧，正和它的內容取材一樣，廣泛，新奇，在情感體驗方面，特別能看出作者的淵博，雖然寫的是男女之間，應該說是平淡的故事，但在作者的筆鋒之下，每變有不可思議的後果。也就是說作者對於故事處置的想像力，遠駕乎讀者之上，說來平凡的故事，讀起來就十分的不平凡了。

　　〈在並轡馳騁的日子〉故事是由一張聖誕卡發展的，作者寫過逝的溫情毫不落痕跡，在男女之間的戀愛方面，作者戳破了沉醉在愛海中的，那段生命中的歲月，究竟是一些什麼。「我詛咒我自己那不可恕的疏忽，妒嫉，和倔強，如今要求寬恕的是我自己！」而由懷疑所遺留的傷疤，直待自己變成了人家太太，已被稱作「媽咪」了的時候，依然不能釋然於懷，這是不是一種韶華不留的悲哀？

　　〈漩渦〉則在於說明男女相戀時海誓山盟的空幻。「永遠，永遠，天長地久。」這是在熱戀期中說爛了的話，也是俗透了的話，更是極平易近人的話。因為我們都年輕過，也都有過這種說謊似的經驗。妙在作者最後的處理，那絕不是一般人能用腦子猜測到的。愛和恨是一件事的兩方面，生和死也正是一件存在事體的循環。女人因愛而恨，把男人拖進漩渦中要求毀滅時說：「你這狠心的小傻子，你想撒下我去愛別人，告訴你，我寧與你同歸於盡，也不讓別人分享我的愛情——我愛你，我要整個的占有你——去新加坡是假的，我就要你陪我去極樂世界，那裡沒有人再奪我的愛——讓我們長醉不醒，讓我們……」

　　〈割愛〉寫的是軍人戀愛故事。作者取材廣泛，於此可見。亂世奇事多，這種離奇的大時代下的小故事，真是俯仰皆是，一對好朋友，由於空間時間的不同，同時愛上了一個女人。一個痛苦的犧牲了，於是另一個則在苦難中成全了，「愛」就是一種犧牲，不止男女之間如此，同性之間亦復如是。作者揭示出來；「愛才能給我活力……如果有愛情的督促，我或許還能作出點什麼事業——」

　　至於這本集子的主題〈小樓春遲〉，是寫一對從事筆耕的青年，不在現實下屈服的痛苦。今天，凡是提筆寫文章的人，都有這種埋藏在心底，含了淚的經驗。這個社會固然邪惡、陰險，每個人隨時都可以墮落，毀滅，但只要立住腳跟，「人生，是一場無盡的戰鬥！」而勝利，是血汗淚的累積，絕非憑空可以得到的，能戰鬥的人就有可以獲取勝利的公式，處污泥而不染，那是自己的事。自然，這個社會上，也只有倔強的人，才不能倒得下去。

　　就此全冊中，我個人是對〈生命的綠洲〉和〈落寞的女客〉是有著偏愛的。這兩篇構思離奇，不落窠臼。一個等著讓「癌」致於死地的人，到後來明白了「愛情是與生命一起賦予的，有愛才有生命。」至於後者，竟是神經病人的故事，寫得真是引人入勝，只有讀過這篇文章的人，才能體會這種情感。另外的〈螟蛉〉、〈菲菲〉、〈漁家女〉、〈狼〉四篇，也正說明了各式「愛」的射程和方向，短篇小說有這般犀利處置法，可見得作者的筆鋒高人一籌。說一件小事便可證實這本書的力量，《小樓春遲》一書，我前後據有三冊被人暗中取走去讀，下落不明。第二冊特自臺北函購來，又被大多數艾雯女士的讀者給傳閱無蹤了。最後這一冊，我愛若拱璧，總算是一再讀完，雖然在時間上已是遲讀，但艾雯女士給予讀者的，正如她的文筆淳樸細膩，在文藝作品的研讀上，是大有裨益的。

──選自《暢流》，第 10 卷第 11 期，1955 年 1 月

艾雯的《夫婦們》

◎魏子雲[*]

一

艾雯的小說《夫婦們》，我認為是一本值得推薦的書。這本書是民國46年八月臺北復興書局出版的；曾於民國42年間在《中華婦女》上連載過。

《夫婦們》是由住在一個大雜院裡的17對生活環境不同的夫婦之生活編織成的。每對夫婦各占一章，所以《夫婦們》包括17篇獨立的故事。分開來看，它是17個短篇；從整體著眼，它又具有長篇的氣勢。恰像一串連綴著同樣大小，同樣色澤的瑪瑙珠鍊，雖每粒都有其個體上的完整，但串在一起，更顯出品類的精選，來得不易。的確，我們讀了《夫婦們》，準會覺得作者能在平凡的夫婦中，發掘了那多故事，是用過一番工夫的。

二

從體材上看，《夫婦們》尤為可貴。因為作者未背離現實生活的觀察，而去捏造傳奇，她只是把日常生活中耳聞目睹的事件，隨手拈來便是。誠然，像艾雯這本《夫婦們》中的故事，縱然你我非其中主角，也必然見到聽到那些夫婦們的那些故事。可是，當你我讀了艾雯的《夫婦們》，就會覺得我們委實沒有能力把那些故事說得像艾雯說得那樣風趣動聽。這是小說

[*]魏子雲（1918～2005）散文家、小說家、文學評論家、戲劇家。安徽宿縣人。發表文章時為國防部新聞局聯絡官。

家之不同於常人的地方。

固然，小說家總愛自謙說是「說故事者」("Story teller")，而小說的特色也就是「說故事」，但小說的故事，有如甘蔗製的糖，米糧釀成的酒，都必須經過提煉；可是，小說家接觸到的生活，有如一堆垃圾，必須有才能把一堆垃圾樣的生活送到心靈中，通過心靈的釀造過程把它化成藝術呈現出來，現實的生活題材方能成為小說。如果小說家只是一個拾荒者，雖經過分門別類的整理，仍是垃圾；在垃圾中，固有時可拾到金銀財寶，可是那種事情終究可遇而不可求。像《夫婦們》的題材，在現實生活樣相中，全是一些碎紙爛布與破銅廢鐵，如未經過心靈的釀造過程把它化成藝術，那就無法使之一登「大雅」。而《夫婦們》中的那些平淡無奇的故事，讀來之所以能令人感到它們篇篇都那麼風趣動聽，正因為那些故事經小說家心靈釀造過提煉出的精華，它們已由生活變成了小說，和米開朗基羅一樣，已把那塊垃圾中的石塊雕塑成一尊大衛的肖像了。小說家具備了這種處理題材的才能，方能完成小說的藝術，不致廢話連篇令人興味索然。這一點，我認為《夫婦們》可以做為學習寫作小說者處理題材的參考範本。

三

小說是文學的形式之一。文學的表現工具是文字，而文字的表現功能是描寫語言的意象。所以文學所重視的就是文字所描寫的語言意象。小說是綜合了文學藝術所有形式於一體的藝術，所以小說的描寫最為自由。但凡是描寫，都應以達到象徵的意味為最低要求。福樓拜的一語法，即要求作者去尋求那一句具有象徵價值的形容詞。現代作家所追求的繪畫境界與音樂境界，也就是要求象徵的價值要達到能表現出聲色的喻象。這些，全靠那些具有象徵價值的文辭去表現。文學的意味便涵詠在這種意象的描寫裡。像《夫婦們》中的這段：「只要不是刮風的日子，在清晨人未醒的朦朧中，緊扣著夢的邊緣的是一個顫抖的女高音，拉長腔調反覆——啊著——1234……，那聲音乍一上來，猶如把尖銳的錐子，一鑽就鑽進迷糊中的神

經。一遍兩遍，重覆而單調的響下去，又轉使人意識模糊——那是三號的莫太太施倩每晨的必修課，練嗓子。」這就是意象相當貼切的象徵描寫。

　　本來，聲學腔調是無法用文字直接傳達的，必須用一種間接的比喻——即所謂用象徵的語言去形容它，才能把聲音腔調在文字上傳達給讀者。像莫太太每天早晨練嗓子的那種聲調，作者如尋不出適切而恰當的形容詞去喻象它，只說莫太太每天早晨拉長腔調反覆啊著 1234……，那種，任憑作者說莫太太練嗓子的那種腔調是多麼的難聽或動聽，都無法使讀者了解到那種腔調是怎樣的難聽或怎樣的動聽。所以，我們讀了那句「那聲音乍一上來，猶如把尖銳的錐子，一鑽就鑽進迷糊中的神經。」莫太太每天早晨練嗓子的那種腔調，我們便可以從這句比喻中想像到那種腔調是怎樣的意味了。

　　又如第二章的梁太太，她的粗啞嗓門和莫太太的尖音，正成對比。所以作者尋出另一種比喻去形容它：「梁太太粗啞的聲音一嚷，就似布鎚子敲著破鑼……。破鑼若是在屋裡敲時，全院子那一幢屋子都聽得到。破鑼若是在院子裡敲時，那麼，走在馬路上的行人準得回過頭來向院門裡探望。不管白天黑夜，她總像一隻才變粗嗓子而不按時亂啼的小公雞般，用最惡毒的名詞呼喝那整天牛馬般操作著供她奴役的姑娘：「死丫頭，你靈魂出了竅啦？這煮的是什麼稀飯呀？……」我們只要讀到這幾句，梁太太的那種破鑼樣的聲調便會清亮地在我們的耳畔敲響著。於是，莫太太的那種錐子樣刺入神經的尖音和梁太太的這種破鑼樣敲打人耳膜的啞嗓子交相對比，這兩個人物的性格特徵，在讀者的聯想意象裡，便更加清晰了。這些，都是《夫婦們》頗為出色的地方。

四

　　雖說文學不是繪畫，它不能像繪畫似的直接勾繪出人物的外在形像，但小說家們卻一再努力向繪畫的表現上去追求。可喜的是《夫婦們》還特別著重於人物外在形像的勾勒，對每一對夫婦的外在形像，都有獨到的描

寫。個個都躍然紙上，別具風範。像：「傅先生生就一副福相，方面大耳，鼻梁正直，額角豐滿，嘴很大，『男兒嘴大吃四方』，但吃虧的是眼睛生得小了點，眼睛小了就沒有『神』，自然就作不起『威』，這也許就是他為什麼混了一、二十年還是個委任級官兒的緣故。還有個缺點是三毛不豐，這三毛是頭髮生得少，眉毛淡，鬍鬚稀。別的中年男人嘴上多少總有點黑隱隱的鬍子椿，只有傅先生唇上卻像片瘠地。加上主人懶得耕耘，因此老是像蘿蔔絲般，稀稀朗朗飄著三、五根淡至欲無的老鼠鬍子。……」這形像雖是一幅漫畫，正由於他是漫畫，所以除了保有本來的形像，還特別凸出了特徵。因而那形像有一種逗人發噱的姿態。

從這裡使我想到，小說家應具有創造世界的才能。那就是說，小說的題材雖來自現實世界，但小說中的世界絕不是現實世界之照相，應是現實世界的毀而重建。所以小說家處理他的題材，應先把那現實世界打碎，然後再拼湊起一個如父子如兄弟，貌似而神非的另一個新的世界，那麼，這作品才算完成了它的藝術價值。我認為《夫婦們》在題材的處理上，已經做到了這一步。

說到題材的處理，曾有人說小說家應接觸廣大的生活面，甚而說必須接觸到廣大的生活面才有豐富的寫作題材。這話固然不錯，藝術家的生活面越廣越好，但從藝術的觀點看，這話並不正確。我認為做為一個藝術家，首應具備的就是要有發現砂中世界與花中天國的那種燭照大千的慧眼。只要藝術家有燭照大千的慧眼，眼前的任何一種事物，都可以據而作為創作藝術的題材。

顯然地，《夫婦們》的作者並不是一位具有廣大生活面的作家，她卻能從一個大雜院（那正是作者生活中的那個狹小世界）中的夫婦之間，發現了「夫婦們」這個廣闊的世界。從她所描寫的那些平凡事件與幽默的筆觸上看，艾雯女士很像英國的那位女作家珍·奧斯汀，因為她們都能從她們的貧瘠的生活世界中，發掘出豐富的資源來。而且，她們都具有縝密而精到觀察力，以及略帶譏嘲的幽默感。從她們的著作中，可以想及生活面的

廣與狹，與藝術家的創作並無太大的關聯。問題在於藝術家之有無發掘藝術資源的才能。

五

作者在題跋中說：「人生最大的悲劇，莫過於床第間的悲劇。人生最大的幸福，也莫過於夫婦間那心靈的偎依，那深深的諒解與默契。」在楔文中說得更為深入，她說：「人類的繁衍，有賴於家，社會的進步，有賴於家，國家的富強，有賴於家。而組成家的柱石，是『夫』與『婦』。夫婦間的關係是莊嚴而神聖不可侵犯的，是微妙而神祕的，但也是庸俗而平凡的。」無疑的，這就是作者要寫這本《夫婦們》的原始動機，就是作者在理性上決定的主題。

正由於作者看到了夫婦間的莊嚴而神聖，微妙而神祕，庸俗而平凡，尋到了其中的真理。所以，她描寫的 17 對夫婦，全是幸福的。雖不是對對都像第 14 章那對潘姓夫婦的那種相敬如賓，卻對對都能互相遷就；不是丈夫遷就太太，就是太太遷就丈夫。像第 11 章的呂太太，一度跟著從前在一起幹戲的「小禿子」同出同進，左鄰右舍的太太先生們都看不順眼，而呂先生則一點也不在乎，生活如常，照樣每天培養兒子練功，要他成一個全能的運動員。太太跟著「小禿子」去臺北去做電影明星，一去就是三個月，呂先生還是生活如常。太太玩得連回家的旅費都沒有，呂先生當掉收音機寄旅費去。像這樣的太太，正好配上像呂先生這種有忍耐性的丈夫。於是，她們生活如常，夫婦和諧。也就是說，每對夫婦都不可能配合得像瓶與瓶塞那麼合適，夫婦的和諧在於雙方的忍讓、遷就、合作、互信、謀求和睦相處之道。這是在每一對夫婦之間必須存在的一些事。否則，便無法取得和諧。《夫婦們》中的 17 對夫婦之所以未發生悲劇，正因為他們能謀取和諧之道。亂世男女，結合無常，但遇到男的重婚，必有一個女的退讓；女的重婚，也必有一個男的退讓。於是，夫婦還是和諧的。當然，夫婦之間更有一種訴諸自然而達到和諧的神祕，俗謂「夫妻無隔宿之仇」，就

是其中的真理。這些情致，都在這 17 對「夫婦們」的生活中涵詠著了。

　　但，《夫婦們》中的夫婦們，都是生活在中級社會基層的人物，包括了中下級軍官與公教人員以及小商人等，而又全是從大陸避亂來臺的人物。所以，從他們的生活態度上，也反映了這一階層的時代樣相。我們如撇開作者所說的那些她抒寫「夫婦們」的動機，把目光放在那些人物的生活樣相上，我們就會發現「夫婦們」另一面的愁苦嘴臉，那更超乎夫婦以外了。

六

　　從大體上說，《夫婦們》是一本相當成功的小說。諸如題材的處理，形成的創造，故事的構築，尤其人物的塑造，都有其獨到的功力。惜乎在情韻上，還稍欠幽邃。明白點說，似乎漫畫的畫面嫌多了些，幽默的語意，也似嫌太露。雖珍・奧斯汀也最擅幽默她筆下的人物，而珍・奧斯汀的幽默是一種含蓄而淡雅的筆觸，艾雯表現於《夫婦們》中的，則大多以譏嘲的態度出之。所以《夫婦們》缺少幽雅而典麗的神韻。

　　再說，艾雯雖有打碎世界再造的才能，但她重造的世界所呈現出的現實本質，還頗多暴露，略欠蘊藏。同時，表現的態度也嫌主觀，因而在色調上，也充溢著浮躁。這些瑕疵，都會隨修養的精進而融化的；《夫婦們》終究是艾雯的早期作品呵。

——選自《中央日報》，1962 年 8 月 31 日～9 月 1 日，第 6、7 版

從《與君同在》談小說

◎歸人*

一

　　若干年來，我一直是散文的熱誠讀者，枕邊、案頭，乃至於平常的公文包中，大都可以發現幾本百讀不厭的散文。我以為詩太深奧了，以自己的秉賦，不敢自命為解人。而小說又太曲折了。在我看慣了現實人生中的詭譎離奇之後，小說已引不起我的興味。以是之故，我讀的是散文，寫的也是散文，放言批評的也是散文。

　　近一年以還，興趣則突然有了轉變。我自然仍愛散文，但對小說，我也付出了同樣的熱情。約有一年的時光中，我讀了不下二、三十部小說，誰說小說不能百看不厭呢？古典的《紅樓夢》我讀了至少百遍；《儒林外史》也令我低徊。近人如聶華苓女士的《翡翠貓》；劉枋女士的《遊水》；他如朱西甯、司馬中原、蔡文甫諸先生的小說，我也一再細讀，不忍釋手。

　　尤其令我玩味不已的是「短篇小說」。與長篇鉅製相比，似乎前者更使人歡賞。拿朱西甯先生的〈狼〉及聶華苓女士的〈晚餐〉兩篇來說，我不止一再的看。更為激賞的是，作者何以能用短短一、二萬字，竟然為我們刻畫出如此富麗、壯闊的人生！在這些地方，我們就感到散文有無用武之地了。

　　我也不是說上兩篇完全令我滿意。先說〈狼〉的結局，我覺得並不一

*歸人（1928～2012）散文家、小說家、文學評論家。本名黃守誠。河南湯陰人。發表文章時為臺北商業學校教師（今臺北商業技術學院）。

定要來個「圓滿」的結束。篇中的「二嬸」，大不必轉的那「好」。以那麼個無知任性的女子，一下轉變的如此之快，多少有點不大可靠。聶華苓女士的〈晚餐〉，以平實的手法，寫平凡的生活，刻畫出這一時知識分子的悲哀。但我又以為太「散漫」了一點。若就令人感奮這點來論，就缺乏刺激的魔力。

自然，全以「刺激」來號召，那絕不正確。我甚至很反對這種趨勢。目今的文壇上。大多數的小說作者，幾乎除了「刺激」以外，「傳奇」以外，他無能事。奇怪的是，編者喜歡這類「作品」，讀者嗜愛這類「小說」。於是乎我們的文壇上，乃日趨級低了。我們的讀者，乃日趨末流一途了。

二

在讀過的幾本小說中，艾雯女士的《與君同在》，是讓我欣賞的作品之一。它容或在寫作技巧上，並未臻於爐火純青的地步。使人滿意的是，在寫作方向上，她已指向了坦蕩的大道。讀了《與君同在》，我首先憶起吉辛的一段話。在《四季隨筆》中，他曾這樣夫子自道說：

> 這位老作家，隨著興之所至，就把一種思想，一個回憶，一點兒遐想等等記了下來，無疑地，這些文章不是為公眾寫的。然而，在許多篇中我似乎可以看出文藝的目的，比文字本身還深一層。……我猜他在快樂的閒暇中，漸漸地生了一個願望，想再寫一本專為他自己滿意而寫的書。

接著，吉辛更直接了當的說：

> 這本小書，至少因為他的誠懇，對於那些不止用眼睛，並且同時用心靈去讀書的人們，不會是全無價值的。……

拿艾雯女士的《與君同在》，跟時下的若干「小說」相比，我想最大的分野是：一個是用感官，一個要用心靈。

我得承認。即便是我自己，在乍讀之時，也未體味出《與君同在》的優越處。讀別的作品，我大都一氣看完。而這本《與君同在》，則曾經過一番周折。約有三個夜晚，我方尋出它的精髓所在。

這部一共包括了 15 個短篇小說的集子中，最首先應該提出的是〈父子島〉。他以沉著的筆致，為我們畫出了一幅悲壯的景緻。在一個人煙荒涼的小島上，富郎和父親生活著，誓不離開，只為了一點點對母親妻子的戀念。

我不知道這故事是艾雯女士從何處發掘出來的，但它之可以稱為優秀的作品，當毫無疑問。在這個不過萬字左右的短篇中包括了：

（一）愛情與親情的衝突；

（二）夫婦與父子的衝突；

（三）自然與人類的衝突；

（四）死者和活人的衝突；

（五）進步與保守的衝突；

（六）時代與個人的衝突。

一篇作品，能夠在短短的篇幅中，容納下六種之多衝突，就可想見作者的才華如何了。我們默默地讀它時，彷彿看到了那個意志堅強的老人，彷彿聽到了那悲壯的聲音。人類的莊嚴有多方面，但最易表現於永恆的愛情及土地的懷戀方面。

其實，表現出這許多衝突，已經不易；而作者復能以最經濟的手法出之，尤使人驚奇。通常處理這類素材，幾乎非三數萬字不辦。艾雯女士則以其瀟灑自如的筆，宛轉有致的縷述出來。我們絕不覺得在何處有「缺失」之感。

不說別的，篇中隨時隨地使我們有「身歷其境」的幻覺，那就不是普通篇章所有的氣氛。再如富郎與阿翠的戀愛，寫來那麼輕悄自然，那麼細

膩有致。在描寫戀愛這方面。我們習慣於應用若干刺目的詞彙，諸如「兩個嘴唇已連結在一起了」之類。輕輕帶過，便算完畢。我每次逢到這種作品，便有無窮的厭惡。如不是作者的資稟過分俗庸，那一定是不肯努力，懶得創作。〈父子島〉中富郎與阿翠的相愛，只不過是百餘字的描寫而已。然而，你仔細去玩味一下，立刻可以發覺它是那樣的引人，那樣的曼妙。現在，我們看吧：

> 「你們一直住在那裡？」
>
> 「嗯。」
>
> 「那樣冷清，教我一天也獃不下。」她轉著兩顆新剝的桂圓核──那雙黑得發亮的眼睛，天真地搖著頭。
>
> 富郎顯得有點慌亂，笨拙地回答道：「我們住慣了。」他不敢再看她，只覺得一雙手不知放在那裡才好。她是太平叔的獨生女──阿翠。富郎常上大島白沙鄉來，將魚和鴨交換雜物，有時也要去看看他父親幼時的遊伴。他也曾見過阿翠，可是在他眼中，她只是個可愛的小女孩，躲在她父親腿後偷看著來客。但就像小小的花蕾在春風麗日下倏忽間綻放了開來。今天他第一次發覺，阿翠已經長成盈盈動人的少女了。

從上列一小段描述中，任何人讀來，均當有一種曼妙宛轉之感吧？阿翠我們可以很容易的想出，她是一個機智，聰穎而又熱情的少女；富郎是個篤實，誠厚的青年。那微妙的心理描寫，又是何等的恬淡、自然。

但有人可能認為，這故事跡近「傳奇」了。天下沒有這類的事實。我首先不能同意。人類有時候可說十分荏弱；有時候則又極為頑強。古來荊軻、豫讓以至鍾子期、俞伯牙輩，可作例證。感情在某個角度來說，簡直不可理喻。許多人要「葉落歸根」，也是這個道理。人類之所以不朽，即在於此，也並不為過。我們常人也都有這種情操。只是深厚有別而已。英雄特別表現得明顯就是了。

　　退一步言之，所謂「傳奇」，我以為不能拿故事來作分野。真的故事並不件件有偉大的意義。關鍵在於情之真假。荷馬的《奧德賽》與《伊利亞德》中之主角，現實社會中，並不多見。但那又何妨於兩書之偉大。何故？情真切耳！藝術的最高目的不外表現真善美。許多人錯會了它的涵義，執著於「事實的真」上面，這都是可笑的觀念。

三

　　反過來說，那些專求刺激感官之作品，我不能滿意。這類作品。從某些低級的所謂「現代派」者之作品中，最容易體味出來。我看過若干「現代畫」。總覺得無論正掛、倒掛、以至橫過來掛，都是一個調門。某些「現代詩」，也是如此。好像從頭往尾唸。和從尾往首讀，全沒有什麼不同。反正都是模糊一團而已。——實際上，「現代」乃是包含著進步和創造的意味。只由於那連素描也沒打好基礎，連文法還弄不清楚的「畫家」和「作家」，亂打「現代」的招牌，以至我們對「現代」不敢領教了。

　　今日的文壇上，我還讀過不少古裡古怪的小說。故事不外乎騙徒、神女、賭棍之間的爭鬥。其實，素材並不能決定作品的高下，然而，既沒有深刻的觀察，又缺乏高度的同情，豈有不流於「傳奇」乎？我們讀這些作品，和讀那些三、四流記者所寫的社會新聞，可說毫無分別。

　　文學藝術是一種艱辛的藝術，大作家大概都有一種「不寫不快」的內在力量。佛羅斯特以為：「每一首詩每一篇小說都有寫作的技巧，但更不能沒有信仰。其中的美和迷人之處只能意會而不可言傳。」契訶夫說：「一篇短篇小說完成於意識閃爍的一瞬間。」兩位大作家說的，似乎都有些神祕。其實正是至理名言。不抱什麼「信仰」的作者，只能說是玩弄文字的魔術家，拆穿開來空無一物。我不說艾雯女士的這本書，有何了不得的成就。但她把握了那點「信仰」，以求闡發人類的至情至性，殆無疑問。

　　艾雯女士的信仰是什麼呢？關於這，書中的〈鄉下醫生〉中有一段可以拿來說明：

　　……生命對我還剩有什麼意義呢？再沒有作為，再沒有愛和安慰，一切
都像浮雲流水，隨風而逝。還有什麼值得的留戀——縱使有所留戀，也
不允許了。倒不如尋求解脫——人生也許就充滿了矛盾——沒有一個
人——一個親切的聲音，一隻扶助的手……還是一個人走完這最後的一
段路程吧！

　　你也許說，這一段並沒有什麼了不起。每一個人所追求的，總不外這
些。固然不錯。但不同處則是有的執著，有的隨便，有的信守，有的漠
然。差之毫厘，常常謬以千里，我們遍讀《與君同在》各篇，或多或少中
均可發現上述的意念和影子。她筆下的人物，大概都富於犧牲的精神。〈父
子島〉中的富郎父子；〈鄉下醫生〉中的鄭醫生；〈與君同在〉中的蘊如；
〈彼岸〉中的嘉瑜，以及〈捐〉中的羅明等，無不是富於犧牲精神者。

　　其中特別值得一提的是〈彼岸〉及〈花魂〉。前者嘉瑜為了「母親是神
聖而崇高的，沒有什麼可以替代她的位置。我又豈能因一己的私情，而傷
害一顆稚弱純潔的心靈，摧殘一顆正在成長向上的嫩苗。」於是嘉瑜在走
到愛情的大門口時，突然折回了。文學是一種精緻的藝術，它需要一顆敏
感而善良的心情去創造。我讀艾雯女士的作品，更進一步的得到了印證。
一個文學者和一般人相比，那「他人有心，予寸忖之」的靈敏情思，是其
特質之一。因此，我以為一個缺乏文學的欣賞情趣者，不是木強呆板，便
可能專橫愚昧。今日世界上的人慾橫流，欺詐鬥巧，說是文學不被重視，
也絕不是故作驚人之論。我們的世界，純文學被一些妖魔古怪的作品，快
擠得沒有立足之地了。

　　至於〈花魂〉，我覺得它有很奇妙的風格。那霧樣的故事，令人有如癡
如醉之感。世界上可能不會有那樣的真實事蹟。但我們欲相信到處都有那
種微妙的情感在滋長。人生離不開麵包、空氣。可是，有了麵包、空氣，
卻不一定就是「人生」。我欣羨〈花魂〉中的阿慧。她追求藝術，追求美的
精神，令我歎惋。我讀了它，真想走出塵寰，凌空而去。何以現實社會這

麼凡俗？何以真實的人生，竟如此可憐？

四

我不能滿意的則是〈孤女恨〉、〈復活的春天〉、〈蘇花老人〉和〈恩重如山〉四篇。

也許是我的一些偏見吧？像〈蘇花老人〉，論手法、論故事，那該是篇散文的胚子。我不知道何以作者把它收入小說中。小說我總認為要略帶「戲劇性」。小說所描寫的人生，要有一種使人激奮的感情。而且，愈是能夠包羅複雜的人生萬象，則愈為成功。

但我不能不說，作者對「蘇花老人」的刻畫，是相當成功的。那蒼勁的性格，躍然紙上。

其次是〈孤女恨〉。很顯然，作者想將小孤女對父親的自私的愛，造成的悲劇現給讀者。不過，我認為艾雯女士似乎描寫得太廣泛了。在處理親子之愛這一點上，她應該著力於對前母的懷念；對照之下，才容易使人對後來的發展，產生共鳴。短篇小說的心理描寫，特別重要。

同時，在我們的社會中，父女間也很有這種「情感的距離」。一個女兒干涉到父親的再婚，這事件至少不普遍。我常以為有些故事不能太脫離現實，這是一例。而〈復活的春天〉呢？似乎安排的太「巧」了點。「小說」當然要「戲劇化」。然而，太戲劇化了，則又使人有「生硬」和「公式」之感。小說當然離不開「故事」，可是，故事的目的，乃是要表現活生生的情節，乃是要刻畫千變萬化的人生百態。讓「故事」的變化，駕在「情」之上，可說是大多數寫小說的易犯的錯失。

最後談到〈恩重如山〉。不知別人有怎樣的感觸。我自己認為論其體裁論其寫作的技巧，至少應該是個「中篇小說」，才能使故事放得開，否則好像都寫到了，事實上卻又不夠淋漓盡致。這篇故事，如果仿〈父子島〉的手法，信手去寫，可能要成功的多。

　　除了上述幾點以外，對話的運用，也有若干缺點。第一是「多」。「對話」原是表現人物個性的，而作者卻將故事的演變，也交由「對話」來擔任，因此，「對話」就失敗了。

　　還有一項是對話的不合身分，以致便失去了「真實感」。這兒我隨便舉出幾個例子來：「『過了六、七年飄泊異地的生涯，這除夕是美麗而值得懷念的。』他又喃喃地說。」（頁 68）在日常講話上，我們很難相信有這種西化的句子。「孩子，別難過，沒人能侵犯你思想的聖地，也沒人能占奪你心中最尊敬的位置。」（頁 78）我試問對一個小女孩，怎麼可以用這種近乎「演戲」的句子呢？「爹，你應該感到光榮和驕傲，因為我們的田融合在這雄偉的公路裡。」（頁 154）休說他的父親只是個頑固的農人，便是博士，做兒子的也很少這麼去講吧！「明弟，你說的很對，反共復國需要你，比築路造橋更需要你，人各有志，原不能勉強，我應該為你感到光榮，感到驕傲……」（頁 196）中國人一向是比較含蓄的，尤其是至親好友之間，更很少有這麼率直「透徹」的談話。

　　以上所舉所論，只是我平日的一些雜感，我隨便寫出來，絕不敢自認為真知灼見，若能有朋友指正，那就是我最受益的事了。

──選自《婦友》，第 107 期，1963 年 8 月

女性詩人與散文家的現代轉折（節錄）

◎陳芳明[*]

女性散文書寫的開創：艾雯、張秀亞、琦君

　　散文書寫在文學史上一直受到忽視，這是因為散文長期欠缺美學理論的基礎。在傳承上，也很難成為流派。更重要的原因，散文很少出現大家，不若小說與詩兩種文類往往能夠形成主要的風格與風氣。文學史家很少對散文進行批評性的閱讀，就像一般讀者那樣，大約只是做消費性的閱讀。這種偏頗的態度，使散文被迫處於邊緣的位置。

　　不過，偏見並不能夠取代歷史事實。小說與詩的構成要素，仍然需要以散文書寫為基礎。白話文在臺灣能夠繼續保持活潑的生命力，主要應歸功於散文家不懈地予以反覆煉鑄。女性散文家在 1950 年代大規模誕生，對於白話文的試驗與提升具有不容低估的貢獻。白話文的疲態，在反共文學時期已經呈露出來。那種淡如水的文體，雖然一度為文字革命者胡適尊崇過。但是，包括胡適在內的白話文書寫，終於也淪於膚淺、腐敗的命運。女性散文家在臺灣的「在地化」與「現代化」，重新振作了白話文的生命。

　　在第一代女性散文家中，最講求修辭藝術的，當推艾雯。本名熊崑珍的艾雯（1923～），江蘇吳縣人，是 1950 年代最早出版散文集的女性作家。她早期的四冊散文集《青春篇》（1951 年）、《漁港書簡》（1955 年）、《生活小品》（1955 年）、《曇花開的晚上》（1962 年），幾乎每篇作品都在

---

[*]發表文章時為政治大學中國文學系教授，現為政治大學講座教授。

描寫她的生活。艾雯的散文藝術之值得注意，就在於她持續不斷地在抒情傳統建構純美的想像，而這種想像卻是從艱苦的生活中提煉出來。她擅長的「書簡體」散文，帶動日後女性散文家的風氣。她偏愛獨白的方式，使讀者彷彿在閱讀中接受作者的傾訴。其中的典型代表便是《漁港書簡》，從陌生人的眼中，觀察臺灣漁民如何在貧困的環境裡掙扎奮鬥。艾雯的美文，在 1950 年代就受到肯定，1955 年曾經被選為「全國青年最喜閱讀作品及作家」。她的在地化書寫，等於是偏離官方文藝政策所尊崇的以中國為中心的思維方式。在 1970 年代以後，艾雯出版的《浮生散記》（1975年）、《不沉的小舟》（1975 年）、《倚風樓書簡》（1984 年）、《綴網集》（1986 年），漸趨哲理的思維。她的美文追求，仍然充滿生命力。由於創造力的持久，影響力特別深遠。

　　另一位同樣專注修辭的散文家張秀亞，也是對抒情傳統的鍛鑄頗具貢獻。她的創作技巧值得注意的地方，並不是在地化，而是對於「想像」的不懈追求。她在 1950 年代出版的五冊散文集《三色菫》（1952 年）、《牧羊女》（1954 年）、《凡妮的手冊》（1955 年）、《懷念》（1957 年）、《湖上》（1957 年），相當出色地掌握了文學的音樂性。她的主要特色在於運行緩慢的節奏，使情緒與想像同步釋放出來。這種營造手法，成為後來許多作者爭相模仿的對象，喻麗清便是典型的例子。張秀亞寫過一篇〈創造散文的新風格〉，頗能顯現她個人的特質：「新的散文中喜用象徵、想像、聯想、意象以及隱喻，因而極富於『言在此而意在彼』的味道，企圖重現人們心中上演的啞劇，映射出行為後面的真實，生活的精髓，並表現出比現實事物更完全、更微妙、更根本的現實。」這種審美原則，其實與現代主義的美學思維完全吻合。這是女性散文書寫的一個重要突破。張秀亞所要挖掘的，無非是被壓抑在內心底層的無意識世界。具體而言，現代主義者常常要觸探的，便是所謂的「政治無意識」（"political unconscious"）。張秀亞散文建構的記憶、懷舊、思親、念友等等圖像，無非是在政治大環境中被壓抑下來的。她的抒情、頌讚、哀傷、喟歎，可以說都是來自內心的呼

喚。而張秀亞認為，這些都是比現實事物「更完全、更微妙、更根本的事實」。

　　在記憶建構方面的另一位高手，當推琦君，是 1950 年代以來最富有母性的散文家。琦君（1917～），本名潘希真，杭州之江大學中文系畢業。自 1960 年代初期出版第一冊散文集之後，便展開日後產量豐富的寫作生涯，是女性作家的一個重鎮。重要作品包括：《琦君小品》（1966 年）、《紅紗燈》（1969 年）、《煙愁》（1969 年）、《三更有夢書當枕》（1975 年）、《桂花雨》（1976 年）、《細雨燈花落》（1977 年）、《留予他年說夢痕》（1980 年）、《燈景舊情懷》（1983 年）、《淚珠與珍珠》（1989 年）、《母親的書》（1996 年）、《永是有情人》（1998 年）等 26 冊。他的條條思緒，幾乎都可以與她的童年、故鄉、家族、親情、師情銜接起來。琦君的散文〈髻〉，頗為讀者廣泛傳誦。短短的篇幅，容納了母親、姨娘、女兒三位女性之間的複雜情感。她寫出母親與姨娘之間的情感矛盾，而這種矛盾則由兩位女性的髮式差異呈現出來。散文鋪陳出來的情感，幾乎可讓讀者觸撫。琦君說，她自己的風格乃是建立在「親」與「新」之上。親，是指真誠；新，則是指創造。前者在於平易近人，後者則在於推陳出新。以這兩種準則來檢驗琦君作品，當可獲得印證。

──選自《聯合文學》，第 220 期，2003 年 2 月

遷臺初期文學女性的聲音
以武月卿主編《中央日報》「婦女與家庭」週刊
為研究場域（節錄）

◎封德屏[*]

《婦女與家庭週刊》與女作家

艾雯（1923～）

　　被譽為「自由中國第一本散文集」的《青春篇》作者艾雯，在上述幾位女作家中年紀最輕，然而散文的文名在 1950 年代即享譽文壇。1955 年中國青年寫作協會票選「全國青年最愛讀之作家」，艾雯獲得第一名。艾雯早在來臺前就已發表過許多作品[1]，來臺後定居在高雄岡山，重新拾筆創作。民國 38 年 9 月 25 日「婦週」28 期開始，艾雯一連發表五篇寫教養孩子的系列短文，接著談愛情、談寫作、談生活的散文小品在「婦週」上出現，在南部居住長達 20 年的艾雯，藉著與武月卿、林海音等媒體主編與許多女作家們交往相識的過程，至今仍視為美好的回憶。[2]

　　民國 43 年 1 月 13 日「婦週」202 期，艾雯開始以「主婦隨筆」專欄定期為「婦週」寫稿，每個星期一篇，「用一位達觀而賢能主婦思瑾的口吻，寫下這些她在生活中所體驗的，領略的，以及她對人生的觀念，品性

[*]發表文章時為文訊雜誌社社長兼總編輯、淡江大學中國文學系博士候選人，現為文訊雜誌社社長兼總編輯、淡江大學中國文學系兼任助理教授。
[1]艾雯，〈艾雯寫作年表〉，《青春篇》（臺北：爾雅出版社，1987 年 5 月），頁 225～229。
[2]2005 年 10 月 8 日，筆者電話請教艾雯，談一下武月卿及當年寫稿的情形。艾雯當時住在高雄岡山，與其他作家相識原先是先認識彼此的作品，還有就是「婦週」武月卿的熱心從中介紹，大家有相同的興趣，很快就成為可以談心的好朋友、好姊妹，艾雯至今還十分懷念那段美好的歲月。

的修養，對處世的哲學、孩子的教育，感情的處理，治家的心得以及心聲的抒寫和偶然的感觸。」[3]艾雯整整寫了一年，連載期間，也接到許多讀者鼓勵的信件。民國 44 年 6 月，艾雯將這一年的作品，共 46 篇出版成書，書名改為《生活小品》。[4]

　　身體一向孱弱的艾雯，2003 年仍出版別具風格的散文集《花韻》，對照當年，筆力仍健。近年仍陸續有作品發表於報端，文字及神韻，更臻爐火純青。憶起逐漸凋零的友輩，艾雯用筆撐起 1950 年代第一代散文女作家延續的香火。

　　　　　　　——選自李瑞騰編《永恆的溫柔——琦君及其同輩女作家學術研討會論文集》
　　　　　　　中壢：中央大學琦君研究中心，2006 年 7 月

---

[3]艾雯，〈寫在前面〉，《生活小品》（臺北：國華出版社，1955 年 8 月），扉頁後兩頁。
[4]同前註。

「我」行我素

1960 年代臺灣文學的「小」女聲（節錄）

◎范銘如[*]

　　遷臺後 20 年間的臺灣文學一直被視為是政治掛帥的文學。在反共復國的最高指導原則下，文學作品不是緬懷故土故人的「鄉愁文學」，就是挑戰共黨暴政的「戰鬥文藝」。[1]彷彿全島一心一德，凝聚共識，呼應執政者口號及其意識形態。

　　人固然難脫政治屬性，政治畢竟不是個人的全部。追隨國民政府渡海多士，雖然身受政治衝擊，而可能產生對家國的高度關注，但是跨海而來面臨到的跨文化與族群身分的衝突與適應，豈是政治層面所足以涵蓋？這一波新移民中，女性知識分子的身分定位尤其複雜。這一代的女性知識分子，是在五四新文學和新文化的教育中成長，接受大陸婦女解放運動以來的新觀念，對性別意識自不同以往。[2]然而遷移到臺灣這個殘存著日治極度父權文化的新環境，感受著執政黨打著「復興傳統文化」的旗幟下緊縮的婦女政策[3]，她們必須同時面對種種切身問題的矛盾與調適：身為外省移民在政治文化上的強勢而在生活習俗上的弱勢；身為知識分子在階級上的優

---

[*]發表文章時為淡江大學中國文學系副教授，現為政治大學臺灣文學研究所教授兼所長。

[1]有關 1950 年代文學研究，參見司徒衛，《五十年代文學論評》（臺北：成文出版社，1979 年）；張素貞，〈1950 年代臺灣新文學運動〉，《中外文學》第 14 卷第 1 期（1985 年 6 月），頁 139～146；王德威，〈1950 年代反共小說新論〉，《四十年來中國文學》（臺北：聯經出版公司，1994 年）。

[2]陳東原，《中國婦女生活史》（臺北：臺灣商務印書館，1994 年），頁 383～417；鮑家麟，〈民初的婦女思想〉，收於鮑家麟編，《中國婦女史論集續集》（臺北：稻鄉出版社，1991 年），頁 305～336；參見古楳，〈婦女界之覺醒〉，收於李又寧、張玉法編，《中國婦女史論文集》第一輯（臺北：臺灣商務印書館，1992 年），頁 277～318；潘毅，〈主體的呼喚與失落──五四時期的婦女解放〉，《性別學與婦女研究》（香港：中文大學，1994 年），頁 245～265。

[3]顧燕翎，《女性意識與婦女運動的發展》，收於《女性知識分子與臺灣發展》（臺北：聯經出版公司，1989 年），頁 106～107。

勢而身為女性在性別上的劣勢。她們的身分是曖昧的：是主流還是邊緣？
是我類還是他者？是殖民者還是被殖民者？現實中多重身分的對立難道真
能在反共復國這把政治大傘下一次解決？國族家園的「大我」意識豈能消
解「小我」的困惑？

　　本文的目的即在調低「大我」的誤導靡音，在反共懷鄉的文學主流
外，搜尋文學史中忽略的「另類」聲波。藉由遷臺 20 年間女性小說中對女
性身分地位的探索、對政治性別論述的質疑，重探早期文藝與性別政策的
理論與實踐。本篇將先回顧 1950、1960 年代的文化政策，如何建構臺灣女
性特質與女性文學，再由郭良蕙、徐薏藍、康芸薇、王令嫻的小說文本
中，揭示女作家們持續呈現出的「離心力」。在家國／男性意識邊緣，潛藏
著兩股暗流：一股在女性身分地理中游移尋覓女性主體性的位置，一股由
女性本位上蓄含一波性別戰鬥文藝。這些早期異議的女聲，由隱微的鬆動
終至正面挑戰當權論述。

文本／性別政策

　　活躍於 1950 年至 1970 年臺灣文壇的女作家大部分是隨同國民政府遷
臺的新移民。不但是早期大陸女性文學過渡成當代本土女性文學的橋樑，
擔負承先啟後的關鍵，更是臺灣女性用白話中文創作的開始，在臺灣女性
中文小說中列為「第一代」。[4]

　　齊邦媛盛讚這一代的女性文學，有實力而無閨怨。[5]同為女性批評家，
張誦聖雖也稱賞她們的文學造詣和對女性的關懷，卻對她們保守的政治態
度不無微詞。認為她們為維護國民黨政權的穩定性，只敢在文本中對女性
個人處境表露同情，而迴避由整個社會制度面來探討父權對女性的宰制。[6]

---

[4]Sung-Sheng Yvonne Chang, "Three Generations of Taiwan's Contemporary Women Writers: ACritical Introduction" in *Bamboo Shoots After the Rain: Contemporary Stories by Women Writers of Taiwan*, ed. Ann C. Carver and Sung-Sheng Yvonne Chang（New York: The Feminist Press at the City University of New York, 1990）, XV～XXV.

[5]齊邦媛，〈閨怨之外〉，《千年之淚》（臺北：爾雅出版社，1990 年），頁 109～147。

[6]Sung-Sheng Yvonne Chang, "Three Generations of Taiwan's Contemporary Women Writers: ACritical

　　為求更公允地評價早期女性文學，我們不妨先回溯一下遷臺後的文藝政策。根據鄭明娳的研究，國民黨自在臺灣執政以來，即非常重視文化的動向與箝控。1953 年頒布〈民生主義育樂兩篇〉，具體指示「表揚民族文化」的純真優美，是新文藝的發展方向；1955 年再以「戰鬥文藝」號召文化界人士，而藝文界亦聞風響應，紛紛發起文化整肅運動，整年間瀰漫著嚴峻的政治氣壓。[7]

　　在這種高壓政策下成立的第一個女作家組織——臺灣省婦女寫作協會，恐怕是難有什麼「顛覆的」、「激進的」企圖與作為。事實上，臺灣省婦女寫作協會以及組織稍後（1969 年）的中國婦女寫作協會的成立宗旨都是「結合全國愛好文藝寫作的婦女，從事戰鬥的、健康的文藝作品的創作」。[8]臺灣省婦女寫作協會常務理事許素玉於協會成立次年，出版的《婦女創作集》編輯序中明言：協會的宗旨是「鼓勵婦女寫作及研究婦女問題以實踐三民主義，增強反共抗俄力量」。

　　選錄集中的 46 位知名或新秀女作家的散文和短篇小說堪稱範本，許素玉讚賞，每一篇章皆是作者心血：

> 她們從實際生活經驗中認清了時代的真實意義，再通過真正的情感，與理智的蘊藉，而技巧地表達出來，其間充滿對國家民族與家庭的熱度，流露著人性的尊嚴與偉大，更抒發了人生的真諦和自由的可貴，它所涵詠的革命熱情與戰鬥氣氛，對共匪在大陸摧毀家庭蔑視人性的極權奴役暴政，展開無情而有力的一擊。[9]

Introduction" in *Bamboo Shoots After the Rain: Contemporary Stories by Women Writers of Taiwan*, ed. Ann C. Carver and Sung-Sheng Yvonne Chang, XV～XXV.

[7]鄭明娳，〈當代臺灣文藝政策的發展、影響與檢討〉，收於鄭明娳編，《當代臺灣政治文學論》（臺北：時報文化出版公司，1994 年），頁 13～68。

[8]錢劍秋，〈30 年來的婦女運動〉，《臺灣光復三十年》（臺中：臺灣省新聞處，1975 年），頁 4—11—1～4—11—12。

[9]臺灣省婦女寫作協會編，《婦女創作集》第一集（臺北：臺灣省婦女寫作協會，1956 年），頁 1。

換言之，唯有充滿對國家民族與家庭大愛的文學，才是「健康的」、「戰鬥的」，具有擾亂反正的能量。

　　然而什麼樣的文學才是充滿對家國的熱愛呢？對照入選的文本，也許可以更清楚一些。我們先挑出最為人熟悉的重量級小說家林海音的入選作〈升學〉為例。這篇小說大意敘述女主角秀珍獨自帶領兒子小培來臺。為了謀生，她擔任某富家女的家庭教師。為求表現，她專注督促學生功課，終於使她考上女中，而自己也因不再被需要而失業。拖著沉重的腳步回家，卻又發現兒子因她平時疏於照顧而落榜。秀珍的工作熱忱竟帶給她兩頭落空的悲劇。[10]

　　另外一個家庭悲劇發生在郭良蕙的〈胸針〉一篇。文中敘述主角的妻子，誤會鄰居陳太太偷她的胸針，導致陳家夫妻失和，陳太太羞憤自盡。不久發現原來只是同一款式，妻在儲藏櫃中發現了舊胸針。妻的猜忌造成了一條人命和一個家庭的破碎。[11]

　　再選另一位知名作家艾雯的家庭喜劇〈捐〉做對比。這篇小說描敘女主角羅明，在結婚後放棄歌唱藝術的學習，但是熱愛不減，所以始終若有所失。有一天巧遇昔日指導教授，重燃歌唱壯志，再度拜回門下，積極練習並安排表演事宜。就在一切如期展開時，羅明發現懷有身孕。心中幾番交戰，羅明決定以發展自我為重，瞞著丈夫去進行墮胎手術。當她躺在手術臺上，母性突然油然而生，讓她留下小孩。新生命誕生後，雖然她心中為著放棄歌唱事業而抑鬱，但是她決定把精力用在栽培女兒身上，期望女兒能為她完成演唱心願。[12]

　　這三個故事篇幅雖短，且是三位作者早期作品，然而布局結構頗為嚴謹，已窺名家手筆。但是文學技巧恐怕不是選輯唯一考慮，而是三篇中明顯的道德寓意。林海音的〈升學〉敘述職業婦女為工作疏忽家庭教育，結

---

[10]同前註，頁 189～198。
[11]臺灣省婦女寫作協會編，《婦女創作集》，頁 340～353。
[12]臺灣省婦女寫作協會編，《婦女創作集》，頁 146～157。

果可能得不償失；郭良蕙的〈胸針〉中的家庭主婦雖照顧好自己的家庭，但由於對人性的不信任，冤枉了好人，造成別人家庭的悲劇。讀後令人戰慄，自然誘使讀者敦親睦鄰、團結信任。相較前兩篇的負面教訓，艾雯的〈捐〉安排了大團圓的家庭喜劇，轉折點在於女主角選擇為培育下一代而捐棄自我理想。明確地鼓勵婦女以家庭為重，為教養兒童而努力，儘管壓抑自我，但是保全了家庭的完整。總言之，這三篇之所以能符合選集「健康的」、「戰鬥的」標準，即在於它們都呼應傳統中國文化對婦德的觀點——警戒女人的猜忌、宏揚母性光輝以鼓勵女性自我犧牲。最重要的，暗示家庭完整的維護大於個人幸福的追求。五四文學以來，對傳統家庭觀念與結構壓榨個人——尤其是女性——的抨擊浪潮在此稍息，全體向「後」看齊。[13]

問題是，由清末開始鼓吹的女性自覺思潮真能防堵於海峽彼岸嗎？渡海而來的女性菁英們能不將她們早已被培養出的女性意識挾帶進臺灣文壇嗎？瑞秋‧杜帕西斯（Rachel Blau DuPlessis）在她深具影響力的著作《超越結局》（*Writing beyond the Ending*）中指出，女作家常運用不同的敘述策略來擾亂文學傳統與對女性的定見，所以在看似尋常的情節形式下，往往蘊藏顛覆的因子。[14]艾雯的〈捐〉，雖然表面上符合官方說法，安排女主角走回家庭，當母親而非當女人，但是其中一些心理描寫的片段卻耐人尋味，尤其是產後給友人的信：

> 想想看，幾千年來，做女人的多少雄心，多少壯志，多少天才和理想，就這樣默默地犧牲了，埋葬了，誰知道這犧牲，這捐獻，還將延續多少世紀；男士們擁有事業的光輝，仍舊也享有愛情的溫馨，可是女人，女人若獻身於愛，便只能無盡期的服役，無限止的捐獻，我這一輩子大概

---

[13]有關五四文學對傳統家庭的批判，參見 Chow Tse-tsung, *The May Fourth Movement: Intellectual Revolution in Modern China*（Cambridge: Harvard University Press, 1964）.

[14]Rachel Blau DuPlessis, *Writing beyond the Ending: Narrative Strategies of Twentieth-Century Women Writers*（Bloomington: Indiana University Press, 1995）.

就算捐了，在整個青春進行曲中，我只成了一個休止符。但那是我沒有
出息，我不想上進嗎？……[15]

　　這段對性別差異的不平和對兩性平等的渴望，絕不是「家庭團圓」這
個老套結局所能掩蓋的。信末提出的問題尤其聳動：因為它其實已經把女
性問題由個人層面轉移至更廣泛、根本的癥結——父權體制。如果連《婦
女創作集》這本在肅殺年代的官方出版品中，女性意識都在不安地騷動
著，那麼日後的浮現，甚至湧現，幾乎是指日可待之事。

——選自范銘如《眾裡尋她：臺灣女性小說縱論》

臺北：麥田出版公司，2008 年 9 月

---

[15] 臺灣省婦女寫作協會編，《婦女創作集》，頁 156。

多元敘述、意識形態與異質臺灣

以 1950 年代女性散文集《漁港書簡》、《我在臺北及其他》、《風城畫》、《冷泉心影》為觀察對象（節錄）

◎王鈺婷*

一、前言：1950 年代女性文學中的臺灣書寫

在文學場域挪移的 1950 年代，臺灣女性文學的景觀呈現重大的變化，當臺灣本地的女作家如葉陶、陳秀喜、楊千鶴因為文字和政治因素的關係，被迫地失去書寫的舞臺，戰後大批在大陸接受高等教育的中產階級女性移民，由於語言的優勢，以及族群和階級上的優位，在臺灣開始嶄露頭角，然而，就文本中的性別批判觀點，受到五四新思潮影響的外省女性移民，卻也拓展了性別議題的書寫空間。[1]目前評論界談到此時期的女作家創作有下列幾種觀點，也涉及到女性作品如何被評價？一者是以右翼民族主義者劉心皇為代表，他從政治史的角度出發，忽略了反共懷鄉文學之外的女性聲音，認為：「自由中國文壇上寫散文的，女性作家占很大的比例。她們的長處是充滿抒情的調子，明淨柔婉；短處在汲取寫作素材的範圍太

---

*發表文章時為成功大學臺灣文學研究所博士生，現為清華大學臺灣文學研究所副教授。

[1]關於受到五四運動洗禮的大陸移民女作家是否開拓出臺灣性別議題前所未有的書寫空間，楊翠認為此一議題必須參照日治時期臺灣婦女解放運動之思潮，才是兼顧歷史脈絡與族群、階級等差異，此論述觀點值得借鏡及參考。楊翠，〈第二章：旅行回來：臺灣女性小說「鄉土認同」的幾個面向〉，《鄉土與記憶——七〇年代以來臺灣女性小說的時間意識與空間語境》，臺灣大學歷史研究所博士論文，2003 年 7 月。關於日據時代臺灣婦女解放經驗，請參照楊翠，《日據時代臺灣婦女解放運動——以《臺灣民報》為分析對象（1920～1932）》（臺北：時報文化出版公司，1993 年 5 月）。

狹，大多以辭藻華美見長，還未暇顧及到內容的擴大」[2]；一者是本土史家葉石濤和彭瑞金的評論方式，葉石濤認為此時期女作家創作以家庭婚姻為重點，社會觀點稀少，而彭瑞金在建構戰後臺灣文學史時，提出：「她們只是以豐滿的情去看所有的事物，而不去探觸是與非，講些似是而非的道理，頗能迎合還不太會思考的中學階段的青年學子，艾雯、張秀亞，是這類型作家的翹楚。」[3]；然而前兩者的觀點不管是以反共政策為唯一準則，或是從本土立場出發的評論方式，皆根植於傳統的男性中心體系，以國家敘事為優先，瑣碎書寫與女性主題，成為被忽略的一環，陳芳明認為：「對反共史家而言，她們未能寫出一個時代。對本土史家而言，她們則沒有明辨臺灣社會的是與非。這兩位立場迥異的史家，歷史解釋再如何分歧，他們擁戴大敘述的身段可說是等高同寬。」[4]

另外幾種評論方式，包括張誦聖認為 1950 年代女性創作者與正統意識形態之間具有曖昧的關係，指出抒情傳統的女性特質文類，與官方主導的美學型態結合，呈現保守妥協的性格：「在性別化的文學類型與『官方意識形態』結合之下，與『女性特質』等同的抒情文類得到額外的正統性，並且在文學生產場域裡分配到很大的發展空間（比方說在張秀亞、鍾梅音、蘇雪林、琦君、林海音等作家身上我們看到的是五四一支流派、古典抒情傳統與女性特質文類的相結合）。」[5]而另一種詮釋方式則是以范銘如所提出的「臺灣新故鄉」最為著名，范銘如強調戰後第一代的女性文本通過對懷鄉主題的顛覆，揮別被父權體制長久壓制的封閉故國，迎向性別新生地——臺灣，女作家圍繞著家庭與身邊瑣事的寫作題材，比直攻國家政治議題的男作家創作更具前衛義涵，有反轉傳統文學位階的論述策略：「為什

[2]劉心皇，〈自由中國 1950 年代的散文〉，《文訊雜誌》第 9 期（1984 年 3 月），頁 73。

[3]彭瑞金，〈第三章：風暴中的新文學運動〉《臺灣新文學運動 40 年》（高雄：春暉出版社，1997 年），頁 103。

[4]陳芳明，〈在母性與女性之間〉，《霜後的燦爛——林海音及其同輩女作家學術研討會論文集》（臺南：國立文化資產保存研究中心籌備處，2003 年 5 月），頁 297。

[5]張誦聖，〈臺灣女作家與當代主導文化〉，《文學場域的變遷》（臺北：聯合文學出版社，2001 年），頁 127～128。

麼女性小說中探討臺灣本土的性別與省籍問題，輕易被強勢論述消音？」[6] 面對此兩種評論立場，邱貴芬指出：「張誦聖和范銘如的詮釋則互相衝突，前者不論談林海音或是潘人木，都強調她們的作品對主導文化的依附，後者則反過來認爲 1950 年代女性創作深具顛覆主導文化的能力。」[7]邱貴芬進一步以兩部大陸移臺女作家的反共抗戰小說爲例，來說明女作家作品的多重意義，主張作品的意義其實並不穩定，往往呈現出保守與前衛並存的矛盾。[8]

邱貴芬的見解也提醒我們由女性主義的觀點來分析 1950 年代女性文學時呈現的若干問題，女性文學的閱讀常強調女性文本中所具有的性別特質，以凸顯其和男性書寫的差異，並與父權典範進行抗衡，雖然重新定義女性成就是女性主義所訴求的，但是談到 1950 年代女性文學的評價，也涉及到是否要對作品中不符合女性主義的標準予以披露，與具體呈現出作品中的價值、立場與意識形態，諸如女性文學與反共懷鄉文學、國家霸權間的互動關係。楊翠認爲一味地肯定新移民女作家開拓了前所未有的性別議題書寫，不啻爲一種論述上的傾斜，提出應從政治和語言的傾斜和文化資本的分配不均，來定位新移民女作家文化優越位置，並對女作家作品中所展現對性別意識進行反省與評估。[9]這也使我們聯想到史碧娃克（Gayatri C. Spivak）對當下美國學院內部現況的反省，頗值得我們借鏡。史碧娃克與主流女性主義批判的對話，認爲許多跨學科的學科實踐，如女性主義，往往也複製並提前取消了殖民主義的結構，她提出美國學院內女性主義文學批判的雙重標準，一方面以一種獨特與個人主義的方式歌頌歐美傳統的女主角，一方面面對其他地方的女性，則採用一種多元化與剛萌芽的姿態讚

---

[6]范銘如，〈臺灣新故鄉──1950 年代女性小說〉，《衆裡尋她：臺灣女性小說縱論》（臺北：麥田出版公司，2002 年），頁 42。

[7]邱貴芬，〈《日據以來臺灣女作家小說選讀》導論〉，《後殖民及其外》（臺北：麥田出版公司，2003 年），頁 230。

[8]同前註。

[9]楊翠，〈第二章：旅行回來：臺灣女性小說「鄉土認同」的幾個面向〉，《鄉土與記憶──七〇年代以來臺灣女性小說的時間意識與空間語境》。

許她們的集體呈現，這使得第一世界與第三世界事務所獲得的注意極度分配不均，史碧娃克提出一種持續不懈的批判以及一種特定的女性主義革命之必要：「我們真的非常想對男性衷心的普遍主義進行喻說學的解構。但是當女性主體效應的銘寫出現問題，我們並不想作困帝國主義謊言的制度性演出。我們知道一個演出性的解構（performative of deconstruction）的『正確性』應該在於指向另一個喻說，從而指向另一種偏離正軌的演出，換言之，批判應該是持續不懈的。我們希望有機會進入那眩目奪人的過程。」[10]

本文將進入 1950 年代女性文學的議題，以大陸來臺的第一代女性散文家的相關文本為主，檢視 1950 年代女作家艾雯的《漁港書簡》如何書寫臺灣。在多數以小我姿態書寫記憶中家鄉與童年經驗的懷舊散文之外，女作家在臺灣這個熱帶島嶼上所呈現的題材，顯然是檢視與當時主導文化間糾轕權力關係的重要解碼。女作家是否藉由與男作家異質性的臺灣土地書寫，而得以以最為「基進」的姿態出現，或是在書寫臺灣中隱含什麼樣的觀看位置或是意識形態呢？然而，書寫臺灣的 1950 年代女性作品之評論，是否可全盤挪用范銘如提出「臺灣新故鄉」的框架呢？首先要提出的是「臺灣新故鄉」其批評立場首先是需要特別釐清：建立在對 1950 年代除懷鄉與反共無其他觀點的先行研究。范銘如認為 1950 年代這批以報紙、雜誌為據點的女性文人有部分創作以臺灣為背景，描寫斯土斯民的生活現象，也提出女作家具備另類、顛覆性性別意識的可能，「臺灣新故鄉」背後理論基礎，基本上是自男性主流中分殊出來的女性史觀，從邊緣性的女性位置，翻轉傳統男性價值，提出對位性和對話性的觀點。范銘如對 1950 年代女性文學的重新定義，很大程度上是為表達女性的身份政治，在鋪天蓋地的反共懷鄉主流文學中，力尋一個批判空間。

現今多數評論往往聚焦於戰後第一代來臺女作家其作品中，與反共文

---

[10]Spivak, Gayatri C.著；張君玫譯，《後殖民理性批判：邁向消逝當下的歷史》（*A Critique of Postcolonial Reason: Toward a History of the Vanishing Present*）（臺北：群學出版公司，2006 年），頁 194。

藝在文學路數上的大異其趣，認為相較於男作家呼應官方立場與反共書寫，女作家卻從中原往臺灣島嶼挪移，在書寫「家臺灣」的實際行動中，呈現臺灣真實的圖像，將其詮釋為「臺灣新故鄉」的集體開創者。這也凸顯出目前評論界對於 1950 年代女性文學所面臨的一些價值假定，營造出 1950 年代女作家逾越主流意識，並且自外於國家戡亂政策，這也使得書寫臺灣地域的女作家擁有某種「政治正確」和「前衛性」，並且強調和政治權力結合緊密的男作家往往帶有強烈的歷史使命感，也書寫「不」政治正確的神州大陸，這種將性別本質論延伸至寫作主題，以不同性別決定不同書寫策略的詮釋標準，強調女作家／男作家、大敘述／瑣碎政治、家臺灣／胸懷大陸之間絕對必然的關係，也使得女作家書寫臺灣土地的經驗被寫成單音同質的主體，這樣一種詮釋的視景，也忽略了女作家書寫臺灣土地中複雜微妙的主題與敘述模式，進一步地說 1950 年代來臺的女作家作品意義多重，同時期不同作家作品在不同層面上可能帶出更多元的詮釋可能，「相同」的臺灣空間的書寫方式，有著什麼樣個別女作家鄉土「異質性」的差異呢？書寫臺灣自有細膩而複雜的分野，本文將以艾雯《漁港書簡》中的代表作〈漁港書簡〉一文來詮釋新移民女作家的臺灣圖像，將仔細梳理在動員戡亂、反攻神話的歷史下，女性散文是如何回應反共文藝政策中的家園視角此一議題。

二、回應家國視角：《漁港書簡》

　　本文將以艾雯的〈漁港書簡〉一文來詮釋新移民女作家如何觀看臺灣圖像，羅淑芬提出：「艾雯在此體現了漁民們的生活，融入漁民的生命，在當時多數作家將眼光放在懷鄉與反共文學之時，艾雯實現了她對文學藝術的觀念——反應當時當地的在地化。」[11]但是一旦置入女性文本背後的權力關係，會發現由於社會政治和文本間的各項因素，使得艾雯的〈漁港書

---

[11]羅淑芬，《五〇年代女性散文的兩個範式——以張秀亞、艾雯為中心》，政治大學國文教學研究所碩士論文，2003 年，頁 147。

簡〉文本本身隱含著內部的分裂，呈現不穩定的義涵，和優勢論述間纏繞著某種曖昧性，使得女作家書寫臺灣地域時呈現浮移不定的狀態，〈漁港書簡〉雖然落實於臺灣具體生活圖像，卻也不斷地向國家權力縫合。

〈漁港書簡〉分別由六封信所組成，收信者皆爲「林」，標題包括〈海的感召〉、〈霧港〉、〈海的兒女〉、〈希望和期待〉、〈逐波流馳〉、〈漁者有其船〉。採用書信體的形式，被譽爲最講求修辭藝術的艾雯，散文創作多採用書信體及日記體的形式，艾雯曾在《倚風樓書簡》中表示書信是最溫柔、率真、親切、自然、平易而且可以包含一切文學，非常適合意到筆隨，且可將抒情、敘事、說理熔於一爐；其次是書信體所接收的對象，可以是遠行的朋友，可以是親愛的家人，可以是所有的讀者，甚至可以是世界萬物。[12]採取第一人稱觀點、適合抒情的書信體寫作，也在五四時期新文學發展後才出現，陳平原在《中國小說敘事模式的轉變》中提及中國書信體小說興起於五四新文學運動時期，當時中國青年作家藉由西方書信體小說的藝術形式，來傳達個人經驗與澎湃情感，大都是個人獨白的單音形式：「這種幾乎沒有故事情節，全憑個人心理分析來透視社會、歷史、人生的『獨白』，對於急於宣洩情感、表達人生體驗及社會思想的年輕一代，無疑是最合適的。再加上個性主義思潮和民主自主意識的萌現，『獨白』（包括日記體、書信體小說）幾乎成了五四作家最喜歡採用的小說形式。」[13]艾雯以筆端含藏細膩情感的書信體美文，深受廣大讀者的喜愛，除了顯示出書信體類型與 1949 年後政府對軟性、主觀、抒情文學類型的鼓勵不謀而合之外[14]；也涉及到女性書寫的生產條件和男性不同，書信的形式一向被認爲是較低的層次，女性被認爲有能力書寫，劉開鈴曾舉葛絲蜜（Elizabeth C. Goldsmith）在《書寫女性的聲音》（*Writing the Female Voice*）的序言，來說明西方文學中女性和書信寫作有密切的關係：「16 世紀當私人信函被視

---

[12]艾雯，〈倚風樓外〉，《倚風樓書簡》（臺北：漢藝色研文化公司，1990 年），頁 9。
[13]陳平原，《中國小說敘事模式的轉變》（臺北：久大文化公司，1990 年），頁 127。
[14]張誦聖，〈臺灣女作家與當代主導文化〉，《文學場域的變遷》，頁 113～133。

爲一種文學形式時，男性評論家即注意到書信體似乎特別適合女性。不但受教育的女性，極易學習撰寫書信，女性所寫的書信也很容易被認爲是書信文體的最佳典範。」[15]作爲性別化文類的書信體散文，和支持抒情文學型態的戰後臺灣特殊政經體制合流，在文學場域有極大的發展空間，艾雯所擅長的書簡體散文，也帶動日後女性散文家創作的風氣。[16]

　　然而，在〈漁港書簡〉中值得討論的是散文創作「敘述者我」與「創作者我」之間性別的越界或是變身，在這部單音式的書信散文中，到底是女作家仿效男性的聲音而書寫，還是女作家以女性的聲音來抒發其美感情思呢？這也涉及到散文作品中所謂「自我」與文本中角色的敘事距離，而文本中的「我」和作者間的互動糾葛，則演繹出多方面的思辨可能。Sara Mills 在分析女遊書寫時提出一般評論都將這些文本假定爲遊女的自傳，也認定這些文本是遊女生活的直接轉錄，文本中的「自我」往往被假定爲作者在文本中角色或敘述者的化身，Sara Mills 首先提出作者的自我並不是一致的個體，也無法全然掌握在作者筆下，她提出以下的聲明：「就文本來說，一個具有一貫性的『自我』是不可能存在的。文本本身就不是一個穩定的意義場域，而是某種讀者能夠參與和共同解釋的東西。」[17]如果不採用自傳性的閱讀，就能細思輻輳於其間「敘述者」與「作者身分」間的曖昧性與弔詭性，也能詮釋出文本中的各類立場。接下來將指出〈漁港書簡〉裡隱含許多語碼，第一封信以接近陰性化寫信者的位置，充滿斑斕浪漫的意識，陳芳明也提及艾雯對修辭藝術的追求：「在第一代女性散文家中，最講求修辭藝術的，當推艾雯。她早期的四冊散文集《青春篇》（1951 年）、

---

[15]劉開鈴，〈女性書信特質：《女英雄們》與《米花拉書簡》〉，《中外文學》第 22 卷 11 期（1994 年 4 月），頁 57。

[16]許珮馨提及：「張雪茵在《江南風雨夜》一書中也有一系列山居小簡，共 20 則書信，是寫給兒子銘兒的 20 封家書；蕭傳文在《夜行書》一書的〈山中短簡〉、〈山中書簡〉；鍾梅音在《風樓隨筆》中有〈寫給女兒〉的十封信；孟瑤有《給女孩子的信》共 20 封，娓娓道盡閨範懿德；張秀亞也有許多書信體的散文，如《牧羊女》一書中〈短簡〉、〈舊箋〉、〈心音濤聲〉……」見許珮馨，《五○年代遷臺女作家散文研究》，臺灣師範大學國文學系博士論文，2006 年，頁 233。

[17]Sara Mills 著；張惠慈譯，〈女性主義批評中的女遊書寫〉，《中外文學》第 27 卷 12 期（1999 年 5 月），頁 14。

《漁港書簡》（1955 年）、《生活小品》（1955 年）、《曇花開的晚上》（1962年），幾乎每篇作品都在描寫她的生活。艾雯的散文藝術之值得注意，就在於她持續不斷地在抒情傳統建構純美的想像，而這種想像卻是從艱苦的生活中提煉出來。」[18]首先是寫信者來到夢寐以求、日夜憧憬的海邊，目睹的不是狂放、粗獷的海洋，而是陰柔沉靜的海濱，寫信者對於海洋投以純美學式的慾望，在抒情的性靈札記中，獲得超脫與淨化的情緒：「如今展現在窗下的海卻是那麼平靜，平靜得像一個深邃的湖沼，只在風過時掀起粼粼漣漪，微波輕拍著沙岸，宛如朵朵曇花忽明忽滅，那一片黯藍遠遠地，遠遠地展延開去，又銜接了另一片蔚藍，分不清海邊有天，天上有海。海邊三兩點白帆，彷彿天上的白雲，天上朵朵白雲又似海邊的白帆。在海天的大和諧中，我溶失了自己，我覺得我自己就是那一朵雲，那一支帆。——一瞬那城市給我的塵思煩慮，被海風吹散得無影無蹤，腦中沒有一點雜念，胸中不留一點渣宰。人在這時，彷彿已經潔化淨化。」[19]第二封信提到於海的溫柔吟唱中治癒好失眠之症的寫信者，在海邊晨霧中醒來，寫信者描述下捕魚的漁船在海中逐獵的過程。眼見海面上近海作業的灰黯小漁船，在喧嘩機帆船的廣大船身周圍搖晃不定的驚險畫面，遂進入現實生活中貧困漁民的世界：由於漁筏太小，抵不住風浪，而造成魚獲短缺。在此引出文本中交雜的另外一條主線，是對現實環境臺灣漁民處境的詮釋，必須指出的是此一主線凸顯出女作家如何極為技巧地遵循戒嚴時期主導文化的框架，以符合宣傳文學對意識形態的要求，此一主線和國家意識之間交互作用的關係容後再行討論，而寫信者在信末又復歸虛幻和浪漫的想像，以精美細緻的詞藻呈現出浪漫愛情的細節，連接的是珍珠、情愛等內在靜態的意象連接：「一個浪潮滾到我的腳下，擲給我一把晶瑩圓潤的珍珠，多美的珍珠！林，我真想把它們穿成項圈送你，但一挨著指尖，它便碎了，

---

[18]陳芳明，〈在母性與女性之間〉，《霜後的燦爛——林海音及其同輩女作家學術研討會論文集》，頁297。
[19]艾雯，〈漁港書簡〉，《漁港書簡》（高雄：大業書店，1955 年 2 月），頁 51～52。

只在掌心留下濡濕的水漬。──如今我便用沾著海水的手給你寫信,不知你能否從它嗅到海洋的氣息?」[20]

　　緊接著在第三封信「海的兒女」,艾雯筆下的文本也不是單向的,而是不斷地在抒情美學與國家意識下的現實空間之間擺盪,經常以一種既矛盾又協調的姿態出現。第三封信開頭也十分綺情浪漫,寫信者在沙灘徘徊,拾取了數不清的貝殼,並將貝殼隱喻為海的歌唱與海的祕密,也吐露出歸返時要將幾顆最美麗的貝殼放在林枕畔的浪漫心態,現實被抽離架空為純美學的海市蜃樓。而後寫信者深入漁村,呈現出漁人家庭中充滿著海洋的鹹腥味,瀰漫著貧窮的氣息,並以此對比出海洋的豐饒與瞬息萬變,海的兒女在寫信者筆下是純樸而天真,一再強調其純潔善良的情操:「他們不曉得什麼是享受,只求免受凍餒,風平浪靜。他們不懂得什麼叫愛情,只有互相合作,甘嘗甘苦。他們沒有豐富的知識,卻也一肚子海的學問。他們是勤勉的,從不懶惰安逸。多麼樸實可愛的人們──海的兒女們。他們才是上帝最善良純真的子民!」[21]艾雯的〈漁港書簡〉在第四封信「希望與期望」中出現重大的轉折,海濱的場景由原本的輕柔抒情轉為狂暴獷厲,具有戲劇化現實中實物的可能,唯美空靈的敘述煞然中止,描繪出寫信者被排山倒海的呼嘯聲驚醒,在震撼天地的風吼海嘯之後,有一艘與風浪搏鬥的漁筏沒有歸返,而帶出漁人「如果我有一艘真正的船」的主旨,進而鋪陳出漁民們希冀擁有一艘行駛得快而穩、足以抗禦風浪機帆船的深切渴望:

　　　　是的,海是宇宙中最豐富的寶藏,最肥沃的牧場,同時也是最危險的戰場。但只要有一艘結實的船,便能縱橫海上。就像農夫渴望著自己的田地一樣,漁民們克勤克儉,耐苦耐勞,也只為一個願望──船,一艘真正的船,一艘行駛得快而穩,足以抗禦風浪的機帆船。他們把希望之火

---

[20]同前註,頁54。
[21]艾雯,〈漁港書簡〉,《漁港書簡》,頁55～56。

同生命之火一同燃亮，然而，傳給下一代，又下一代，……甚至有幾輩子都這麼著在期待中生生死死，這願望還不曾實現。[22]

　　第五封信中，寫信者又回復陰性化寫信者的位置，採取感性的觀物模式，在主觀的情感中自我沉溺，對海濱的描述是極爲個人化的，和當時讀者以抒情爲主的審美意識相連接，寫信者沉醉在海湛藍深邃的眸子和浪花的無止盡絮語之中，在迷惑又令人無法抗拒的浪漫視景中，寫信者的自我消解於幻想式的心靈地誌之中，徒留華麗的幻象：「海的纏綿的傾訴使我沉醉，而在那魅人的眼波深處，我迷失了我自己。」[23]而全文的高潮在第六封信〈漁者有其船〉中，前述的兩條主線嵌合於主導文化與國家權力的互動機制之中，回應家國大敘述的強勢掌握。艾雯筆下貧窮破敗的漁村生活，雖是桎銬海的兒女們之重重鎖鏈，與海搏鬥的生活則隱喻著無從掌握的命運，寫信者從人道主義與無私的同情心所揭櫫的社會議題雖是深沉，其中不容否認的無非是新移民對舊居民的善意與關懷，然而評論者多將此詮釋爲外省移民對本省居民的親切互動，許珮馨提及艾雯在〈漁港書簡〉一系列散文中，認爲其以感性的筆觸素描屏東東港的弄潮人與海搏鬥的處境：「艾雯深知這群海的兒女吃不飽穿不暖，日以繼夜勤奮地工作，只爲了能擁有一艘船，多一些收入以面對食指浩繁的一家大小，從這些書寫『在地』的文章中，可知這群遷臺女作家由一開始與本省同胞的隔閡到融入本省族群，爲其聲援困境並歌頌其美德，足見其一步步適應臺灣這個新故鄉。」[24]但是艾雯藉由寫信者如何「聲援」貧瘠漁村中沒有希望的漁民，與如何介入或是改寫這些漁民的階級身分或是生活情境呢？這顯然是詮釋文本最關鍵而值得探討的地方，在信的結尾寫信者則一徑以昂揚鋒發之姿，未來光明的漁村透過新興科技現代化的機帆船而轉喻，富庶的遠景凝縮於

---

[22] 艾雯，〈漁港書簡〉，《漁港書簡》，頁 57。
[23] 艾雯，〈漁港書簡〉，《漁港書簡》，頁 58。
[24] 見許珮馨，《五〇年代遷臺女作家散文研究》，頁 233。

寫信者對國家主體與機械化現代技術的認同[25]：

> 就在港灣裡，大海豐腴的臂灣裡，澄黃的陽光下，一排停歇著十幾條嶄
> 新的機帆船，船身鮮明炫目，船上旗幟飄揚。──這便是政府放領給漁
> 民的第一批漁船。
> 那些海上的健兒帶著虔敬，又興奮，激動，而又點怯怯的心情，莊嚴地
> 攀上了漁船。走著走著，又愛憐地拍拍船舷，親切地摸摸舵盤……不
> 錯，這是一艘真正的，呱呱叫的漁船，是屬於他們自己的船。[26]

　　這些恍若從天而降的德政和具有生產性的進步科技透露出一個訊息：
漁村被比喻為未開化的土地，而政府的建設與現代化的發展劃上等號，寫
信者以技術領先的觀點強調進步科技和臺灣住民原始文化的差異，這些特
殊的現代化面向，某部分也強化了個人認同無所不能的國家霸權，而漁村
所具存的社會差異或是階級不平等，則在集體認同於現代化的進步奇觀中
被消弭於無形，使得過往一向處於邊緣弱勢的漁村，幾近民不聊生的生
活、甚至在族群和階級上的劣勢位階，在政府放領漁民漁船的快捷途徑中
得到「另類的救贖」，在寫信者視覺凝視的幻景中必然是「豐衣足食」的安
樂生活：「第一次出發去海上狩獵，去海上長征，岸上萬千隻眼睛跟著它移
動，每一個凝視是一句祝福。船便在凝睇中遠了，小了，留下長長的一條
條浪花的環帶，那些環帶，在凝視中恍惚觸成一幅幻景，在景中望見了未
來豐衣足食的安樂生活，望見了漁船的繁榮──」[27]文本的結尾也反映了
1950 年代煙硝瀰漫、戰鬥意識甚囂塵上的創作氛圍中，流露出「為反共復

---

[25] 趙彥寧精闢地分析具有生產性的進步科技和絕對破壞性的軍事，兩者孕生著國家權力重整的無限
可能，因為無限進步與進化的奇觀，誇大了國家的榮光，也是估計反攻時刻的碼表，更經由對於
科技的想望，讓流亡主體在無限流亡與延宕中結合過去與未來，革命的認同亦得以強化。見趙彥
寧，〈國族想像的權力邏輯──試論 1950 年代流亡主體、公領域、與現代性之間的可能關係〉，
《戴著草帽到處旅行》（臺北：巨流圖書公司，2001 年 11 月），頁 160～161。
[26] 艾雯，〈漁港書簡〉，《漁港書簡》，頁 59。
[27] 同前註。

國的誓師吹起前進號角」的強烈家國意識，寫信者走出對海的浪漫憧憬，喚起爲國家（政權）犧牲奉獻、在所不惜的情操，回應「國家」、「反共」等大敘述的視角，政治意味濃厚，寫作的姿態也顯得劍拔弩張：「喚！真的，林：過了明天，我該回來了，回到你們的身邊，回到戰鬥的陣線。我的神經衰弱症已痊癒，我要讓你們看看我已被海風和驕陽鍛鍊得怎樣健壯。雖然我是那樣捨不得離開海，但我相信我們不久就會高唱旋歌，從海上回到海的那邊去，是嗎？」[28]

　　過往艾雯這篇以臺灣漁村爲書寫題材的作品，被評論者視爲偏離官方文藝政策所遵崇的思維方式，也強調女性散文作品中對主導文化的顛覆能力，認爲和多數男性書寫者相較，女作家和政治權力較爲疏遠，專注於生活空間的描述，然而此種評論方式不僅未將性別之外的差異（如：族群、階級）納入思考範疇，也有性別決定論（gender determination）的疑慮，進入爲女作家辯護的反父權中心立場，也忽視了特定的歷史脈絡中與性別的交會。關於這些議題的釐清，首先必須客觀地回視 1950 年代臺灣歷史情境，回到女作家在政治場域中與主導文化的關係，審視女作家在當時政治氛圍中扮演著什麼樣的角色，進一步處理這些作品與國家體制之間的關係。而這些女性文本是否可視爲個人主義式的陳述，而非龐大官方主導文化的一部分？這些女作家是否可以自外於反共文藝國家政策之外呢？首先從 1950 年代反共文藝政策的推行談起，中國文藝協會、中華文藝獎金委員會、文學媒體主編人事配置，都指向「反共文藝體制」之型構[29]，1955 年臺灣省婦女寫作協會成立，清楚標舉其宗旨：「本會爲鼓勵婦女寫作，研究婦女問題，以實踐三民主義，增強反共抗俄力量爲宗旨。」[30]到了 1969 年成立「中國婦女寫作協會」，都強調其成立的宗旨：「從事戰鬥的、健康的

[28]同註 26。

[29]蔡其昌，《戰後（1945～1959）臺灣文學發展與國家角色》，東海大學歷史研究所碩士論文，1996 年，頁 22～28。

[30]劉心皇，《當代中國新文學大系——史料與索引》（臺北：天視出版公司，1981 年），頁 518。

文藝作品的創作。」[31]以艾雯〈漁港書簡〉為例，其內蘊反共復國的政治意圖是昭然若揭，在國家反共文藝政策推動之際，戰後來臺第一代女作家由於在大陸上背井辭鄉、流離道途的經驗，以及和國民政府一同經歷的家國歷史，和本省籍作家相較顯然較能與官方意識形態、政治場域的主導文化相應合。所以與其申辯戰後初期女作家不存在於男性的政治權力體系之中，採取傳統女性主義對男性世界和國家體系批判的觀點，倒不如調整觀照角度，重新探問：其創作如何回應主流文化霸權，體現性別與家國間錯綜的辯證關係，這個議題放在艾雯的文本中具有相當複雜性，這也必須回應之前不憚其煩地解讀〈漁港書簡〉的敘述觀點。

　　〈漁港書簡〉採用第一人稱寫作策略的展演性是必須特別注意的，第一人稱敘述透過話語表演是解讀此類型敘述的一大特點，解讀詮釋策略的探討這是現今散文研究較少關注的領域。[32]艾雯的〈漁港書簡〉原本的基調是占據一個陰性化寫信者的位置，採取小我的、原始的情感論述，這種個人及情感式的美學表達，提供讀者精緻美學所構築的浪漫風格，投射出一幕幕感性動人的景致，美則美矣，和漁村現實的鄉土往往缺乏實質的連繫，意識形態上其實是陰性特質的美學，但是隨著文本的脈絡發展觀之，〈漁港書簡〉的文本可以說是一部抵抗陰性特質的文本，其中潛藏的是遵循戒嚴時期主導文化的框架，起初為了迎合官方意識形態所採取的話語表演，不斷地以陽性的論述擾亂陰性特質的美學，而形成為了與權威站在同一線上之女性書寫的雙音特質（double-voiced quality）[33]，最終反共抗俄、

---

[31]錢劍秋，〈30 年來婦女運動〉，《臺灣光復三十年》（臺中：臺灣省新聞處，1975 年）。

[32]感謝中興大學臺灣文學與跨國文化研究所邱貴芬教授對散文中第一人稱寫作策略的展演性此一觀點的啟發，第一人稱寫作策略的展演性對於如何建立散文專業性的研究方法與美學分析極有建樹，值得參考。

[33]女性書寫的雙音特質（double-voiced quality）的概念引援自 Sara Mills，Sara Mills 闡示雪佛（Kay Schaffer）在其著作《女人與叢林：在澳洲文化傳統下，慾望的活力》（*Women and the Bush: Forces of Desire in the Australian Cultural Tradition*,1989），以克莉絲蒂娃式（Kristevan）為架構來思考「陰性」（"feminine"）的概念，雪佛（Kay Schaffer）指出無論男性與女性作家都會將「陰性」概念反應在他／她們的殖民文本上，但是 Sara Mills 認為旅行文學中女性自然調適自己成為男性與陽性壓迫中心，或是提醒自己避免成為殖民的壓迫者，以致於作品呈現陽性與陰性論述的角力，女性書寫的雙音特質（double-voiced quality）是為 Sara Mills 想繼續深入挖掘的文本繁複

還我河山的政策導向甚囂塵上，以神州大陸爲依歸的家國意識，明顯凌駕
於臺灣土地關懷之上。大衛・斯普爾（David Spurr）提出話語和殖民權力
間錯綜複雜的關係，是研究話語和特定歷史情境中其他權力結構互動中，
不可忽略的思考面向：「在研究話語時，我們除了瓦解各類文學型式的區分
之時，也認識到作者和文本的關係本身就是曖昧的。文本的聲音是曖昧。
這聲音是個別作者的聲音、還有建制權力的聲音、還有文化意識形態的聲
音，往往是三者都有，而且三者同在。在殖民時代也好，後殖民時代也
好，文本的這種曖昧性，加上殖民話語的邏輯矛盾，生產出一種岌岌可危
的修辭，正如殖民統治本身不斷自招權力危機一樣。」[34]在艾雯單音式的書
信體中公開性質的第一人稱敘述往往具有高度的表演性，策略性地挑選所
說的話，以致於文本的聲音在個別作者的聲音、建制權力的聲音和文化意
識形態間擺盪，艾雯的〈漁港書簡〉呈現 1950 年代女性散文中的某種面
向，擺盪於意識形態與美學關懷之間的矛盾，也是性別與家國辯證張力的
呈現。循此而進一步導引出的是 1950 年代女性散文家與反共文藝政策推行
者最大的不同，是在家國想像和美學關懷間糾結多變的依違拉距，艾雯對
於政策協力者和文藝創作者之間身分的思考頗值得深思：

> 許多年來，文藝界一直為著文藝的二條寫作路線起著爭執，一條是「應
> 該」寫什麼，（文藝必須配合政策），一條是「願意」寫什麼。（為寫作而
> 寫作），可是我卻認為兩者是可以兼容並存的，就如羅曼羅蘭所說寫作是
> 「——由於社會責任和你的良心，或是某一種的內心需要所驅使……」
> 譬如我寫反侵略，反極權，配合國家戡亂政策的作品。那是我做為一個
> 文藝工作者當前「應該」肩負的使命和責任，也就是「由於社會責任和
> 良心所驅使」。但我也挑選我自己喜歡的題材來寫，因為寫自己所熟悉的

立場。見 Sara Mills 著；張惠慈譯，〈女性主義批評中的女遊書寫〉，《中外文學》第 27 卷 12
  期，頁 14。
[34]David Spurr 著；廖瀚譯，〈帝國的措辭：在新聞、遊記和帝國、行政中的殖民話語〉，《解殖與民
  族主義》（北京：中央編譯社，2004 年），頁 244。

和「願意」寫的，比較容易寫的好。所以，我現在是兩者都寫。[35]

　　艾雯思考文藝創作的兩條路線，在國府大力鞏固的「國家論述」下的「應該」寫什麼，與個人追索文學意義或是美學關懷的「願意」寫什麼之間往來交鋒，當兩者同時落實於散文創作的型構時，由此衍生出文本中修辭策略的雙音特質（double-voiced quality）。對於浪漫生活視景以及抒情幻想有所偏好的艾雯，為了回應 1950 年代國家論述／文藝政策中特定意識形態的建構，因而呈現出此一進程中自我的適應與協調，確定了「兩者都寫」的特定立場。從艾雯的陳述雖然隱微地透露出女性書寫對權力關係所內蘊的緊張性，凸顯為了配合國家戡亂政策：一個原本採取陰性特質美學的女性創作者，必須站在一個剛毅、驍勇的陽性立場，調適自己成為政策的協力者，這種將陰性特質與陽剛性的國族論述做巧妙結合的文本即是一個最好的例證。

三、結語：

　　本文以《漁港書簡》此部 1950 年代女性散文集，試圖挑戰女性散文家書寫臺灣的作品必然帶有女性主義義涵，不僅偏離官方文藝政策所遵崇的思維方式，也置外於時代政治等外緣機制，脫離父權的文化論述空間的觀點。另一關懷重心是針對 1950 年代女性散文家書寫臺灣土地的經驗，目前評論界也將構築在臺灣具體時空的書寫，套用上「家臺灣」或是「臺灣新故鄉」指標，而忽略了女作家書寫臺灣土地經驗中複雜微妙的主題與敘述模式，艾雯這篇以臺灣漁村為書寫題材的作品是回應此一論述立場，對於目前論述格局往往賦予書寫臺灣地域的女作家某種「政治正確性」和「前衛性」，提出多重辯證與對話可能。本文採用第一人稱寫作策略的展演性來解讀〈漁港書簡〉，艾雯〈漁港書簡〉的基調是占據一個陰性化寫信者的位

---

[35]艾雯，〈我是怎樣從事寫作的〉，《漁港書簡》，頁 108。

置，採取抒情美學的表達形式，但其中潛藏的是遵循戒嚴時期主導文化的框架，起初為了迎合官方意識形態所採取的話語表演，不斷地以陽性的論述擾亂陰性特質的美學，文本最後也流露出「為反共復國的誓師吹起前進號角」的強烈家國意識，這種將陰性特質與陽剛性的國族論述做巧妙結合的文本，不僅進入 1950 年代歷史與性別交會的脈絡中，也體現性別與家國間錯綜複雜的辯證關係。

四、參考書目：

· 艾雯，〈漁港書簡〉，《漁港書簡》（高雄：大業書店，1955 年 2 月）。

· 艾雯，〈倚風樓外〉，《倚風樓書簡》（臺北：漢藝色研文化公司，1990 年）。

· 陳平原，《中國小說敘事模式的轉變》（臺北：久大文化公司，1990 年）。

· 陳芳明，〈在母性與女性之間〉，《霜後的燦爛——林海音及其同輩女作家學術研討會論文集》（臺南：國立文化資產保存中心籌備處，2003 年 5 月）。

· 彭瑞金，〈第三章：風暴中的新文學運動〉，《臺灣新文學運動 40 年》（高雄：春暉出版社，1997 年）。

· 張誦聖，〈臺灣女作家與當代主導文化〉，《文學場域的變遷》（臺北：聯合文學出版社，2001 年）。

· 趙彥寧，〈國族想像的權力邏輯——試論 1950 年代流亡主體、公領域、與現代性之間的可能關係〉，《戴著草帽到處旅行》（臺北：巨流圖書公司，2001 年 11 月）。

· 范銘如，〈臺灣新故鄉——1950 年代女性小說〉，《眾裡尋她：臺灣女性小說縱論》（臺北：麥田出版公司，2002 年）。

· 張瑞芬，《五十年來臺灣女性散文・評論篇》，（臺北：麥田出版公司，2006 年）。

· 蔡其昌，《戰後（1945～1959）臺灣文學發展與國家角色》，東海大學歷史研究所碩士論文，1996 年。

· 楊翠，《鄉土與記憶——七〇年代以來臺灣女性小說的時間意識與空間語境》，臺灣大學歷史研究所博士論文，2003 年 7 月。

· 羅淑芬，《五〇年代女性散文的兩個範式——以張秀亞、艾雯為中心》，政治大學國文

教學研究所碩士論文，2003 年。

・唐玉純，《反共時期的女性書寫策略——以「臺灣省婦女寫作協會」為中心》，暨南國際大學中國文學研究所碩士論文，2004 年。

・許珮馨，《五〇年代遷臺女作家散文研究》，臺灣師範大學國文學系博士論文，2006年。

・劉開鈴，〈女性書信特質：《女英雄們》與《米花拉書簡》〉，《中外文學》第 22 卷 11 期（1994 年 4 月）。

・劉心皇，《當代中國新文學大系——史料與索引》（臺北：天視出版公司，1981 年）。

・錢劍秋，〈30 年來婦女運動〉，《臺灣光復三十年》（臺中：臺灣省新聞處，1975 年）。

・Sara Mills 著；張惠慈譯，〈女性主義批評中的女遊書寫〉，《中外文學》第 27 卷 12 期（1999 年 5 月）。

・David Spurr 著；廖瀚譯，〈帝國的措辭：在新聞、遊記和帝國、行政中的殖民話語〉，《解殖與民族主義》（北京：中央編譯社，2004 年）。

・Spivak, Gayatri C.著；張君玫譯，《後殖民理性批判：邁向消逝當下的歷史》（*A Critique of Postcolonial Reason: Toward a History of the Vanishing Present*）（臺北：群學出版公司，2006 年）。

——選自《臺灣文學研究學報》，第 4 期，2007 年 4 月

——2012 年 6 月 27 日修改

露根的蘭花
試探艾雯文本中的鄉土想像

◎楊幸如[*]

一、前言

　　范銘如在〈臺灣新故鄉——1950 年代女性小說〉一文中，以「女性自覺」和「家臺灣」這兩個「進步」意識，扭轉 1950 年代外省女作家既有的保守形象。這篇發表於 1999 年的論文，可說是以 1980 年代以降，兩大引領風潮的意識形態——女性主義和本土認同，為 50 年前的作品重新定位。此觀點一出，隨後引來相關回應及研究，其中關於 1950 年代女性文本的「家臺灣」意識，在范銘如提出後，相關的碩博士論文，幾乎都會針對文本中的「在地書寫」大作闡揚，進而指出這些外省女作家的書寫中，已經呈現出從流亡文學轉向移民文學的內涵。[1]

　　然而也有些人提出了不同的看法，例如李奭學就曾以「曾經把臺灣當『家』的女作家，如果不以 1950 年代為限，後來變成『海外作家』的也不少」[2]這樣的歷史現實來質疑范銘如的說法。其後張瑞芬針對李奭學的質疑，以「心靈故鄉」的概念，加以回應：「在性別的落差下，女作家的居住地與命運經常是隨著婚姻或家人身不由己的流轉如飄蓬。」[3]然而，外省籍

---

[*]發表文章時為彰化縣茄苳國小教師、中興大學臺灣文學研究所在職專班碩士生，現為彰化縣茄苳國小教師。
[1]參見許珮馨，《五〇年代的遷臺女作家散文研究》，臺灣師範大學國文學系博士論文，2006 年，頁 141。
[2]李奭學，〈燈火闌珊處〉，《中國時報》，2002 年 4 月 28 日，開卷版。
[3]張瑞芬，〈文學兩「鍾」書：徐鍾珮與鍾梅音散文的再評價〉，《霜後的燦爛——林海音及其同輩女作家學術研討會論文集》（臺南：國立文化資產保存研究中心籌備處，2003 年），頁 413。

的「海外作家」現象畢竟頗為普遍，誰又能全然相信這純粹是因為「身不由己」？

在這場關於 1950 年代女作家是否具有「家臺灣」意識的辯論中，「本土認同」儼然成為文學評論的重點。然而當我們以「後見之明」，致力在女性文本中「發現臺灣」時，會不會投射了太多讀者／論者自己的期待？在這樣的閱讀中，每個人都成了「有心人」，在「意識先行」之下，針對龐雜的作品，去蕪存菁，最後可能得出的是南轅北轍的結論。范銘如的推論，固然有其論文中所舉證的文本基礎，然而當筆者實際上去閱讀其它的 1950 年代女性文本，卻又無法忽視其中濃烈的懷鄉之情與家國之思。

或許文學批評也有其「文本性」，特別是針對數量如此龐大的 1950 年代女性文本，如果僅以單一概念，來加以定位，勢必會形成「偏見」。從過去對其「保守」、「懷鄉」的批評，到今天對其「女性自覺」、「家臺灣」的肯定，都難免流於以偏概全式的評論。針對同一批女作家，論者各說各話，而被本質化的女作家們，其實也各行其是，並非我們想像中，或期待中的一致。筆者以為，不管是「保守懷鄉」或「進步務實」，這些說法僅可視為一種針對 1950 年代女性文本的認識基礎，個別作家及其文本所具有的差異性應該加以觀照。本文即是擬針對艾雯，分析其作品中的鄉土書寫，考察其鄉土想像的內涵及其發展。

本文中所謂的「鄉土」，包含現實中的臺灣與精神上的中國，這是根據艾雯的流亡情境所形成的事實，也是艾雯本人對「鄉土」的定義。因此本文將不只針對艾雯的「在地書寫」，也將一併觀照其「懷鄉書寫」，畢竟艾雯本人的創作，兩者皆不偏廢；而「在地關懷」與「心戀故土」，似是其精神中雙軌並行的狀態。事實上在遷徙的現實下，鄉土認同本來就是處於不斷流變的狀態，對 1950 年代來臺女作家而言，「兩地鄉愁」是極為普遍的情形。[4]

---

[4]例如琦君的「溫州」與「臺北」、林海音的「北平」與「臺灣」、艾雯的「蘇州」與「岡山」等。

在讀者心中，艾雯是以文字的細膩與思想的正面爲其特色，這與我們僅從國文課本中的〈路〉一文所得到的印象差距不大：平實的題材，卻能以細膩的筆觸描寫，並從而闡揚正面的思想。這樣的特色，在 1950 年代或有其成名的理由[5]，然而放在眾聲喧嘩的今日來讀，恐怕僅能恰如其分地扮演「課本文學」的角色。筆者認爲以特定的問題意識來考察艾雯的文本，可以突破對其「注重辭藻」與「思想正面」這些既有認知，以一種新的角度，重新切入艾雯的文本世界。

二、上「路」

以〈路〉一文被選入國中國文課本的艾雯，是 1950 年代女作家中，經由國民教育的管道，取得「經典化」地位的代表之一。[6]現今的讀者，對艾雯的認識，大概幾乎來自於國文課本的「宣傳」。其實艾雯早成名於 1950 年代，出版於 1951 年的散文集《青春篇》，被視爲「自由中國第一本散文集」，並於 1955 年被票選爲「全國青年最喜閱讀作品及作家」的散文類第一名。光在 1950 年代，《青春篇》就一連再版八次，此外，艾雯還以相當密集的速度出版其它作品，包括《生死盟》（小說，1953 年）、《小樓春遲》（小說，1954 年）、《生活小品》（散文，1955 年）、《魔鬼的契約》（小說，1955 年）、《漁港書簡》（散文，1955 年）、《艾雯散文選》（1956 年）、《夫婦們》（小說，1957 年）、《霧之谷》（小說，1958 年）、《一家春》（小說，1959 年）等，由此看來，今日的「課本作家」，在當年可說是「暢銷作家」。本節就以上「路」爲題，考察艾雯從蘇州到贛南，最後來到臺灣這段漫長的「離鄉史」。

本名熊崑珍的艾雯，於 1923 年出生於蘇州，14 歲隨父母去江西大

---

[5]例如本省籍的余阿勳在〈寫作生涯〉中提到清晨在路燈下背誦《青春篇》，可見艾雯的「美文」在推行國語運動的年代中，被認爲是提升國語能力的絕佳範本；至於艾雯文本中的「正面思想」，符合當時官方所提倡的戰鬥精神，可見艾雯在 1950 年代廣受好評有其時代性的理由。

[6]以國立編譯館出版的國中國文課本爲例，除了艾雯外，還有鍾梅音〈冷泉心影〉、張秀亞〈溫情〉、琦君〈故鄉的桂花雨〉、孟瑤〈智慧的累積〉等。

庚，後因中日戰爭爆發，故鄉淪陷，只好留在大庚。17 歲父親驟逝，她輟學就業，並開始投稿。21 歲避難至上猶，並於此成家，抗戰勝利後還不及回鄉，就於 1949 年以空軍眷屬身分來臺，定居於屏東，1953 年遷居岡山，1973 年再遷居臺北，目前定居於天母。[7]

14 歲即踏上「離鄉路」的艾雯，注定得爲故鄉魂牽夢縈。不同於留在淪陷區的林海音，延續了與第二故鄉「北平」之間的深緣；也不同於奔向「大後方」的徐鍾珮，見證了一生難忘的「重慶精神」，對艾雯而言，抗戰時避難於贛南山城，等於故鄉與理想的雙重失落，在她筆下，山城是「狹隘閉塞」的，而她所渴望的是「奔向廣闊的自由世界或投入戰鬥行列。」[8]

抗戰勝利後還不及回鄉，就又因動盪的時局，再度踏上更遠的離鄉路，來到臺灣。根據趙彥寧的研究，「二次戰爭結束臺灣『回歸祖國』後，臺灣於中國大眾文化及國府正統論述中，逐漸被建構爲一具『世外桃源』非世俗性、及『現代熱帶風情』特質的化外之地」[9]，可以想見，在這樣的論述傳播下，當中國內戰打得如火如荼，最後潰敗逃亡之際，「去臺灣」勢必具有「去桃花源避秦」的想像意義。以空軍眷屬身分來臺的艾雯，在〈從贛南到臺灣〉一文中，流露了當時倉皇逃難，經歷黑水溝的試煉，終抵臺灣的心情：

當船在第五天晨曦中望見高雄港口時，大家就像哥倫布發現新大陸般歡呼起來，掙掉了棉被撲向舷邊，用渴慕的眼光瀏覽著燈塔、長堤和那矮矮的房屋，可愛的寶島，我們終於投到你懷裡了！[10]

新來乍到之際，南國的陽光、熱帶的風情、豐饒的物產、井然有序的

---

[7]參見〈艾雯寫作年表〉，《青春篇》（臺北：爾雅出版社，1987 年），頁 225～229。
[8]艾雯，〈幽禁〉，《青春篇》，頁 176。
[9]趙彥寧，〈國族想像的權力邏輯——試論 1950 年代流亡主體、公領域、與現代性之間的可能關係〉，《戴著草帽到處旅行》（臺北：巨流圖書公司，2001 年），頁 150。
[10]艾雯，〈從贛南到臺灣〉，《漁港書簡》（臺北：水芙蓉出版社，1983 年），頁 176～177。

市容與民風，再再滿足了艾雯「桃花源」的想像，花裙木屐的少女，粗獷
原始的高山族，倒也形成另一種「異國風情」的趣味。對照艾雯筆下的
「山城」與「臺灣」，雖然同爲「避秦之地」，但經過 50 年日本殖民，並且
孤懸海外的臺灣，顯然帶給她更多的驚喜。然而驚喜之後，面對的畢竟是
「流亡」的事實，但艾雯文本中似乎不曾流露太多失落的心情，反而是務
實地拾起「生聚教訓」的精神：

> 臺灣自不失爲美麗之島，但並不是所謂的「神仙世界」，每個人都還是腳
> 踏實地在工作。這個「桃源」也並不完全屬於「世外」。它的拓展繁榮，
> 完全配合著這個大時代。[11]

三、看海

　　不同於抗戰時避難的「山城」，臺灣四面環海的地理環境，使艾雯來臺
後，寫出了不少與海有關的題材。在她的筆下，海是既狂暴卻又美麗的，
它雖連繫著渡海那一段恐怖的回憶，卻也指向故鄉的方向。除此之外，艾
雯更曾以寫實之筆，爲海的兒女——鹽民、漁民發聲，以獨特的南方／鄉
村觀點，留下見證時代的紀錄。當鍾梅音、林海音等同時期女作家普遍以
「身邊瑣事」爲題材時，艾雯卻展現了對民生疾苦的關懷，不僅在當時震
撼文壇，在今日看來也一樣令人對她刮目相看。楊照曾說過 1950 年代女作
家所刻畫的「熟悉」世界集中在都會的外省人圈圈裡，和本省籍男性作家
所寫的農村鄉土形成強烈對比。[12]在這般印象的對照下，艾雯「從人民大眾
豐富的生活中去提煉」的書寫，顯得格外特殊，值得注意。

　　寫於 1952 年的〈銀色的悲哀〉，是以鹽民爲題材的短篇小說，可說是

---

[11]同前註，頁 180。
[12]楊照，〈文學的神話・神話的文學——論 1950、1960 年代的臺灣文學〉，《文學、社會與歷史想
　像》（臺北：聯合文學出版社，1995 年），頁 121。

艾雯版的《鹽田兒女》。故事描寫鹽民家庭生活的困苦：飽受眼瞎、腳爛等職業傷害、辛勤終日卻只能以海藻充飢、每日長途跋涉挑水因而立志遠嫁他鄉等等情節。每一個角色的安排，都充分達到主題「銀色的悲哀」的效果。向來給人「抒情美文」印象的艾雯，表現於小說上，另有番寫實的功力。這篇小說，若說是出自「正港」鹽田兒女之手，應足以令人信服。唯一「曝露」作者身分之處，是刻畫民生疾苦的背後，急欲呼喚「政府」用心。艾雯曾表示，當初是為了讓政府當局注意鹽民的困苦，所以才寫下〈銀色的悲哀〉。[13]而這篇小說後來被改編成廣播劇，引起當局的注意，被作為改善鹽民生活的資料，成功地發揮了影響力。[14]

　　同樣的姿態也見於鍾梅音的〈閒話臺灣〉，對於本省民眾吃不起水果的貧困處境，鍾梅音在文中向政府「請命」：「我愛本省同胞，在光復已經五年的今天，我不能只顧湊趣而漠視他們的疾苦，但我更愛政府，希望我們的政府，能以造福本省同胞的成績，來報答本省同胞的愛戴。」[15]在軍民一心的口號呼的震天價響的時代背景下，艾雯及同時代的女作家，普遍信任及期待政府能解決民生疾苦，而身為隨著國民政府撤退來臺的人員，使她們站在親近官方的立場上，以「為民喉舌」自許。

　　另一篇寫於 1954 年的〈漁港書簡〉，同樣展現了艾雯所具有的「官方認同」。〈漁港書簡〉以書信的形式，呈現出在外來客的眼中，漁村的風光及漁民刻苦的生活：

> 於是，漁民們只得吞食著粗礪的雜糧，拾來的蚌，海螺和網底的小魚小蝦，穿著千補百衲的衣服，孩子們赤著腳，半裸著黧黑的上身……
>
> 「船還沒有，怎能講究吃的穿的啊！」

---

[13]參見糜文開，〈由《漁港書簡》想起──值得大家注意的一個創作問題〉，《漁港書簡》，頁 199～204。

[14]參見鍾麗慧，〈不老的「青春篇」──艾雯〉，《織錦的手：女作家素描》（臺北：九歌出版社，1986 年），頁 35。

[15]鍾梅音，〈閒話臺灣〉，《冷泉心影》（臺北：重光文藝出版社，1951 年），頁 102。

「等自己有了船，生活就會好起來。」[16]

艾雯以軍眷之身，能關注到本省漁民的困境，有其難得之處，但軍眷的背景，卻也造成她在思考社會問題時的局限。這一篇原本應該有著「人道關懷」演出的作品，最後竟以歌頌「漁者有其船」的德政收尾，令人驚愕多於感動，更具有時代特色的是它「反攻大陸」的結尾：

過了明天，我該回來了，回到你們的身邊，回到戰鬥的陣線。……我相信我們不久就會高唱著凱旋歌，從海上回到海的那邊去，是嗎？[17]

在「反攻大陸」的時代語境下，作家的海洋書寫，總不脫「海那邊」的聯想，這是艾雯與其他同時代外省作家共有的特色。此外，艾雯選擇以鹽民、漁民為書寫題材，雖說是反共懷鄉年代的另類演出，但其實也是刻意呼應「戰鬥第一」的文藝主張。艾雯在《漁港書簡》的前言中曾說：

一切藝術永遠是連繫著時代的，它不僅是表現一己的感情生活，更要從這時代人民大眾豐富的生活中去提煉。它不僅是刻畫個人的希望和理想，更要刻畫出這時代人類對明日的希望和理想。[18]

1950 年代的女作家群，雖然作品質量俱佳，但在當時卻惹來「專寫身邊瑣事」的譏評。[19]艾雯的這番表白，應視為對這種「時代聲音」的回應，表達她有心突破寫「身邊瑣事」、「個人悲喜」的局限，也強調作品必須具

---

[16]艾雯，〈漁港書簡〉，《漁港書簡》，頁 72。
[17]同前註，頁 77。
[18]艾雯，〈寫在前面〉，《漁港書簡》，頁 6。
[19]同為 1950 年代作家的劉心皇對當時女作家有如下的評論：「她們所寫的差不多是身邊瑣事。讀她們的作品，彷彿不知道是在這樣驚心動魄的大時代裡。」參見〈自由中國 1950 年代的散文〉，《文訊雜誌》第 9 期（1984 年 3 月），頁 77。

有的正面意義，明顯呼應官方所提倡的戰鬥精神。1950 年代，那是一個
「黨國」大於一切的時代，「個人悲喜」與「鄉土之情」，都必須用來反映
「大時代」的精神。艾雯雖自認爲這些創作，出於「對周圍一切的關懷，
對鄉土執著的眷戀」[20]，但在時代氛圍的限制下，她本身對社會問題的思
考，不脫仰賴「有爲政府」的「德政」，而「有心人」在評論這樣「反映現
實」的作品時，竟著墨於其創作方法對「反共文學」的啓發。[21]艾雯這幾篇
具有現實關懷的作品，就這麼輕易地，被收編進黨國大敘述中，失去了現
實主義文學的力道。

四、村居

　　艾雯的「在地化書寫」，除了上述以人民大眾的生活爲題材的作品外，
更多的是她以自身熟悉的生活圈爲題材的創作。以漁村、鹽民爲題材的書
寫，說明艾雯「嚴肅」的寫作態度，然而她以熟悉的村鎮爲題材的創作，
反而具有親切有味的「在地感」。張瑞芬曾指出艾雯的南方／鄉村觀點異於
臺北女作家群[22]，此外，筆者以爲相較於同樣具有非臺北／鄉村觀點的其他
女作家，例如住在蘇澳的鍾梅音，艾雯文本還呈現出特有的眷村觀點。目
前討論到「眷村文學」，多指向 1970 年代末期以來，眷村第二代以辭鄉的
心情，寫下的眷村生活回憶之作，相較於第一代的反共懷鄉文學、第二代
的眷村文學具有鄉愁的繼承與捨棄的義涵。[23]艾雯以眷村第一代的身分，對
早期眷村生活的紀錄，不同於目前所謂的「眷村文學」，相當值得注意。

---

[20]艾雯，〈漁者有其船──新版的話〉，《漁港書簡》，頁 3。
[21]艾雯未曾親自造訪鹽區，僅透過蒐集資料，再加上想像，就寫出〈銀色的悲哀〉，並引起廣大回
響。這樣的創作歷程，被麋文開詮爲對反共文學的創作有極大的啓發：「我們沒有親見匪區生活
的男女作家們，只要肯用心，有耐性的蒐集報導匪區情形的材料，訪問匪區出來的人物，是可以
寫出像樣的描寫匪區的作品的。」參見麋文開，〈由《漁港書簡》想起──值得大家注意的一個
創作問題〉，《漁港書簡》，頁 199～204。
[22]張瑞芬，〈三生花草夢蘇州──論艾雯散文〉，《五十年來臺灣女性散文・評論篇》（臺北：麥田出
版公司，2006 年），頁 107。
[23]參見齊邦媛，〈眷村文學──鄉愁的繼承與捨棄〉，《霧漸漸散的時候》（臺北：九歌出版社，1998
年），頁 153～187。

　　在〈綠巷、燈光、人家〉中，艾雯以仿若攝影鏡頭推移的敘述觀點，記錄某天晚上，綠巷中每一戶人家的畫面：正在閱讀兒子（不是出國深造就是入伍受訓）來信的中年夫妻、燈下課子的單親媽媽（丈夫在某次任務中已壯烈犧牲）、編織著毛衣的年輕少婦以及她那駕駛噴射機的丈夫、正在寫信給海軍丈夫的妻子……[24]，顯然的，這條綠巷就在某個眷村裡。齊邦媛曾指出眷村的初期記憶是溫馨的，因爲「新建的眷村，作爲棲身之地，在當時甚至比周圍村鎮和農家略好。住戶尙年輕，孩子幼小問題單純，『反攻大陸』的口號喊得尙響，還鄉的希望尙未幻滅」。[25]艾雯的〈綠巷〉一文，正好呈現了眷村初期的溫馨樣貌。

　　眷村居民原本素昧平生，先是因共有的戰亂經驗與流亡身分促成彼此間「同是天涯淪落人」的親切感，再加上眷村本身宿舍般無隱私、集體化的生活環境，使眷村居民間即使沒有親族關係，也能形成相濡以沫的感情。這種「同舟共濟」的眷村文化，反映在文本上的，就是普遍具有「記錄村人、村事」的集體性格，例如朱天心的〈想我眷村的兄弟們〉，就反映出作者對「眷村共同體」的想像。[26]巧合的是，前述的〈綠巷、燈光、人家〉，採用了攝影鏡頭式的報導觀點，與〈想我眷村的兄弟們〉的寫法，頗爲神似。可見這種寫法的採用，某種程度也說明了艾雯本身對眷村居民的「共同體」想像。

　　艾雯另有一篇出版於 1957 年的長篇小說《夫婦們》，也是以眷村爲背景，寫 17 對來自大陸的夫妻的生活。艾雯在楔子中說：「寶島是一艘風浪中的渡船，大雜院只是這艘永不沉的大船的一角，待渡過這一段腥風狂瀾，再同返故園。」[27]艾雯的這段告白，將臺灣視爲暫時的「渡船」，以「同舟共濟」的想像，自我激勵，並且一心期盼早日回鄉，充分代表早期

[24]艾雯，〈綠巷、燈光、人家〉，《曇花開的晚上》（臺北：水芙蓉出版社，1978 年），頁 142～148。
[25]參見齊邦媛，〈眷村文學——鄉愁的繼承與捨棄〉，《霧漸漸散的時候》，頁 163。
[26]參閱梅家玲，〈1980、1990 年代眷村小說（家）的家國想像與書寫政治〉，收入陳義芝編，《臺灣現代小說史縱論》（臺北：聯經出版公司，1998 年），頁 385～410。
[27]參見鐘麗慧，〈不老的「青春篇」——艾雯〉，《織綿的手：女作家素描》，頁 38。

眷村居民的心聲。

　　另一方面，軍人眷屬的特殊身分，使眷村居民具有高度的國家認同，在官方刻意的宣導下，莒光日式的黨國教育內化爲其思想的一部分，遂形成一種過度強調大我的意識形態，正如同張大春所說：「清苦自足的現實生活裝填著周轉不完的憂患意識、思鄉與念舊病、集體的使命感、共榮共辱心、江湖義氣、愛國的高貴感。」[28]這樣強調國家意識的眷村文化，使得艾雯對官方政策具有較高的認同，即便是官方的文藝政策，艾雯也總是大力配合。艾雯曾憶述來臺早期的寫作心情：

> 失鄉的悲憤，感時憂國的苦悶和文藝的使命感，寫作的熱忱特別高昂旺盛，寫戰鬥氣息的，闡揚人性的，……寫配合當時掀起文藝運動、文化復興的短文……。[29]

　　此外，艾雯文本明顯具有「文以載道」的特質，除了戰鬥之聲，靜思語式的說教文字也很常見，這與她的柔美文風，竟能相互結合，充分展現艾雯思想中所具有的「正統性」，而這與走過動盪時代，出於自我激勵的心態下，頻頻呼喊口號的眷村文化，或許也有所關聯。

五、望鄉

　　眷村安穩自足的生活，並不能完全撫慰流亡的心情，當「滯留」時日愈久，返鄉渴望反而愈強。艾雯寫於 1950 年代中期的〈這只是南臺灣的冬天〉一文，以報上「大屯山下雪」新聞，觸發懷念家鄉雪花飛舞的日子，忽又省悟「這只是南臺灣的冬天」，感慨來臺七年不得回鄉的處境，最後以「瑞雪兆豐年」的理由，自我鼓舞大屯山的雪是即將「打回去」的徵兆。[30]

---

[28]張大春，〈眷村子弟江湖老〉，《中時晚報》，1990 年 12 月 29 日，時代版。
[29]參見鍾麗慧，〈不老的「青春篇」──艾雯〉，《織錦的手：女作家素描》，頁 33。
[30]艾雯，〈這只是南臺灣的冬天〉，《曇花開的晚上》，頁 154～158。

　　另一篇〈浮萍之感〉，寫於來臺 20 年後，約當於 1960 年代末期，艾雯仍以在臺灣「缺少季節」的煩膩，反襯出對有「寒梅」、有「楓葉」的家鄉的渴望。只是 20 年的歲月，使她更「清醒」了些，沒有「瑞雪兆返鄉」的投射心理，而是真誠地寫下自己的心聲：「而我，20 年了，為什麼依舊有著浮萍的感覺？」[31]艾雯的浮萍之感來自於「無根而生存」的現實，她一心盼望能再度踏上故鄉的土地，然而面對「回不去」的事實，艾雯在這時期開始，以唯美抒情的筆觸，著手寫系列的懷鄉散文，以織夢的方式，一解思鄉之苦。

　　在這之前，懷鄉題材在艾雯作品中就很常見，然而其重點通常在回憶過去，以帶出當下的感慨，對於故鄉的描寫並不細膩，與一般來臺作家所創作出來的大量懷鄉文學相較，並無特殊處。進入 1970 年代，艾雯所寫的懷鄉散文，呈現出一幅幅美不勝收的蘇州風情畫、涵蓋自然之美與民俗之趣，似乎有意以工筆畫的書寫方式，為回憶中的故鄉立傳。懷鄉之作通常也不免於瑣碎，但艾雯顯然有意以細膩的文字與豐富的題材，提升作品的藝術水準，此外，系列式的書寫，則顯出其有較大的企圖心。

　　艾雯第一篇「懷鄉草」系列的文章〈小小茉莉〉，發表於 1971 年 8 月的《中央月刊》上，主要是回憶在蘇州茉莉花飄香的日子。艾雯本人對園藝有極大興趣，而且「蘇州人似乎從娘胎就愛上了花花草草」[32]，因此她有意以與故鄉有關的植物為題材，寫下一系列名為「懷鄉草」的散文。此外同時期仍有許多不被冠以「懷鄉草」系列標題的延伸之作，包括〈鄉心新歲切〉、〈玫瑰酒〉、〈石榴花開時〉、〈夢入江南煙水路〉、〈香火玄妙觀〉、〈無言倚修竹〉等等，這些透露著唯美浪漫氣息的篇名，再再說明了在艾雯心目中，14 歲就離開的故鄉蘇州，保存著童稚時期最完美的印象，在綿綿無絕的回憶中，儼然已成了人間天堂。在離鄉二十餘載之後，懷鄉之情不減反增，對艾雯而言，單篇似乎已無法承載內心的波瀾起伏。同時期的

---

[31]艾雯，〈浮萍之感〉，《不沉的小舟》（臺北：水芙蓉出版社，1975 年），頁 100。
[32]艾雯，〈小小茉莉〉，《不沉的小舟》，頁 110～117。

女作家，琦君寫溫州，林海音寫北平，懷鄉的熱度，同樣沒有因離鄉日久而沉寂，反而愈發濃烈。

　　當艾雯持續地在《中央月刊》這類國民黨營的雜誌上發表懷鄉之作時，也正是鄉土文學論戰沸沸揚揚的時期，艾雯在當時的寫作，不見得有回應鄉土文學論述的意圖，但在幾年後，艾雯卻挪用了「鄉土文學」的術語，爲自己的懷鄉書寫定位：

> 魂牽夢縈，唯有暫借筆卸我千斛鄉思；以赤子之忱，童稚純真的眼光和口吻，詩意的情調，來寫景致、風格、文物，更能顯示其種種動人之處。寫我鄉土，也算是最真切純淨的鄉土文學。[33]

這段文字發表於 1982 年，距離 1977 年的鄉土文學論戰只不過五年而已，艾雯所謂「真切純淨」的鄉土文學，與論戰當年的官方說法極爲相似。當時的國防部總政戰部主任王昇，在「國軍文藝大會」中的演講，以提倡「純正」的鄉土文學，來收編當時的鄉土文學論述，而被暗示爲「不純正」的鄉土文學，則是「挑撥階級鬥爭」的「工農兵文學」。[34]

　　之後，艾雯在 1994 年的專訪中，又再度發表她的鄉土文學觀：

> 目前的構想是寫系列關於故鄉蘇州的文章，……我覺得每一個有這樣感情的作者都該寫點「鄉土文學」，不是指那些狹隘的本土化的鄉土，而是將自己知道的經歷的那些歷史、文化、風俗、人文、景物等寫出來，而在時代的變遷動盪中，抓住一點尚未破壞、泯滅、失落的優良傳統、純樸風俗、民間藝術等留下來，作爲對故土的還饋、民族文化的延續。[35]

---

[33] 艾雯，〈不具「風格」的風格〉，《綴網集》（臺北：大地出版社，1986 年），頁 181。本文原發表於《中央日報》，1982 年 12 月 13 日，第 11 版。
[34] 曾祥鐸，〈參加國軍文藝大會的感想〉，收入尉天驄編《鄉土文學討論集》（臺北：自印，1978 年），頁 846～850。
[35] 劉叔慧，〈生活的藝術家——訪艾雯女士〉，《文訊雜誌》第 101 期（1994 年 3 月），頁 98。

從這段發言中，我們可以看出，此時艾雯對鄉土文學論述的批評，主要是針對「狹隘的本土化的鄉土」。根據游勝冠的分析，鄉土文學論戰時期，即便是提倡鄉土文學的陣營內部，對於何謂「鄉土文學」也有相當歧異的解釋，包含葉石濤的「臺灣文學本土論」、陳映真的「民族文學論」及王拓的「現實主義文學論」。[36]也就是說，在發生「鄉土文學論戰」的當時，「本土化」的鄉土論述並非是唯一的聲音，但是隨著臺灣主體意識的提升，「本土化」的鄉土文學論述在 1980 年代躍升主流地位。[37]身為外省族群的艾雯，在此時必定感受到「本土論述」的威脅，因此特別強調其「故土」、「民族文化」的鄉土文學觀。事實上，如前所述，艾雯向來視家國為一體，在這樣的意識形態下，她的鄉土想像，正是「中國想像」，而臺灣自然被視為中國的一部分。此時的艾雯，若要說她具有「在地認同」，似乎頗為牽強。

撇開鄉土認同不談，艾雯的懷鄉文學，究竟與鄉土文學論戰中所標舉的鄉土文學有什麼不同？基本上，不論是任何派別的鄉土文學陣營，皆強調作品必須具有現實主義的觀照，而艾雯筆下的鄉土，有優良的傳統、有純樸的風俗，卻完全沒有任何社會問題，這樣的特質，幾乎完全不同於具有現實主義色彩的「正統」鄉土文學。反而是她在 1950 年代所寫的那些以漁民、鹽民為題材的作品，撇開其中的官方立場不談，比較具有現實性，較為接近鄉土文學的調性。

六、露根

艾雯在〈浮萍之感〉中，以「無根」來定義自己的生存狀態，這是她在「滯臺」20 年後，一反往常的積極正面精神，真誠地揭露自己的迷惘，可見這時期她對於「反攻神話」已經有所動搖，然而在文末她仍是以「有所盼望」自我激勵：

---

[36]相關論述，轉引自王德威，〈國族論述與鄉土修辭〉，《如何現代，怎樣文學？》（臺北：麥田出版公司，1998 年），頁 161。

[37]參見陳芳明，〈歷史的歧見與回歸的歧路──鄉土文學的意義與反思〉，《後殖民臺灣：文學史論及其周邊》（臺北：麥田出版公司，2002 年 4 月），頁 91～107。

> 無根而生存，需要怎樣的勇氣，怎樣的忍耐，怎樣的力量啊！只為忍耐
> 中有所渴慕，有所盼望，有所期待：當真理亮著鮮明的旗幟，引領扯滿
> 風篷的船自海上歸去，回到海的那一邊。
> 當我的腳趾一踏上故鄉的土地，我便立刻生了根。迅速地、紮實地，深
> 入大地的懷抱，吸吮著溫馨甜潤的乳汁，從此，永遠，永遠再無浮萍之
> 感。[38]

這樣的光明尾巴，雖然顯得有些陳套，但仍代表著艾雯當時最真切的心聲。

發表於 1980 年代初期的〈露根蘭花〉，則是代表艾雯「滯臺」三十餘年後，再次對自己的「浮萍之感」所做的思考。在這篇文章中，她提到自己一向自我慰勉：「到處能安便是家。」然而在頻繁的遷徙中，似乎總覺得欠缺點安定和踏實，直到她看到一幅「露根蘭花」的畫，才恍然有所憬悟，自己不是失根，而是缺土。「失根蘭花」向來是中國文人廣為引用的流亡意象，例如陳之藩就曾以「失根的蘭花」為題，寫下他國破家亡，流亡在外的心情，這篇抒情散文，想必很能引起同為外省族群的艾雯的共鳴。然而來到 1980 年代，究竟是怎樣的想法之下，艾雯會認為自己並非「失根」，而是「缺土」？[39]

艾雯認為自己「呼吸著自由的空氣，啜吮著中華文化的養料，血管內循環著炎黃子孫的血液；儘管東遷西播，住無定所，竟也生活得意氣奮發，充滿信心。」[40]可見「民族文化」正是艾雯所認定的根，堅定的民族認同，使她認為自己即使失鄉，卻仍保有自己的「根」。這樣的說法，仍可見艾雯一貫的正面意識與國家認同，然而，她最後引用了王安石的詩：「如何憂國忘家日，還有求田問舍心？」說明自己的情境：「若問，為何露根而生

---

[38] 艾雯〈浮萍之感〉，《不沉的小舟》，頁 102。
[39] 艾雯，〈露根蘭花〉，《綴網集》，頁 63～64。
[40] 同前註，頁 64。

存？只緣無心求田舍。」這樣的告白放在經濟起飛、房價高漲的 1980 年代來看，或許反映了一種受到現實刺激之後的有感而發。長期暫居於國家所提供的大型宿舍——眷村中，強烈的中國認同，使眷村居民往往一心等待回鄉，而未能趕在經濟起飛前置產。[41]然而當經濟起飛、社會變遷，眷村逐漸毀朽之際，艾雯終於迫切地感受到「缺土」的現實。這篇文章，可說是艾雯對於生存狀態的一種再省思。而她的「避秦」心態，恐怕要到這時，才可說是真正轉向「家臺灣」的想像，雖然說，歷史的事實是，她早已在臺灣定居 30 年了。

七、結語

　　「露根蘭花」的隱喻，很能說明如同艾雯這樣的外省第一代作家的精神狀態：強固的大中國認同，移植在不同的土地上，雖然虛幻，卻也能生存，蘭花吸收著陽光、雨露和地氣，漸漸地也和移植的土地產生了感情。至於裸露的蘭花根，是否有深扎入土的可能，這或許但憑個人的「在地認同」能發展到什麼程度。本文的目的並非在檢驗艾雯對臺灣的認同與否，事實上以艾雯當初並非出於「移民」的意願，暫避秦於臺灣，她自然仍是以蘇州故鄉做為她認同的鄉土。而基於這樣的背景，她一直以中國意識為其精神上的「根」，自然與近年來所謂的臺灣意識有所扞格。或許相對於過去對外省籍作家強固的「大中國認同」的印象，外省籍女作家較具在地感的文本會讓人有驚豔之感，但若要因此推論其有「家臺灣」意識，甚或「臺灣認同」，筆者以為這其中多少有些「過於熱情」之嫌。在 1950 年代女作家具有「家臺灣」意識的論述蔚為流行的今日，本文的用意希望能在「家臺灣」的重新發現／建構外，提出另一種看法，做為補充，讓相關文本的定位，能展現更多元的面向。

---

[41]相關論述，參見張啓疆，〈烽火下的遺腹子〉，《自立晚報》，1991 年 1 月 15 日，本土副刊。

參考文獻

一、文本

· 艾雯，《青春篇》（臺北：爾雅出版社，1987 年）。

· 艾雯，《漁港書簡》（臺北：水芙蓉出版社，1983 年）。

· 艾雯，《生活小品》（高雄：三信出版社，1975 年）。

· 艾雯，《艾雯散文選》（臺北：遠東圖書公司，1956 年）。

· 艾雯，《曇花開的晚上》（臺北：水芙蓉出版社，1978 年）。

· 艾雯，《浮生散記》（臺北：水芙蓉出版社，1975 年）。

· 艾雯，《不沉的小舟》（臺北：水芙蓉出版社，1975 年）。

· 艾雯，《綴網集》（臺北：大地出版社，1986 年）。

· 艾雯，《艾雯自選集》（臺北：黎明文化公司，1986 年）。

· 艾雯，《倚風樓書簡》（臺北：漢藝色研文化公司，1990 年）。

· 鍾梅音，《冷泉心影》（臺北：重光文藝出版社，1951 年）。

二、專書

· 王德威，〈國族論述與鄉土修辭〉，《如何現代，如何文學？》（臺北：麥田出版公司，1998 年）。

· 范銘如，〈臺灣新故鄉——1950 年代女性小說〉，《眾裡尋她：臺灣女性小說縱論》（臺北：麥田出版公司，2002 年）。

· 張瑞芬，〈文學兩「鍾」書：徐鍾珮與鍾梅音散文的再評價〉，《霜後的燦爛——林海音及其同輩女作家學術研討會》（臺南：國立文化資產保存研究中心籌備處，2003 年）。

· 張瑞芬，〈三生花草夢蘇州——論艾雯散文〉，《五十年來臺灣女性散文·評論篇》（臺北：麥田出版公司，2006 年）。

· 陳芳明，〈歷史的歧見與回歸的歧路——鄉土文學的意義與反思〉，《後殖民臺灣：文學史論及其周邊》（臺北：麥田出版公司，2002 年）。

· 梅家玲，〈1980、1990 年代眷村小說（家）的家國想像與書寫政治〉，收入陳義芝編

《臺灣現代小說史縱論》（臺北：聯經出版公司，1998 年）。

· 曾祥鐸，〈參加國軍文藝大會的感想〉，收入尉天驄編《鄉土文學討論集》（臺北：自印，1978 年）。

· 楊照，〈文學的神話・神話的文學——論 1950、1960 年代的臺灣文學〉，《文學、社會與歷史想像》（臺北：聯合文學出版社，1995 年）。

· 趙彥寧，〈國族想像的權力邏輯——試論 1950 年代流亡主體、公領域、與現代性之間的可能關係〉，《戴著草帽到處旅行：性／別、權力、國家》（臺北：巨流圖書公司，2001 年）。

· 齊邦媛，〈眷村文學——鄉愁的繼承與捨棄〉，《霧漸漸散的時候》（臺北：九歌出版社，1998 年）。

· 鐘麗慧，〈不老的「青春篇」——艾雯〉，《織錦的手：女作家素描》（臺北：九歌出版社，1986 年）。

三、博士論文

· 許珮馨，《五〇年代的遷臺女作家散文研究》，臺灣師範大學國文學系博士論文，2006 年。

四、報章雜誌

· 李奭學，〈燈火闌珊處〉，《中國時報》，2002 年 4 月 28 日，開卷版。

· 張大春，〈眷村子弟江湖老〉，《中時晚報》，1990 年 12 月 29 日，時代版。

· 張啓疆，〈烽火下的遺腹子〉，《自立晚報》，1991 年 1 月 15 日，本土副刊。

· 劉心皇，〈自由中國 1950 年代的散文〉，《文訊雜誌》第 9 期（1984 年 3 月）。

· 劉叔慧，〈生活的藝術家——訪艾雯女士〉，《文訊雜誌》第 101 期（1994 年 3 月）。

——選自靜宜大學臺灣文學系編《第五屆全國臺灣文學研究生學術論文研討會論文集》

臺南：國立臺灣文學館，2008 年 9 月

青春和愛的歌唱

艾雯的生平與創作

◎閻純德*

　　　　未曾生我誰是我，生我之時我是誰？

　　她是誰呢？她不是 20 世紀 20、30 年代在中國文壇聞名遐邇的冰心、蘇雪林、謝冰瑩，其「名」不如她們悠遠響亮，可是在臺灣寶島，有誰不知大陸赴臺作家群中，第一個出版散文集《青春篇》的艾雯呢？

　　艾雯本名熊崑珍，1923 年 8 月 11 日出生於文化氣息醇厚、靜謐雅逸的水鄉——蘇州——一個書香門第。她曾給自己塑像：「熊崑珍或是艾雯，只是一個代號，一個名稱。五官容顏，體態身材，只是形象，一個父母所賜予的血肉之軀。」

　　從 20 世紀 80 年代末期，我開始與她聯繫，1993 年 4 月 21 日至 1994 年 11 月 8 日，我們先後有四次書信聯繫，她曾幾次給我寄贈數據和作品集。2004 年是我們又一次聯繫較多的一年，我從北京給她打過兩次電話，她也給我來過電話，雖然她的身體總是欠佳，但我們還是講了很長時間，她也回答了我一些問題。我幾次赴臺參加學術會議，但是要走到臺北市士林區天母北路天玉街 27 巷她的寓所見她頗不容易。她總是說：「路太遠，又不容易找。」

　　艾雯屬於臺灣女性文學史上第一代重要的女作家。說她是第一代，因為真正意義上的臺灣女性文學的形成是 1949 年前後輾轉到臺灣的謝冰瑩、

*北京語言大學人文學院教授。

蘇雪林、沉櫻、張曼瑰、張秀亞、張雪茵、葉曼、徐鍾珮、琦君、王琰
如、繁露、潘人木、劉枋、孟瑤、羅蘭、重提、胡品清、畢璞、芯心、鍾
梅音、艾雯、嚴友梅、童真、郭良蕙、蓉子、小民、張漱菡等人開創的，
艾雯雖然當時尚屬青年，可是她的創作不晚，而且曾經影響了幾代人，幾
十年的文學耕耘，在臺灣第一代女性散文家中，「最講求修辭藝術的，當推
艾雯」，「對於白話文的實驗與提升具有不容低估的貢獻」[1]。她是 20 世紀
50 年代臺灣女性散文大規模誕生的推動者，是「書簡體」的倡揚者，她在
讀者中有著深遠的影響，為臺灣女性文學的形成與發展做出了貢獻。

家庭和人生歷練

　　一方水土養一方人。人的性格，文化底蘊，甚至人生觀、世界觀，都
很難擺脫自然景觀和人文環境的影響。

　　艾雯生在被譽為「天堂」一般的蘇州，是在外婆及父母雙親的嬌寵與
呵護下長大的一個女孩子，柔弱，羞怯，內向而又倔強。艾雯七、八歲時
發現父親的藏書，開始一知半解地閱讀中國古典小說、章回小說，自此迷
上文學書籍，廣泛涉獵古今小說及中外文學，終生不改。因為父親也是個
「沾墨汁，也沾泥土」的文人墨客，使她受到能詩文善繪畫的父親的很大
影響，愛文學，愛自然，愛一切美好的事物，成為她近乎天生的癖好或性
格，是自然、環境、歷史和文化在她靈魂的土壤裡培植了「生命本能」。童
年靜好恬適的歲月，像柔婉瀠洄的河水悠遠流轉，默默潤澤著她的人生之
夢。在清平安詳、無憂無慮和傳統庭院的歲月中，她養成了沉靜、善感、
和平、恬淡而又矜持的書卷性格。

　　在深深庭院的綠陰下，在寂寂古屋的書香中，「當同齡的孩子忙著計算
雞兔同籠，忙著遠足郊遊時，那易感的小心靈常常獨自浸沉於幻想的王

---

[1]陳芳明，「臺灣新文學史」第 17 章〈女性詩人與散文家的現代轉折〉，《聯合文學》第 220 期
　（2003 年 2 月）。

國，一知半解地自書中探索另外一個世界。」[2]在學校，她不慣於嬉笑遊樂，愛好自然和藝術及一切美好的事物；國文課總得最高分，圖畫上過展示欄，數學體育勉強及格。讀初中時，一位李老師對她寫作的影響幾乎是決定性的：課堂上，老師說她的作文寫得好，讓她當眾朗讀；但她害怕，急得不得了，最後還是老師替她讀了她的文章。艾雯說，老師對她很特別，賦予她想些什麼就寫什麼的權利。老師的這種無形的啟發，使她開始對於寫作有了興趣，也給壁報寫些小文章。那時，艾雯雖年少，卻心高氣傲，對於任何事情都要求完美；對未來，對自己，懷有崇高理想和美麗的遠大期許──「那是生活在幸福的雲端，做著綺夢的熊崑珍！」

　　生於安樂，長於憂患，盧溝橋的炮火粉碎了寧靜的歲月，溫馨的家庭從此不再。1937 年春，她與大家閨秀的母親和只有一歲的妹妹隨赴任的父親來到江西贛南，剛到四個月，抗日戰爭就爆發了。父親在造松炮打日本的鎢礦工程處服務，工作繁重。三年後，書生型的父親，總是惦記著淪陷區的親人和他留在家裡的那些書畫。憂國思親，又加上抗日跑警報，使他突生急症，竟在大庚任上猝然逝世。失怙之痛，加之烽火遠隔了故鄉，使這位只有 17 歲的姑娘遽然成熟了：「寡母幼妹，活著的，仍需活下去」，逼迫她不得不面對現實──輟學就業──「負起養家的責任」，「不加考慮，擦乾眼淚，挺起柔弱的肩膀」[3]，獨立肩負起生活的重擔。那時，她還不知天高地厚，也不懂人情世故，可是現實給她的選擇是唯一的。就這樣，「想高飛的翅膀尚未展開，便已斷羽折翼」。社會是一個深不可測的無情染缸，毫無設防的純潔心靈投進去，不知會被染成什麼顏色。但是，社會也是沒有教室的學校，如果「在工作中學習擴充自己，也可以接受深廣的自我教育」。這時候，她選擇了到父親工作過的單位上班，擔任了檔案和圖書管理員，後來又專門負責圖書。每當報上注銷新書廣告，她和另一個浙江大學的同事就勾出書名叫人購買，運礦砂出去，運新書回來。這時，她像掉進

---

[2]艾雯，〈自我塑像〉，《文學時代雙月叢刊》第 11 期（1983 年 1 月）。
[3]同前註。

書堆裡的「小老鼠」，吃都吃不完；看了那麼多書，就萌發了試試寫點小東西的想法。她回憶說：「從枯燥繁瑣的文牘、檔案，轉向圖書管理——能被書本圍繞著真是一種奢侈的享受，接觸到前人豐富燦爛的智慧，喚醒了血液中深潛的文學因子——幼時父親的薰陶，嗜讀的興趣，老師的培植，交融成一股躍躍欲試的渴望，而外在的壓力，和內心的衝擊，更促使憂傷苦悶的心迫切尋找宣洩的出路——開始學習寫作」，「把寫作當做一支舵，裝在那葉在人海風濤中奮鬥向前的小舟」。[4]1941 年她創作的第一篇一萬多字的小說〈意外〉，以本名「熊崑珍」參加徵文，竟然一鳴驚人，意外地獲得《江西婦女》徵文第一名，從此，始以宣洩內心憂傷、苦悶和希望的寫作一發而不可收拾；她「在寫作中發現自己，在思考中認識自己，在接受時代的考驗、生活的挑戰中，建立自己」——那就是從蔭庇下站起來面對現實、把寫作視為她生命的重要部分的艾雯。從此，以「艾雯」為筆名，開始投稿，寫抒情的散文，也寫抨擊現實社會烏煙瘴氣的雜文和諷刺性的短篇小說，先後刊於贛州《正氣日報》、《青年報》、《民國日報》及《東南日報》，寫作幫助她走過崎嶇的人生道路。

　　文學可以給人力量，可以使人重生。艾雯說：「一支筆在坎坷的人生長途上，成為我的生命之光，成為我的希望之火，成為我轉變時的支柱，成為我彷徨時的指標，成為我生存於這個世界的憑恃，成為我接受挑戰的對抗武器，也成為我的心腹朋友。」[5]這時期是艾雯人生觀形成的關鍵時期，因為責任使她長大成人，因為苦難使她更加成熟。「艾雯的我，慢慢化柔荏為堅毅，化憂傷為力量，除了在那個『生產報國』的崗位上貢獻微小的力量，也投注全部熱誠在自己選擇的志趣上。選定目標，增加了生存的勇氣和信心。當 1943 年日寇逼近大庾，機關停止生產，我押著一船圖書，疏散到較偏僻的上猶縣待命時，卻由於投稿副刊主編的介紹，意外地進了凱報社。」那時的「新贛南」，地方不管怎麼偏僻，經濟不管怎麼窮，也都是一

---

[4]艾雯，〈序〉，《青春篇》（高雄：啟文出版社，1951 年 4 月）。
[5]艾雯，〈自我塑像〉，《文學時代雙月叢刊》第 11 期。

縣一報；報紙麻雀雖小，五臟俱全，有新聞、政論和副刊。開始她負責數據，不久又主編副刊。「我是個孜孜不倦、勤奮盡責的小園丁，經常讓小小的園地花草茂盛，生氣盎然，新的工作開拓了我新的境界。」因為這個小園地，這時她還能接觸到一些成名作家和熱忱的年輕作者。當時閩浙一帶尚未淪陷，因為與外界隔絕，反而使得那裡人文薈萃，各種報紙的副刊繁榮一時，文藝運動蓬勃發展。艾雯也擬訂編輯方針，提高作品水平；為讓「副刊」成為純文學刊物，她相繼開闢了「詩藝術」、「文壇」、「文藝評論」、「民間」、「大家看」等三日刊式周刊，積極參與發展東南文藝，以「大題小做」為名，發表各類「針對現實，反映社會，警惕民心，鼓舞士氣」的文章。更有藝術編輯黃永玉配合創作木刻刊頭，小小刊物，亦稱得上圖文並茂。

　　1944 年底，雖然日寇在中國的大勢已成強弓之末，但敵人依然瘋狂，逼得上猶全城居民不得不撤退。艾雯回憶說：「報館的圖書及器材均用木筏運走，我帶著小腳的母親和幼小的潤妹翻山越嶺、長途跋涉，歷盡艱辛地避難到離城 80 里營前鎮，接著又進入山坳的平富鄉。那時，每人準備一小包米和衣服，以備隨時躲入高山深谷。報紙在稍作安頓後，便在一座無人的學校內開始印行。我在黯淡搖曳的油燈下畫著版面，校訂文稿。手搖的印報機在竹篾火把下不停地轉動，一卷卷印好的報紙用當地產的空白竹紙作偽裝，天不亮送報的就挑著籮筐翻過山嶺，穿過荒野，送到四面陷敵的城裡和敵後的村莊鄉鎮。直到 1945 年 8 月 15 日收音機裡播出敵人投降的新聞，我在大家狂喜歡騰之際，忍不住獨自攀登屋後常去的紅土山上，熱淚盈眶，振臂高呼：『我們勝利了！』」她由衷的悲壯的狂呼，透過無邊的天風松濤，一波一波地從山谷洶湧著傳開去，她覺得自己的衣袖在飄揚，長髮在飄飛，彷彿是一種神力把自己舉到了天上。

　　行萬里路，讀萬卷書，是歷練人生、啟迪智慧之道。在圖書館和《凱報》期間，她可以讀書，報紙副刊可以讓她展示才華，二者相輔相成，完美地釀造著她的文學夢。艾雯回憶說：「圖書館的五年喚醒我、啟發我、充

實我，使我踏上寫作的路。報紙副刊三年，增加我珍貴的閱歷，拓寬我生存的範疇，在學習發揮才能時肯定了自我。」她由衷地喜歡那兩份工作，但是由於戰亂，她不得不辭職，並於 1949 年 2 月做為一名家屬來到臺灣，先住屏東，後遷岡山，然後是臺北，身無二事，專事寫作，並終生不輟。

那時的臺灣，一片蒼涼，文壇猶是浩劫後的真空。初到臺灣的艾雯，由於失鄉的悲涼，憂國的苦悶，以及文藝的使命感，使她對社會、人生有了更多的體驗和認識，寫作熱忱特別高昂旺盛；她寫反映戰鬥氣息、闡揚人性光輝、刻畫那個時代人類艱苦卓絕精神的小說，也寫鼓舞心靈、培養美好情操、提升生存勇氣的散文，還寫童話和倡揚文化復興的文藝短論和雜文。如她所說：「我寫得很雜，雖然粗淺，卻付出了我全部熱忱和心力。」

永遠的《青春篇》

1951 年，28 歲的艾雯出版了她的處女散文集《青春篇》。這是 1949 年前後因為國家歷史變故而從內地遠赴臺灣的作家群中第一位出版散文集的作家，其文學史上所展示的意義非同一般。這部散文集收錄文章 47 篇，其中一部分是艾雯在江西凱報社工作期間——即在抗日烽火的戰鬥歲月裡的創作，一部分是她抵臺後專心做家庭主婦兼專業寫作時在報刊上發表的作品。這部散文集抒寫的是年輕人對理想的狂熱，對自由的嚮往，對真理的憧憬，以及在艱辛的生活中如何錘鍊自己，鼓舞人們突破和衝出狹隘的禁錮，讓向上的思想飛上廣闊的天空；用艾雯的話說，書裡「有屬於少女的夢，有屬於青年人的理想。以純潔的心靈、熾熱的感情，寫出了對未來的希望，對光明的頌揚，對真和美的憧憬，對自然萬物的情愛，以及奮鬥創造的生活意志，融哲理於抒情，寓激勵於柔情，為青春樹立了一座里程碑。」這部百讀不厭的散文集中的許多篇什尚被讀者當做範文閱讀傳頌，有人拿它當人生旅途中的光明指南，有人拿它美化心靈、陶冶性情而去細品文章的哲理、雋永和韻味。作者在同題〈青春篇〉一文中，不僅強調青

春生命的可貴，還冀望青年珍惜這一份稍縱即逝的青春；作者還強調，只有藝術的光彩，靈魂的純潔、無私和為真理奮鬥的精神才是美，才是青春的永恆。其它各篇，也多以此為主題，借對身邊瑣事的描寫與抒情，頌揚母愛和大自然，借對愛情與事業的剖析，抒寫對真理與美的渴望，以及對理想與光明的追求。由於《青春篇》巨大影響力，因此在 1956 年，在「青年最喜愛的作品及最推崇的文藝作家測驗」中，《青春篇》獲得第一，成為「最喜愛閱讀之作品」，艾雯也被譽為「最受推崇的作家」。其中〈路〉被選入中學國文教材，流傳數十年，至今感動和影響了千萬學子。不僅如此，它還影響了至今活躍在臺灣文壇的一些知名作家——余阿勳在《涓涓集・寫作生涯》裡說：「早晨四五點起來，利用路燈背誦《青春篇》」；郭兀在《又聞潮聲・啃書的日子》回憶當年自己當兵時，為了去書店買書寧願當伙夫，直到自己存點兒錢能夠買書，「第一本買的書便是艾雯女士的《青春篇》」；張拓蕪在《左殘閒話・瘠土》中說，他有艾雯《青春篇》的手抄本，大部分還能背誦。這本散文集的出版還有一段佳話：高雄左營的福海書店沈老闆（原上海「文化生活」職員）在報上讀到艾雯的散文後，便找作家墨人（《凱報》同仁），通過他向艾雯表示希望出版此書，為此成立了南部最早的啟文出版社，很快出版了這部散文。出版後連續多年暢銷，作家葛賢寧、王平陵、趙友培、司徒衛、劉心皇、孫旗、張雪茵、季薇、李莎、亞敏等，都為此書撰文、題詩。此書連續出了八版，由於書局結束而改由臺灣大業出版社於 1958 年重版，之後又由水芙蓉出版社於 1978 年出版，1987 年經過增訂，又由爾雅出版社出版。這些，都是《青春篇》輝煌的紀錄，也說明它確實具有誘人的思想和藝術的魅力。

《青春篇》的出版，更使她堅定地把文學寫作變成自己終生的精神事業，如她所說：「寫作猶如一通窄門，進去時果然不易，而一旦懷著莊嚴崇敬的心情跨進門坎，情不自禁就會染上那種近似獻身宗教的狂熱，把自己視為一束燃料，投入創作的熱情中。那份熱忱進入靈魂深處，那份興趣融入生命裡，終於成為習慣，成為生活，成為一生頂禮的精神事業——我寫

作，由於內在那股衝激的力量——創作欲，不斷地鼓勵我；我寫作，為的享受那份最高的心靈生活。」這是她對文學創作的奧妙與樂趣的理解和認識，這使她為此而貢獻一生。

社會的人性的小說

艾雯以散文創作為主，其影響主要在散文。其實，她的小說創作也不少，可以和散文等量齊觀。但是，社會上總以為她是一位散文大家，而好像忘了她還是一位優秀的小說家。何以至此？有人認為，或許因為她的小說出版得太早，有的絕了版，有的沒有普遍發行，很難在書店或圖書館找到；另外，也許因為在 20 世紀 70 年代之後，不僅她不再寫小說，還因為她在散文創作上的名氣也越來越大。

她先後創作出版了九部小說集和一部長篇小說。它們是：1952 年，以描寫 17 對夫婦到臺灣後的生存狀態的長篇小說。《夫婦們》連載於《中華婦女》，五年後由臺北復興書局出版。如她所言，在到達臺灣之後，除了鍾情於散文寫作，也有相當一段時間沉醉於小說創作，接連出版了小說集《生死盟》（1953 年 8 月，高雄大眾書局）、《小樓春遲》（1954 年 7 月，臺北帕米爾書店）、《魔鬼的契約》（1955 年 6 月，臺南人文出版社）、《霧之谷》（1958 年 3 月，臺北正中書局）、《一家春》（1959 年 12 月，臺北正中書局）、《與君同在》（1962 年 7 月，臺北復興書局）、《池蓮》（1966 年 5 月，臺北正中書局）、《弟弟的婚禮》（1968 年 12 月，臺北立志出版社）等，小說〈鄉下醫生〉被譯成韓文，刊於《中國女流文學 20 人集》；此外，她還出版了一本為女兒朱恬恬寫的童話集《森林裡的祕密》（1962 年 7 月，臺北兒童書局）。

實際上，艾雯的小說一如她散文創作的理念，也是在強烈地表現出良知和對社會、人生的關懷。她的小說之根是深植於現實泥土中的生命之株，因此，她的小說是社會的，也是人性的。所謂人性就是對於「百姓」命運的深切關懷，不僅關懷他們的疾苦，也關懷他們的尊嚴。文學的社會

性與人性總是扭葛在一起，不可把它們分開。她在《生死盟‧自序》中說，她的小說「所描述的只是一些平凡的人和平凡的故事，然而，卻是親切而真實的。他們都有一顆真正的心，一個樸實而善良的靈魂，他們的感情是單純而直率的，愛就是愛，恨就是恨，僅為著一個好好活下去的信念，一份對真理的憧憬。無論對人生、對生活、對真理，都有著執著不移的愛和信念！」她這部小說中有一篇表現臺灣鹽民艱苦生活的〈銀色的悲哀〉，是她遊歷了臺灣南部幾個漁港、又研讀了一些關於鹽民的報導之後，有感於這個被社會遺忘的角落的鹽民艱難苦辛的生活寫成的。小說的人物和情節生動逼真，文字樸實無華，真實地道出了鹽民的貧窮、飢餓和病苦，這些下層小人物的悲慘命運深深打動了讀者，使之成為一篇影響較大的作品，不僅被改編成廣播劇，還成為臺灣當局改善鹽民生活的政策依據。她的《小樓春遲》收錄十篇小說，其中同名小說是寫兩位作家奮鬥的人生歷程。因為生活所困，一個作家便為出版商所利誘，寫出了一部黃色小說，最後經過動搖、掙扎和奮鬥，堅定了理想，擺脫了邪念，回到了作家應有的創作軌道上：「春雖然遲，但春終究會來臨的。」《魔鬼的契約》中包括八個短篇小說，其中〈罪與恨〉、〈魔鬼的契約〉、〈家庭教師〉和〈一個女作家〉都頗具時代氣息，而以愛情為題材的〈表兄妹〉、〈春歸殘夢〉和〈海嫁〉也都真切感人，後者雖是採自流傳在汐止的民間傳說，故事淒惋動人，能夠啟迪人的犧牲精神。司徒衛評論說，艾雯的小說「顯現出善良的心地和嚴正的創作態度；她以智慧的眼睛靜觀世態、人生，又以優美嫻雅的筆觸細加描繪；他的文字，在晶瑩與端凝中，呈現質樸無華的美。」《霧之谷》收錄〈不是故事的故事〉、〈異國溫情〉和〈東吉嶼海峽〉等小說 18 篇，後者描寫澎湖列島漁民與海浪搏鬥的悲壯情景十分感人。《一家春》是一部諷刺人性和現實社會的作品集，收錄小說 15 篇，其中同題小說以書信體展開故事情節和矛盾，最後由陌生、糾紛、爭執、諒解到打通相隔的院牆而成為「一家」的風趣故事。《與君同在》收錄〈父子島〉、〈鄉下醫生〉、〈花魂〉等小說 15 篇，作家郭風說：「艾雯小說的取

材，正把握住市井和鄉村一連串動人的故事，再加上作者正確目光的觀察，聰明智慧的抉擇，透過熟練寫作的技巧，——逼真地描寫出來。在平淡中有偉大，在瑣事中有啟示。更值得稱道的是，在書中 15 篇作品中，沒有傳奇故事，也沒有八股氣息，它給讀者只有一個『真』字，在字裡行間，洋溢著人性的光輝，人間的摯情。」《池蓮》收錄〈虎子〉、〈斑竹〉、〈苦海墜珠〉、〈義母〉等 20 篇小說，後者探討老年人的社會問題，寫出了老年人需要的不是物質享受，而是親情的精神慰藉。《弟弟的婚禮》收錄小說九篇，大部分是對社會現象的描繪與揭露及對人性的刻畫，而《繡繃子的姑娘》則是一篇用蘇州話描寫小戶人家兒女一生遭遇的深刻感人的作品。還要特別說明的，艾雯的一本童話集《森林裡的祕密》都是講給她的女兒朱恬恬的故事，曾在《中央日報》「兒童版」、《新生報》「兒童版」和《學友》等處發表，這裡面躍動著一個母親的摯愛。

艾雯的小說是社會的和人性的。社會性和人性傳達了她對文學一貫的使命感和責任心，是她以生命相許對於文學的崇高期盼。應該說，她在小說創作上的成績也是令人艷羨的，但很明顯，她在小說方面的光輝一直被其散文掩蓋著。尤其她創作的那些關於民間疾苦的小說，無論是社會思想價值，還是藝術成就，在臺灣女性文學史上，都不能不提。

社會的心性的散文

艾雯的《青春篇》獲得讀者肯定之後，她對散文創作的熱情更加熾烈。1953 年她由屏東遷居岡山，更由於臺灣文學刊物紛紛出版爭相索稿，寫作更勤、量更大，連續出版《漁港書簡》、《生活小品》、《曇花開的晚上》。1965 年榮獲臺灣中國文藝協會文學散文創作獎章。1973 年她遷居臺北新店，創作又進入另一個旺盛期，陸續為臺灣各報刊撰寫「倚風樓書簡」、「浮生散記」、「你我的書」、「懷鄉草」、「忘憂草」、「綴網集」、「花韻」、「我住柳橋頭」等系列散文。1978 年，艾雯在《青春篇》重版題記中這樣描述她在那個時期的心情和寫作狀態：「如果青春不只是紅顏，也包括

一種心情，一種意志，一份永遠對事物的好奇，對一切美好的喜悅，對人類的關懷；那麼，青春雖然不再，慶幸我還多少剩有這些，可以作為明日創作的資源。」她很執著地堅持這種看法，這種看法就是一種青春心態，這種心態使她的創作可以與時俱進。對於一個作家來說，如果說是創作力旺盛，還不如說是耕耘之勤苦。她的最好紀錄是一年出版過三本集子。《青春篇》之後，她出版了《漁港書簡》（1955 年 2 月，高雄大業書店；1983 年 2 月，臺北水芙蓉出版社）、《生活小品》（1955 年 8 月，臺北國華出版社；1972 年 4 月，高雄三信出版社）、《艾雯散文集》（1956 年 9 月，臺北遠東圖書公司）、《曇花開的晚上》（1962 年 5 月，臺中光啟出版社；1974 年 11 月，臺北水芙蓉出版社）、《浮生散記》（1975 年 3 月，臺北水芙蓉出版社）、《不沉的小舟》（1975 年 4 月，臺北水芙蓉出版社）、《艾雯自選集》（1980 年 11 月，臺北黎明文化公司）、《倚風樓書簡》（1983 年 1 月，臺北水芙蓉出版社；1990 年 3 月，臺北漢藝色研文化公司）、《綴網集》（1986 年 3 月，臺北大地出版社）、《明天，去迎接陽光》（1990 年 1 月，臺北漢藝色研文化公司）、《花韻》（2003 年 9 月，臺北雅逸藝術公司）及《老家蘇州》、《孤獨，凌駕於一切》等。〈從永恆到永恆〉被譯成英文，刊於《中央月刊》。

　　艾雯的散文寫作，不僅是要描寫自己的身邊瑣事、宣洩自己的感情，更要積極深入社會底層，擷取、提煉民間那些感人的生活萬象；此外，還要把希望、理想和奮發的精神帶給讀者，把那些苦悶煩惱和憂國憂時的人引領到光明之中。〈漁港書簡〉就是作者多情易感的心和悲天憫人的襟懷對於民間疾苦的關懷，抒發她對世界企望的真善美。她在大海的怒吼中體驗的是莊嚴，體察的是捕魚人的貧窮和艱辛，最後還以「漁者有其船」來展現漁民的生活前景；〈無盡的愛〉歌頌母愛，〈虹一般的憶念〉是對父親的無限追懷。作者在序言裡說：「一切藝術永遠是聯繫著時代的，它不僅表現一己的感情生活，更要從大眾豐富的生活中去提煉；它不僅是刻畫個人的希望和理想，更要刻畫出這時代的人類對明日的希望和理想。」這也便是

作者在這本散文集中所表達的創作思想。《生活小品》表達的是隱藏在我們
生活裡的豐富而美麗的内涵，它鼓舞人，鞭策人，激發人以奮鬥、樂觀的
精神向上、向善、向真，去追求理想。《曇花開的晚上》有豐富的哲理，作
者以一種詩情寄望於讀者，希望人們在現實中超越與淨化，創造更美的生
命境界。《浮生散記》（後改書名為《明天，去迎接陽光》）和《不沉的小
舟》被稱為是她散文進入新的境界的一種標誌，所謂「新的境界」就是
「從困厄的生活通向心中丘壑的一段心路歷程，化解内心的衝擊、矛盾為
謙遜寧靜，擷取心靈深處最真的回音，提升為生存的勇氣，肯定自我，站
在比現實更高的地方」，放眼人生。這兩部集子都是將哲理與抒情融為一體
的性靈之作。「你我的書」既有表達外在的行為舉止，也有涵蘊於内的欲
望、品德、智慧、感情、人格、氣識等著意的刻畫，反覆闡揚和展示這些
精神，「如同向人展示一冊人生的巨書，讓你我一同研讀、思考，有所領
悟」。「忘憂草」是艾雯用身外景物之美和心内美淑之氣，來滌蕩胸中一切
空虛和焦慮，及一切使人萎靡不振的憂鬱的作品。作者從天地萬物、社會
景象、文化藝術中獲得靈感，借物而興，捕捉事物的神髓精華，遣詞造
句，刻意描繪，而身存萬物之中，以恬淡的胸襟，與萬物回響交流，達到
「與物春風」的境界。《倚風樓書簡》為書信體，是作者離開蟄居多年的小
鎮，遷居大臺北，「倚樓」而風，居安思危，自己也就有所警惕；新的環
境，新的接觸，新的交往，新的振奮，新的感受，也就有了新的寫作衝
動，於是信手拈來，信筆而就，雖看似與摯友閒聊細訴，卻都蘊含著豐富
的思想、人情、風土、自然、情趣，自然、平易而曉暢。《綴網集》是艾雯
系列散文代表作，只是《綴網集》在思想與藝術上與《青春篇》相比更顯
其老道。生命是漸行漸遠漸深的覺醒，經過半個世紀，時代的淬煉，生活
的磨練，自我的雕塑，心靈深處不斷傳來一波一波的回響，是人生的詮
釋、人性的剖析、價值的評定、理念的確立、思想的超越、感情的昇華、
生命的領悟、自我的肯定，使她選擇以最簡潔凝練的字句，深入淡出，寫
成雋永的文章，在思想上是一種突破，在藝術上是一種創新，其境界更

高。艾雯更在《綴網集》〈回響（代序）〉中深刻地表明了自己「接受過人生的試探，經過時代的考驗、戰爭的淬煉，負起過人類負荷中屬於自己的責任和使命——時光的腳步悄悄地走過生命，生命的腳步踏實地走過現實世界」的心跡。每當黎明拂曉心境寧靜似鏡，或夜闌人靜思想澄清如水的時候，常感到有什麼自內浮生、閃動，而那浮升、閃動的，正是人生之回響。作者說：「天清地寧，胸懷坦蕩。心光自照中，我忠實地錄下生之回響，作為自己生存在這個大時代的見證。」《綴網集》所蘊含的正是豐富的人生哲理。

艾雯除了那些已經出版的散文集，她還有不少影響廣泛的見於報端的系列散文。〈我住柳橋頭〉，寫她眷村 20 年的田園生活，克勤克儉中有著發奮的朝氣，鄰居和孩子都是文章的主人，溫馨，親切，有著濃厚的人情味。如她所云：「鳳凰花的歲月，已在生命逝去的歲月烙下難以磨滅的印記，不用華麗的詞藻，不用雕琢的文筆，只以純樸的字句、真摯的感情，蘸上祝福和感謝的蜜汁，勾勒出一篇真實的小品圖景。」

文學創作宛如老蚌孕珠，沒有磨礪和苦心滋潤，如何能獲佳作？艾雯的不少散文所以光芒四射，樸素而典雅，清麗而雋永，理趣盎然，受到讀者的喜愛，就是她寂寞經營的成果。

文章千古事，得失寸心知。艾雯是一位追求完美和真誠善待社會的作家。她一生孜孜不倦，執筆求索，如她所言：「磨筆一生，若能竭盡心力，塑鑄成一部晶瑩完美、光彩永駐的珍珠般的作品，可以死而無憾！」這就是一生把文學當作精神事業的艾雯！

——選自《新文學史料》，2005 年第 4 期，2005 年 11 月

爐香靜逐游絲轉

論艾雯散文的風格

◎許珮馨*

　　1950 年代在遷臺女作家中，修辭最細緻婉約者當首推艾雯。一路堅持美文路線的艾雯，終生創作不輟，從最早享譽文壇的散文集《青春篇》到2003 年出版的《花韻》，艾雯的散文風格依舊以悠緩的敘事步調、唯美秀麗的修辭策略，爲 1950 年代女性散文特有的敘事腔調樹立典範。

　　《青春篇》是由位於南部的啓文出版社於 1951 年爲艾雯所出版的第一本散文集，對當時的女作家而言，可謂遷臺初期打頭陣的作品，尤其當時臺灣文壇十分沉寂，政權的移轉，國家機器入主報刊雜誌，官方雜誌如雨後春筍般陸續冒出，當時的報紙如《中央日報》在 1951 年才剛復刊，其餘如《中華日報》、《臺灣新生報》、《掃蕩報》、《公論報》、《自立晚報》等副刊均服膺官方文藝政策，大篇幅地發表反共文學作品。陳芳明分析如此撲天蓋地的官方文藝運動對當時廣大的社會群眾帶來的效應：

> 作家與作品的大量湧現，並不意味著百家爭鳴、百花齊放的年代已經到來。型式的僵化，主題的教條化，內容的公式化，使得讀者感到疲倦。消費性的大眾小說在民間發行，愛情故事的小冊子也鋪滿書店的櫃臺，正好可以反應社會對反共文學的不耐。[1]

*發表文章時爲臺灣師範大學國文學系博士生，現爲臺北大學中國文學系助理教授。
[1] 引自陳芳明，「臺灣新文學史」第 11 章〈反共文學的形成及其發展〉，《聯合文學》第 199 期（2001 年 5 月），頁 158。

　　不獨愛情小說大行其道，連女作家的美文也成了冷卻泛政治化文宣作品的一帖清涼劑。因此 1955 年由青年寫作協會舉辦的「全國青年最喜歡閱讀的作品與作家」，艾雯的《青春篇》竟以最高票當選。足見艾雯溫柔嫵媚、嫻雅典麗的散文藝術，為「白色而荒涼」的反共文藝園地，綻放出鮮嫩的花苞，文藝的氣息已漸漸吹拂出偏安閒適的太平氣象。張拓蕪在《左殘閒話》一書中的〈瘠土〉一文曾現身說法當時著迷艾雯作品的心聲：「雖然買不起書，但那段時期……艾雯的《青春篇》……我都有手抄本，大部分也都能背誦。」[2]這段告白讓艾雯又驚又喜，也使艾雯往後不斷執守這份創作的信念，即使歷經 1970 年代鄉土文學運動，1980 年代以後解嚴多元、女作家政論爭鳴、女權呼喊的聲浪，艾雯仍一本初衷，溫婉蘊藉，持續營造她的散文溫柔鄉，讓新一代的讀者依舊能品味 1950 年代文壇中遷臺女作家典型夙昔的時代形象。

一、蘇州姑娘的閨秀陶冶

　　艾雯之所以能築起散文的溫柔鄉，正因為秉性纖柔，然而，閨秀教養、故鄉風情自是型塑其藝文風格的主因。艾雯，本名熊崑珍，1923 年出生於山明水秀，文風鼎盛的蘇州，因自小受恬淡自適的江南氣息感染，加上書香世家的文化薰陶，使艾雯溫柔敦厚的性情成為她散文創作的基調。在〈虹一般的憶念〉中艾雯曾回憶父親帶給她的深遠影響：

> 我自幼便身體孱弱，而一直到 13 歲，我是雙親膝下唯一的愛女，當別人正從一加一算到兔龜同籠共幾頭幾腳的時候，我只是盤桓在父母膝前，把故事和太多的寵愛，滋潤正在苗長中的心智。我的性格得諸父親的澹泊、閒適和富於幻想，遠勝於母親的堅毅、果敢與偏重實際。父親生性瀟灑不羈有些舊名士的派頭，公餘之暇不是弄弄絲竹，調調丹青，便是

---

[2]引自艾雯，〈青春不老〉，《青春篇》（臺北：爾雅出版社，1987 年 5 月），頁 7。

扒土和泥，種植花木。……而我，心目中自然也就以他的舉止為規範。[3]

　　幼年體弱多病的艾雯，童年幾乎在寂寞中渡過，然而父親豐富的藏書，卻讓學業時斷時續的艾雯能在病中啃嚙章回小說。由於父親是說故事高手，艾雯喜愛收集香煙畫片，由父親口中陳述出來的故事對艾雯有著豐富的啟示，啟示她發掘父親書櫥中無盡的寶藏，其言：

> 父親嘴裡的故事是一種啟示，啟示我去掘發書本裡無窮的寶藏。當那些薄薄的《兒童世界》、《小朋友》已不能填滿我的寂寞與貪婪時，我便用最大的毅力來開發早便饞涎的父親的書櫥，起初像《聊齋誌異》裡那些陌生的字眼，艱深的句子常使我像踽踽獨行的人遇著了險嶺巨流般望而卻步。但我卻慢慢克服了困難，一知半解的把故事的情節如同未成熟的酸果囫圇吞下去。[4]

　　艾雯不僅習染了父親名士一般的溫文儒雅，父親愛拈花惹草的性情也深深的影響了艾雯，艾雯來臺後不僅經營了一片錦繡花園，而且絕大多數的散文皆是以歌詠花卉蒔草為主，展現艾雯恬淡自然的天性。在〈種花記〉一文中艾雯追憶道：

> 跟著父親在花園裡種花植秧，是幼年記憶裡最難忘的一件樂事，父親生性瀟灑不羈，對藝術十分愛好，但為生活所驅，不得不踽踽仕途，中年之後公餘之暇便把全副心靈寄託在園藝上……我不由得對他產生一種羨慕與欽仰，覺得他種值這些美麗的花草，比養育了我還要偉大，而在不知不覺中我已受了他的薰陶。[5]

---

[3] 引自艾雯，〈虹一般的憶念〉，《艾雯自選集》（臺北：黎明文化公司，1980 年 11 月），頁 29。
[4] 同前註，頁 31。
[5] 引自艾雯，〈種花記〉，《漁港書簡》（高雄：大業書店，1955 年 2 月），頁 26～27。

艾雯的好友王琰如在《文友畫像及其他》一書中提及艾雯的家世:「崑珍的尊翁,熊老伯(名蔚,字稚舟)是蘇州的文人雅士,愛好詩畫文學,畫一筆淡逸山水,在鎢處是聲名卓著的文書課長。」[6]對於艾雯本人,王琰如也具體描繪了這位傳統的蘇州姑娘:「提起艾雯,在我的印象裡還是一個天真的少女;苗條的身材,白晰的皮膚,兩顆烏黑的眸子在智慧之窗裡轉動,顯得那麼沉靜和深思。長而黑的秀髮捲著,穿一件藍布長袍,亭亭玉立,是那麼動人。一口清脆的吳儂軟語,悅耳極了。」[7]又言「崑珍個性,天生是個多愁善感,恬淡自適,也懂得生活情趣的人。酷愛花花草草,也愛小動物和小玩意兒,以及所有美好的事物,尤其對於蘇州故鄉種種,朋友稱她『綠手指』『蘇州痴』」。[8]

艾雯的確是「蘇州痴」,她有許多散文的篇章皆以蘇州風土為題材,如〈惦念〉、〈夢入江南煙水路〉、〈昨夜幽夢忽還鄉〉、〈聞聲聊慰故鄉情〉、〈無言倚修竹〉,而這個蘇州閨秀的形象也完整的體現在作品中。「風格即人格」,正因為受父親蘇州名士風範的薰陶,雅好詩詞,植花蒔草,再加上追慕高潔的品格,所以筆下總是怡情勵志的性靈小品,而娓娓道來的敘事節奏,正如其散文〈爐香靜逐游絲轉〉的篇名一般悠緩,彷彿將讀者帶進古典婉約的懷舊時空中。

二、戰火蔓延,拾筆從戎

1937 年父親調職江西贛南,艾雯只得舉家遷移,旋即中日戰爭爆發,故鄉也在戰火中淪陷,經過三年,父親不幸病逝他鄉,艾雯只得輟學一肩扛起家庭重擔,當時鎢處處長洪肇生先生,安排艾雯在圖書館工作,坐擁書城的艾雯,自稱是「小老鼠掉進了米缸裡,整部整部的中外文學名著就那麼狼吞虎嚥的啃下去」。飽覽群集後艾雯的文思漸如泉湧,不久即以一篇

---

[6]引自王琰如,〈重逢的喜悅〉,《文友畫像及其他》(臺北:大地出版社,1996 年 7 月),頁 140。
[7]引自王琰如,〈我所知道的艾雯〉,《文友畫像及其他》,頁 134。
[8]引自王琰如,〈重逢的喜悅〉,《文友畫像及其他》,頁 146。

小說〈意外〉參加《江西婦女》所辦的徵文比賽，得到第一名的榮譽，帶給艾雯寫作的信心，此後即以艾雯筆名陸續在《正氣日報》、《青年報》、《民國日報》、及《東南日報》發表作品，在圖書館工作的這段時間也結識了 1950 年代同期女作家王琰如，來臺後成為文藝盟友。

戰火日益蔓延，艾雯又輾轉避難到上猶，進上猶《凱報》擔任「大地」副刊的編輯，艾雯曾說：「這份工作使我有機會接觸許多愛好文藝和從事文藝工作者，東南那時一角孤單落後，各報副刊正熱烈展開一個東南文藝運動。」[9]

在這段時間，艾雯寫了一些呼籲號召與針砭現實的散文，呼籲青年朋友愛生命熱愛國家，投入戰鬥的行列。正巧那時遇到一位辦出版社的朋友，有意為它出單行本，然一隔七年，後來這些作品就收進艾雯來臺的第一本散文集《青春篇》中。

抗戰勝利後一年，艾雯和安徽籍的朱惕非結婚，得女恬恬，不久夫婿自青年團轉任空軍；1949 年春，一家五口復隨空軍遷徒來臺，在屏東東港落腳，後又移居高雄岡山。艾雯在〈青春不老〉一文中是這樣描述剛來臺灣的印象：

> 屏東是第一座登陸的城，花木茂盛、四季如春，那時卻是個文化沙漠。在全然陌生的環境裡拓建新生活的同時，也汲汲於在一片荒涼中擴展精神領域，墾拓心靈世界，一支可以塗塗寫寫的筆是我唯一可以仰賴的支柱、生存的原動力，屏東有名的陽光，更炙燃了我寫作的熱誠。從椰葉飄拂的大雜院，到鳳凰木掩映的小木屋，以年輕人率直的感情，單純的思想，滲著些許天真的狷傲，幼稚的狂妄，我寫下象徵性的作品；對真理的追求，夢想的憧憬，生命的期許，情操的淬礪，愛情和事業的矛盾。同時也試著從所關愛的周遭及現實生活中，去發現、去體驗、去詮

---

[9] 引自艾雯，〈我是怎樣從事寫作的〉，《漁港書簡》，頁 103～104。

詮釋種種使我感動，讓我喜愛，給我啟示的一切。[10]

遷移來臺的艾雯，雄心萬丈地開展創作的版圖，正式成為寶島的在地化作家，然而國民黨政府下的文壇，一如沙漠，在〈我是怎麼從事寫作〉一文中艾雯曾提及當時的文學環境：

> 那時寶島的文壇十分沉寂，沒有一個文藝刊物，報紙副刊也十分貧乏。想起八年抗戰時儘管物質條件不夠，交通阻塞，稿費低微，但文壇上卻呈現一種蓬勃的氣象。一時有所感觸，而那時在那種「真空」狀況中也感到十分寂寞。於是我又試著提起筆來，起初只是寫一些短文投給報紙副刊，慢慢的，籠罩在自由中國文壇上的雲翳消散了。接著文藝運動展開了，文藝運動發行了，文藝的團體成立了。我的寫作熱也隨著這蓬勃的氣象發展到最高潮，我參加了文藝運動的吶喊，我在反共抗俄的筆隊伍中充當了一名小卒，我得應付報章雜誌的索稿，我，除了生病，我沒有擱下過筆。[11]

創作不輟的艾雯，不僅寫散文也嘗試小說創作，來臺登陸的第一座城——屏東東港，炎烈的驕陽燃燒了她的創作熱誠，身為空軍的眷屬，孤獨的時光皆是在閱讀與創作中度過，在〈第一座城〉中艾雯提及來臺發表的第一篇散文〈青春篇〉，刊登在 1950 年在臺復刊的《中央日報》副刊[12]，1951 年在文友墨人的引薦下由當時南部的啟文出版社為艾雯出版散文集《青春篇》，出版後獲得不少文友的肯定，如王平陵、趙友培、司徒衛、劉心皇、葛賢寧、張雪茵皆撰文批評鼓勵，1955 年青年寫作協會舉辦「全國青年最喜愛閱讀的作品與作家」票選，《青春篇》曾以最高票當選，足見艾

---

[10]引自艾雯，〈青春不老〉，《青春篇》，頁 3。
[11]引自艾雯，〈我是怎樣從事寫作的〉，《漁港書簡》，頁 104。
[12]引自艾雯，〈第一座城〉，《倚風樓書簡》（臺北：漢藝色研文化公司，1990 年 3 月），頁 174。

雯的作品當時受歡迎的程度。辛勤耕耘文學園地的艾雯陸續獲得 1965 年與 1978 年的中國文藝協會散文創作獎章。

艾雯在〈不具「風格」的風格〉中曾自述一向秉持的創作理念：「把戰鬥奮發的精神，激勵向上的意念，帶給自己和有現實生活的人，以提高人性的尊嚴，加強生者的勇氣。」、「發掘性靈中的寶藏、發揚人性中高貴的美德，從沉淪中喚醒心靈的注意力，自平凡的事物中發現新穎的美。」、「願以真情鎔鑄萬象，共享『與物為春』的喜悅。」[13]

在這些原則與課題下，艾雯陸續寫了《漁港書簡》、《生活小品》、《曇花開的晚上》、《浮生散記》、《不沉的舟》、《倚風樓書簡》、《綴網集》以及《花韻》等作品。

三、散文時代獨尊美文

依照艾雯的說法「20 歲以前是詩的時代，20 歲以後便轉入散文時代了。」來臺後的艾雯已 26 歲，也堂而皇之的進入她所謂的散文年代，只是艾雯當時因愛情小說當道，也是左手寫小說，右手寫散文，然而她並不否認對於散文的情有獨鍾，她說：「詩是春花的燦爛，散文卻是豐滿與成熟」、「散文是健康生命的氣息，散文的情緒恬適雋永，散文時代蘊育著溫情與智慧，我以戀慕的心情眷顧回憶中的詩的時代，以誠摯的熱誠喜愛著目前的散文時代。」[14]

艾雯的散文時代一直延續至今，她始終牢牢抓住這散文時代的邊緣，然而身為主婦，既要持家育子，又要伏案寫作，常徘徊在魚與熊掌不可兼得之苦，果能持續不斷地創作，實是源自一份對創作的熱愛與堅持，在〈遲暮〉、〈為什麼不寫──山村小簡〉[15]、〈主婦與寫作〉等篇章艾雯都曾表達欲兩者得兼的內心掙扎：

---

[13]引自艾雯，〈不具「風格」的風格〉，《綴網集》（臺北：大地出版社，1986 年 3 月），頁 177。
[14]引自艾雯，〈散文時代〉，《青春篇》，頁 43。
[15]以上參見艾雯，《青春篇》。

人生的天地本來就不寬敞，而女人的圈子更狹隘，人生的路程本來就不舒坦，而主婦的道路尤其孤陋。如果想的範疇在逐漸縮小，那麼不是淪為「家」的囚犯，便是趨向奢侈、逸樂和墮落。夾在這深淵和懸崖的中間，我們要不時常的警惕，要不抓住一點東西滋潤心靈，寄託精神，難免不會失足。因此，不管怎樣沒有充裕的時間，我還是偷一點空隙寫一段，竊一截餘暇錄幾句，手裡在做事，腦中便在起腹稿。一半也把它來當作精神上的避疫針。當然在不連貫的情緒下，在煩囂的環境中，要想使作品緊湊，嚴謹是不大容易的，但只要讓我把要說的話說了，情熱總算獲得了宣洩的機會，寂寞也得到了慰藉。而且換的幾文稿費，多少也可以添置些心愛的東西或者貼補家用。只要是對寫作或是看小說有一點興趣，我覺得沒什麼消遣對家庭主婦比寫作更適宜的了。影，我希望妳切莫因繁瑣的家務而放棄了妳的初衷，縱使不期望成為大作家，至少也得使生活裡除了吃飯、睡覺、帶孩子管家務之外，還有些使妳充實，使妳向上的東西……。[16]

　　雖然這是一封鼓舞姊妹淘創作的書簡散文，然而也隱含著自我惕勵的成分，其中「影」應泛指所有女性讀者，身為艾雯好友的王琰如也曾為文感謝艾雯的鼓勵。其實身為女作家慶生會的一員，成員間總時時彼此砥礪，共相凝聚高昂的創作鬥志，一方面為賺取稿費貼補家用，一方面也是為了藉一支彩筆飛越廚房的限圍；因此創作成為這群家庭主婦的副業，這群姊妹們攜手踏進「家庭與生活」的報刊園地，共創 1950 年代花果蔚然的閨秀散文年代。

　　只是這個散文年代的精神主軸仍不脫離宜室宜家的生活美學，敘事的範疇也籠罩在方寸家園，然而艾雯認為家庭主婦的寫作狀態有時斷時續的困擾，而散文的敘事藝術有「形散」而「神聚」的特質，因此使主婦宜於

---

[16]引自艾雯，〈主婦與寫作〉，《青春篇》，頁222。

從事散文創作，而這個現象也成爲 1950 年代的遷臺女性多喜愛從事散文創作的因素。

艾雯這篇〈主婦與寫作〉正點出了女性創作的特質，艾雯曾突發奇想「寫作要同打毛線衣一般多方便呢？抽著個頭可以源源不絕地繼續下去，放上放下也不礙事，而且邊做邊談又可以跟孩子到處跑……」正因爲「形散」是不可免的創作困境，所以艾雯有獨特的令散文「神聚」的美學——崇尚詩意的美文，獨鍾性靈的語言。

所謂美文正與雜文對立，周作人在《晨報》副刊發表的〈美文〉一文分析何謂美文：

> 外國文學裡有一種所謂論文，其中大約可以分作兩類。一批評的，是學術性的。二記述的，是藝術性的，又稱作美文，這裡邊又可以分出敘事與抒情，但也很多兩者雜染的。這種美文似乎在英語國民裡最爲發達，如中國所熟知的愛迭生、蘭姆、歐文、霍桑都做有很好的美文，近時高爾斯威西、吉欣、契斯透頓也是美文的好手，讀好的論文如讀散文詩，因爲它實在是詩與散文中間的橋。中國古文裡的序、記與說等，也可以說是美文的一類。[17]

周作人直接點出所謂的美文正是詩與散文結合的成品，美文須如詩一般精鍊詞彙、陶鑄意象與節奏變化多元，如朱自清的〈匆匆〉即是明證。美文在形式上是偏於散文詩的，而內容上則是浪漫抒情的；艾雯的散文也是偏於美文的路數，以下即逐步抽繹出艾雯作品之所以成爲美文的元素：

（一）廣泛引用古典詩詞，有晚明性靈小品之風

從早期的《青春篇》到後期的《綴網集》，艾雯皆有以詩詞爲題的散文，散文集《倚風樓書簡》則篇篇幾乎以詩詞爲題。如〈爐香靜逐游絲

---

[17] 引自周作人，〈美文〉，原載於 1921 年 6 月 8 日《晨報》副刊，收錄於王鍾陵主編《二十世紀中國文學史文論精華——散文卷》（石家莊市：河北教育出版社，2000 年 12 月），頁 2。

轉〉一文，即是引晏殊〈珠玉詞〉的後半段：「翠葉藏鶯，珠簾隔燕，爐香靜逐游絲轉。一場愁夢酒醒時，斜陽卻照深深院。」這篇文章中，艾雯所欲表達的正是焚一爐香，置身於物外，寧靜自足的生活藝術，文章的字句更是充滿生活情調：

> 靜靜的晝午，小園綠蔭深處不時傳來鳥聲鳴囀，窗格上懸垂著一串串珊瑚藤花朵，宛似粉紅色珠簾，陽光透過葉隙，斜斜的投射進書房；一縷縷輕煙，正從爐蓋上八個小方孔裡冒出來，繚繞不絕，嬝嬝上升，絲絲縷縷匯集、結合、糾纏又擴散。通過陽光時，一圈圈銀色光環與金色光柱周旋迴轉。又縹緲騰沖、漸漸淡去，化作香霧氤氳，瀰漫空間。[18]

這一段文章正是艾雯典型的文字，以微觀的角度詠物，描寫細膩，雕鏤精緻，敘事節拍慢條斯理，循環靜止如「游絲轉」，旁徵博引地將幼時至蘇州大廟燒香、母親繡花時燃一支香，以及法國散文家蒙田、明文人屠隆、周邦彥的詞、還有林語堂在《生活的藝術》所倡導的悠閒生活觀，皆援引拼貼在文章中。詩詞的鑲嵌使文章瀰漫古典婉約的氛圍，這正是艾雯追尋的散文美感，在《倚風樓書簡》中多的是這類型的文章，如〈曉窗窺夢有鳥鄰〉一樣援引詩詞來助興，「綠窗初曉，枕上聞啼鳥。銀屏夢覺，漸淺黃嫩綠，一聲音小。曉朦朧，前園百鳥啼匆匆。」而〈又待荷淨納涼時〉一文則引杜甫的詩「竹深留客處，荷淨納涼時；公子調冰水，佳人切藕絲。」來以景結情；再如〈寂寞的奉獻〉一文則以清朝納蘭性德的詞：「準擬春來消寂寞，愁風愁雨，翻把春耽擱。不爲傷春情緒惡，爲憐鏡裡顏非昨。」開篇先以詩詞當楔子，鋪襯出全文主旨——藝術創作者「爲伊消得人憔悴」的寂寞，使全文更添古典的風韻。其他如〈獨立市橋人不識〉、〈門前樹已秋〉、〈無言倚修竹〉……通篇亦皆瀰漫在古典的情懷中。

---

[18] 引自艾雯，〈爐香靜逐游絲轉〉，《倚風樓書簡》，頁 117。

對詩詞的鍾愛，成爲艾雯型塑美文的特有元素，而常援引富性靈的古典題材，也使艾雯的作品有濃厚的性靈小品的風韻。

（二）善用「排比」修辭，營造詩化散文的韻律

　　早在楚辭、漢賦的時代文學作品中即有半詩半文的嘗試，而五四新文學運動以來，冰心、徐志摩、朱自清、何其芳、俞平伯、陸蠡、馮至、方令孺……亦曾做過將散文與詩結合的創作。詩化散文的誕生，最主要是爲了滿足作者對散文美感的營造，將詩鏗鏘的韻律、豐富的意象以及分行的行文、新穎的句法鎔鑄在散文領域，使散文的語言表現得淋漓飛騰，提升散文的藝術層次。因此詩化散文便成爲散文尋求變化的不同文類混血的品種。

　　艾雯是遷臺女作家中十分眷戀詩化散文表現型式的創作者，不論是全文以詩的分行形式爲章法，或文末以新詩結尾，或文中夾新詩，或以一連串排比的句法，賦予散文民歌的節奏，不然就是通篇以一唱一答的對話形式，寄寓弦外的豐富意象，總之散文中包孕著詩的質地，是艾雯慣用的伎倆。然而喜歡詩化散文的艾雯，其實是深受泰戈爾小詩的影響，不獨艾雯迷戀泰戈爾富有禪境的短詩，五四文人冰心、徐志摩、林徽音、凌叔華……，以及 1950 年代女作家張秀亞、張雪茵……等人皆深深喜愛泰戈爾的詩歌，或仿擬，或言及閱讀心得，足見流風所及，影響不容小覷。

　　泰戈爾的詩歌作品中有對話形式的詩歌，有故事色彩的敘事詩以及精緻凝練的小詩，在艾雯的多篇作品中均常被引用，如〈又再擁抱世界〉引泰戈爾的詩惕勵自己克服恐懼與憂傷[19]，〈第一個冬天〉中則引泰戈爾的小詩做開頭，爲懷念故鄉的嚴冬營造氛圍：

　　　早冬在中夜星辰上

　　　展蓋著她的清紗

---

[19]引自艾雯，〈又再擁抱世界〉，《不沉的小舟》（臺北：水芙蓉出版社，1975 年 4 月），頁 52～53。

召喚從深處傳來

「人呵！拿出你的燈來吧！」[20]

因為泰戈爾歌頌朝露花月的靈性詩篇，常吻合艾雯敘事情調，如「不必逗留著採摘路旁的花朵來保存，一路上，鮮花自會繼續開放！」艾雯就引用在〈道路伸展的地方〉來佐證「路是人走出來」的為文主旨[21]。艾雯也嘗試仿擬泰戈爾的小詩，在〈浮萍之感〉中有一段近似泰戈爾的小詩嵌於文末：

遊蕩的漂鳥，永遠漂泊不定，也能飛越洶湧的波濤，飛向海的那一邊。

不羈的白雲，到處流浪漂泊，也飄過千嶺萬峰，飄向山的那一邊。

而我，只是浮萍一片，遺落在一泓止水中。[22]

足見泰戈爾帶點散文風的小詩，是給予艾雯創作詩化散文的靈感之一。早在《青春篇》一書，艾雯就喜用詩化散文的形式，如〈夏季戀歌——散文詩〉，然而此文篇名雖直接使用散文詩這個名詞而實質上卻是詩化散文，全文藉由一位聖潔的女郎與三位求愛男士的對話，論辯何為世間最珍貴最永恆的事物？答案是真理，而文末以禮讚真理的詩句結束，通篇充斥著信仰真理、朦朧如夢的氛圍[23]；《青春篇》的首篇〈門裡門外〉其開頭也是一串如歌的排比句型：

門外淒迷地飄著雨，颳著風，我緊緊關上了門。門內安逸溫馨。

---

[20]引自艾雯，〈第一個冬天〉，《倚風樓書簡》，頁 32。

[21]引自艾雯，〈道路伸展的地方〉，《明天，去迎接陽光》（原名《浮生散記》）（臺北：漢藝色研文化公司，1990 年 1 月），頁 28。

[22]引自艾雯，〈浮萍之感〉，《不沉的小舟》，頁 102。

[23]引自艾雯，〈夏季戀歌——散文詩〉，《青春篇》，頁 7～15。

門外紛沓著市塵聲，囂嘩聲，我輕輕掩上了門。門內闃寂恬靜。[24]

〈門裡門外〉一文艾雯依然運用與讀者晤言，一問一答的敘事模式探討隱居與入世，成家與未婚的兩極抉擇中「門」的象徵意義，是典型的詠物散文。

艾雯不僅常擴充事物的象徵意旨，將其提高到人生哲理的層次，書寫各種詠物散文，如牆、路、井、橋、月臺、幽蘭、素石……皆是她文中常歌詠的事物。在眾多禮讚中，艾雯曾多次歌詠青春，如《青春篇》中的〈青春篇〉與《漁港書簡》中〈年青的日子〉。在〈年青的日子〉一文中艾雯對於青春年華仍以頌讚的形式來表現，所以艾雯仍舊以排比的章法，將每段起首皆以「年輕的日子」作為開始，創造出詩歌的情調：

> 年輕的日子，生活是一支出谷的澗水，一條奔放的溪流，不必前顧後慮，不懂艱辛困苦。……
> 年輕的日子，思想是一隻活潑的小鳥，一匹無羈的野馬，儘管跼促一隅，卻擁有整個宇宙。……
> 年輕的日子，妳我都愛作夢，……
> 年輕的日子，妳我都愛笑……[25]

《漁港書簡》中的〈春的召喚〉，《綴網集》的〈生存的勇氣〉也是以排比句法所完成的富詩歌形式的散文，總的來說，艾雯這類融詩意入散文的作品，不勝枚舉。這類美文的表現模式在晚近的散文已漸漸式微，然而在 1950 年代非獨艾雯，張秀亞、張雪茵、蕭傳文亦樂此不疲，形成 1950 年代女性散文特有的文字韻味。

---

[24]引自艾雯，〈門裡門外〉，《青春篇》，頁3。
[25]引自艾雯，〈年青的日子〉，《漁港書簡》，頁8～9。

（三）以幽緩的行文速度，將語彙精雕細琢

歸人在〈讀《曇花開的晚上》〉曾形容艾雯的散文是「心靈的散步的紀錄」[26]，其實以散步比喻艾雯的行文方式，是十分貼切的，然而那散步的步調卻是減速慢行、邊走邊看，十分悠閒的。散文的敘事步調，固然關乎個人情性，更潛伏著時代的步履。1980、1990 年代以後的新生代作家行文的速度，比起 1950、1960 年代農業社會剛轉為工業社會的作家群，敘事行文的速度顯然輕快許多；依雷蒙德・威廉斯《感覺結構》的理論，時代的空氣總是瀰漫在各種藝術的形式中，如建築、繪畫、音樂、文學、服飾、工藝……等。[27]早期的老歌與早期的文學也總是情調相似，觀察早期的流行歌遞嬗至目前的流行歌，也是由慢轉快的歷程。

1970 年代致力於小說藝術開發的義大利小說大師卡爾維諾（Italo Calvino, 1923～1985）在《給下一輪太平盛世的備忘錄》中曾深入探討敘事的速度：「敘事時間可以是延緩的，循環的，或靜止的。一個故事即是一個根據它所涉及的時間幅度的操作，即是一種在時間的流程中施展法力的幻術，有時將時間縮短，有時加以增長。」而「文學已發展出各種不同的方法來延緩時間的流程，我已提過『重複』，現在我想談一談『離題』（"digression"）」、「風格和思維的『快速』主要是指敏捷、靈動、自在，在書寫中叉離主題，從一個話題跳開另一個話題，千百次失去主軸，經過無數次曲折迂迴轉移，最後才又回到主軸。」[28]

縱然卡爾維諾的《給下一輪太平盛世的備忘錄》一書是專門針對小說敘事的藝術性進行深入探究，然而不獨小說是敘事文，散文也是敘事文，藝術技巧亦有互通之處；就艾雯的散文而言，敘事的速度常是靜止的、循

---

[26]參見艾雯，《曇花開的晚上》（臺北：水芙蓉出版社，1974 年 11 月），頁 176。

[27]引自雷蒙・威廉斯（Raymond Williams），〈感覺結構〉（"Stucture of Feeling", Raymond Williams, *Marxism and Literature*, Oxford University Press, 1977），收錄於王志弘編譯，《性別、身體與文化譯文選》（臺北：譯者自印，1995 年 9 月），頁 193～196。

[28]引自伊塔羅・卡爾維諾（Italo Calvino）著；吳潛誠校譯，《給下一輪太平盛世的備忘錄》（*Lezzioni Americane (Six Memos For The Next Millennium)*）（臺北：時報文化出版公司，2004 年 11 月），頁 56、68。

環的、或是延緩的，時間的幅度跨越極窄，彷彿時鐘被撥慢了，著重細節雕鏤，精細緩慢如碼錶計時。以〈曇花開的晚上〉為例，曇花只一現，然而艾雯卻如攝影師固定鏡位攝錄曇花待放的歷程，文章以時間分段，由 8 點鐘、9 點鐘、10 點一刻、11 點半、12 點記錄曇花悄放時，刹那存永恆的哲理。那靜觀自得的情調能藉由慢悠悠的敘事潛移默化到閱讀者的心中，讀者若能耐心地貼近閱讀此文，自然能品賞慢若游絲的情韻，一現的曇花在艾雯的敘事中恍如永世，正如文末所言：

> 當我不識曇花以前，只知曇花總是用來形容生命的短促和事物的容易幻滅。如今我認識了它——從吐蕾、含苞以至盛開，卻不感到它生命的匆遽。所有的生命不問存在的時間短長，而在它有無顯示；沒有顯示的生命再長也不過是一片空白，而曇花在它短短的開放時間，已顯示了純淨的美，和生命無比的璀璨。

而那璀璨的美，成為艾雯在此篇散文中極盡雕鏤能事的要角：

> 那一片片相疊相扣、密切依偎的花瓣，猶如蝴蝶展翅，看似怯生生嬌柔無力，輕俏俏半啟猶閣，盈盈綻放時，真個是冰肌雪膚，粉妝玉塑，光華四射，一時連燈光也黯淡失色。玉瓣展處，中央赫然湧出一簇黃燦燦的花蕊，每一莖像一個金色的音符，整齊的排成一行一列，奏著欣悅的生之樂章。[29]

　　這一段文字描寫精細，遣辭婉媚，正因為如此敘事才有凝定靜止的特寫鏡頭，甚至篇中其他段落逐次形容花開的歷程也不免辭意循環重複，以延緩敘事的時間，充分顯現艾雯「慢速」思維的風格。其他諸如〈夜語〉、

---

[29]引自艾雯，〈曇花開的晚上〉，《曇花開的晚上》，頁 95～99。

〈窗前〉、〈乍晴〉[30]、〈在片刻的黑暗中〉[31]……等文皆是靜觀默寫的敘事氛圍，從容、纖柔、粉妝玉琢的語彙又充滿著女性特質，正如歸人所評：「她應該是早年的謝婉瑩和凌叔華的化合者。」[32]也是溫柔的腔調、纖細的思維兼而有之的後繼者。

四、讀寫不倦的四季隨筆

遷臺後身為空軍眷屬的艾雯，幽居眷村近二十年，於相夫教子之暇，深居獨處的時光，醉心於西方吉辛、梭羅的田園隨筆，獨好泰戈爾書寫日月星辰的靈性小詩，而徐志摩的《翡冷翠山居閒話》、林語堂的《生活的藝術》、明人性靈小品歌詠幽居閒情的唐宋詩詞，均是艾雯百讀不倦、汲取創作養料的豐沛來源，正因為一心嚮往恬靜的天然風光，筆下自然流露出與世無爭、恬靜淡遠的隱士風致。艾雯曾言自己的散文是「以真情融鑄萬象，共享『與物為春』的喜悅。」在這樣的課題下，艾雯以歌詠天地草木為題材，加上又以綺麗浪漫的詞彙鍛鍊文句，自然形成獨抒性靈的四季隨筆。

艾雯以草木為質的性靈，除了源於父親種花的雅好之外，蟄於斗室、寂寞閒愁，使艾雯長期與痼疾抗戰，而窗前纍纍的花串、豐盈的生命，自然撫慰其苦楚的心靈，歌詠生命的喜悅，躁鬱漸轉寧適，自然依戀於書寫四時之美的題材，藉撰寫抒鬱，就成為鼓舞勵志的良藥。艾雯一直記取英國作家吉辛的話：「病不能影響靈魂，靈魂才是永久性的，身體只是心神的衣服或茅舍。讓肉體受痛苦去！我、本我，要站在一旁，做我自己的主人。」[33]吉辛長年受頭痛所苦，艾雯真是心有戚戚焉，吉辛以投身自然創作止痛，艾雯亦見賢思齊，在〈一切繼續中〉的文末寫到：「吾友，當妳讀到

---

[30]以上參見艾雯，《曇花開的晚上》。
[31]參見艾雯，《青春篇》。
[32]參見歸人，〈讀《曇花開的晚上》〉，收錄於艾雯，《曇花開的晚上》。
[33]引自吉辛著；李霽野譯，〈秋〉之卷第 14 段，《四季隨筆》（臺北：志文出版社，1991 年 2 月），176 頁。

這些凌亂的心聲時，我又已沾兩手泥土，在扶植那些被冷落了的花草；也許，我又已揮動塵帚，拂除案頭殘稿累積的塵灰，請為我祝福吧！」[34]

在這些細細勾勒草木形姿或謳歌晨昏午夜、春夏秋冬的歲時記中，可以看出艾雯仿擬西方田園隨筆的痕跡，以書簡或日記的形式記錄鄉居生活，尤以《浮生散記》（後更名為《明天，去迎接陽光》）一書皆以日記體貫串，雖不記錄日期，卻是每日心靈的札記。在〈不具「風格」的風格〉一文中艾雯曾自敘創作的動機：「從困惑的生活，通向心中丘壑的一段心路歷程。化解內心的衝擊、矛盾，為謙遜寧靜；擷取心靈深處最真的回音，提升為生存的勇氣；肯定自我，站在比現實更高的地方。溶哲理於抒情中，是一本性靈札記。」[35]

這本《浮生散記》與吉辛的四季隨筆有著同工之妙，文章慣以散步起頭，營造鄉隱閒情，如艾雯在〈家與燈〉一文的開頭即寫道：

×月×日

我穿過樹林，群鳥棲息枝頭，松鼠匿入樹洞；我越過田野，地鼬出沒在土穴，蚯蚓隱沒於草叢；我經過山谷，麋鹿偃伏在岩洞，野兔從一個地穴鑽到一個地穴；我橫過沙灘，蟹從石罅伸出雙螯，蚌背負著牠啟合自如的小屋——那都是牠們的家，無論是海闊天空奔馳山林，泅游海洋，而外面的世界又是那麼廣大神妙，但是總要返回自己的窠巢。

此刻，我靜靜地坐在屋頂下，眼前書卷盈架，隔房兒語隱隱，一支古老而優美的旋律正繞空低迴。我悄悄倚立紗窗前，紫藤披覆懸垂，陽光弄影斑斕，三五隻嬌小的翠鳥正跳躍穿梭在花葉間。我悠然漫步於小園中，綠蔭沉沉，花枝扶疏，空氣中飄浮著植物與泥土混合的芬芳，——這不是別處，正是我小小平凡的家。[36]

---

[34] 引自艾雯，〈一切繼續中〉，《倚風樓書簡》，頁 99。
[35] 引自艾雯，〈不具「風格」的風格〉，《綴網集》，頁 179。
[36] 引自艾雯，〈家與燈〉，《明天，去迎接陽光》（原名《浮生散記》），頁 74。

對比前段艾雯在〈家與燈〉一文中的文字，吉辛《四季隨筆》的〈春〉之卷有著相似的情調：

> 這間屋子絕妙的安靜！我完全無所事事的坐著，觀望著天空。」看著地毯上黃金色日光的形成，隨著時光一分分過去而變化，我的眼睛順著一張張裝框的版畫，順著一行行心愛的書籍看過去，屋裡沒任何東西活動。在花園裡我可以聽到鳥雀歌唱，我可以聽到牠們的翅膀沙沙作響。我若是高興，我可以這樣終日坐著，並坐到更為安靜的夜晚。
> 今天我走得很遠，走完路時我發現了白花香車葉草。它生在年輕椵葉叢中。看了很久的花之後，我拿周圍細長的樹的美供自己享樂——樹光滑平潤，顏色像橄欖一樣的。緊靠跟前有一叢山榆：它的生癬的皮，彷彿用一種不識的文字描出輪廓，使得年輕的椵樹顯得更為美麗了。[37]

吉辛《四季隨筆》中的文字大抵是漫遊森林的心境紀錄，而上面這二段文字分別見於本書〈春〉之卷中第二部分與第三部分，主要是表達對於隱居小屋的熱愛，文中形容小屋簡單的陳設，頗似陶淵明五柳先生傳所言，雖桓堵蕭然，然而能撫孤松而盤桓則心願已足；艾雯亦是如此，在〈家與燈〉一文，艾雯同樣歌頌僻靜的家園，諦觀自然之美。而在〈牆和橋〉一文中，艾雯仍書寫鄉間生活，「隔鄰呼取換餘杯」的村野情趣：

> ×月×日
> 有形的牆使我窒悶，無形的牆令我惶惑。乃使我嚮往著空曠的地方，嚮往著有橋的地方。……我走過一片田園又一片田園，我經過一座小小的村舍，門前瓜棚下，一家人正圍著吃飯，看見我，一個個立刻堆著笑，比劃著碗筷，邀我共餐。[38]

---

37 引自吉辛著；李霽野譯，〈春〉，《四季隨筆》，頁46。
38 引自艾雯，〈牆和橋〉，《明天，去迎接陽光》（原名《浮生散記》），頁67。

　　筆調極為神似吉辛隨筆的風格，只是吉辛偏於理性的文字，而艾雯趨於女性陰柔的感性，然而以天地為心的創作觀卻是一致的。這類偏安閒逸的作品深受當時閱讀大眾的喜愛，予人遁入文字的桃花源，不問戰鬥、不理政宣。除了筆調近似吉辛之外，以春夏秋多為主題也是受吉辛影響，如艾雯的作品篇名多以四季晨昏命名，如《青春篇》一書中的〈迎向黎明〉、〈細雨黃昏〉、〈夏季戀歌〉、〈月未圓〉、〈長橋夕暉〉；《漁港書簡》中的〈春的召喚〉、〈春雨〉；《曇花開的晚上》中的〈春日短箋〉、〈秋的腳步〉、〈夜語〉；《倚風樓書簡》中的〈春暖花開時〉、〈滴不盡的更漏〉、〈第一個多天〉、〈又見天香第一枝〉、〈載情不去載秋去〉、〈晝長蝴蝶飛〉；《不沉的小舟》中的〈載著春天的船〉、〈花好月圓〉、〈春遲〉……等等。

　　足見四季的書寫是艾雯至始至終從不厭倦的主題，就連 2003 年創作的《花韻》，亦是以各種花卉為篇名所貫串的作品集。其實不斷地勾勒草木形姿的艾雯早已一點一滴匯集成一場花團錦簇的春之宴，從《青春篇》一書中的〈處處花香〉、〈花開時節〉；《漁港書簡》中的〈種花記〉、〈枇杷〉；《曇花開的晚上》中的〈一束小花〉、〈鐵樹與我〉、〈小花瓶〉、〈曇花開的晚上〉；《倚風樓書簡》中的〈歲寒一品紅〉、〈又待荷淨納涼時〉、〈寄我一朵鳳凰花〉、〈結實成蔭都未卜〉、〈又是天香第一枝〉、〈門前樹已秋〉、〈無言倚修竹〉；《不沉的小舟》中的〈小小茉莉〉、〈水仙花〉；《綴網集》中的〈疏竹寒潭〉、〈居有竹〉、〈露根蘭花〉……等。艾雯在《花韻》一書的序文〈優雅自在〉曾論及賞花三境：「一是眼中無花、心中有花；二是眼中有花，心中有花；三是眼中有花，心中無花，相信自己已逐漸修為到第一境界」、「想想，既然自己已修為到賞花第一境界，『心中有花不逐四時謝』，想寫就再寫，不然，且供養在心中，也好『與天地精神相往來』。」可見艾雯養花寫花，已臻於心與花合一的禪境。這一系列文章是其創作中十分熱衷書寫的系列散文，而艾雯在〈不具「風格」的風格〉一文中更事先預告其早已有結集出書的打算，且述及全書的設計與規畫：「一花一世界，花的神形韻姿，與人的心靈境界，排比相感涵融而臻美化神化；以散文詩般的

筆致，配上名版畫家優美的插圖，相互輝映烘托……」然而如此精心策劃
的系列文章，自 1980 年五月刊出第一批後，到 2003 年被擱置冷藏的餘稿
由其女兒整理結集出版，方又重現世人面前。全書以 28 種花卉爲篇名，寫
下艾雯經年累月所體會的「花語」，如今艾雯「心動筆不動」，此書已成爲
艾雯壓卷之作，也註解了一生勾勒草木形姿的艾雯。

四、獨白／傾訴——書簡體與日記體的廣泛運用

　　女性作家對於日記體與書信體創作型式的鍾愛更勝於男性作家，女性
主義大師西蒙波娃曾論及女性從事藝術活動的特殊傾向：

> 生活在男性世界的邊緣，她不以宇宙觀去掌握世界，而是以特殊的觀點
> 去觀看；對她來講，世界不是工具和概念的協調一致，而是感覺和感情
> 的來源；她對事物的非理性和祕密方面感興趣；採取否定和拒絕的態
> 度，她不完全置身於現實，於是用語言來抗議；她想透過自然去尋找她
> 的靈魂的影像，她沉醉於幻想，她希望到達她本身的存在；但是註定會
> 趨於失敗；她只能在幻想的境界裡找回自我。爲了不使一種無意義的內
> 在生活深陷於虛無之中，爲了表示反對她心中反抗卻忍受的女性特質，
> 爲了在她無法到達的世界之外另外創造一個世界，她需要去表達。眾人
> 皆知女人愛說話且是平凡的作家；她在談話中、書信和日記裡吐露心
> 聲。如果她有野心的話，就會去寫回憶錄，把她的傳記改變爲小說，在
> 詩詞中傾訴她的情感。[39]

　　西蒙波娃以銳利的筆鋒探測女性創作的根源是「芳心寂寞」，因爲早期
世界是男性的版圖，女性育兒持家只好縮小版圖於方寸家園，自然造成
「蘭閨寂寂」藉寫作自遣芳心，而日記體是自我對話，將關心的層面圈圍

---

[39] 引自西蒙波娃著；楊美惠、歐陽子、楊翠屏合譯，《第二性》第三卷（臺北：志文出版社，1992
　年9月），頁121。

在己身，書信體則是與虛擬的世界對話，有一個吐露心事的管道。當然以艾雯而言，在作品中她也曾數次表達寂寞的心聲，身為空軍眷屬，獨守空閨的機會自然不少，她也以此砥礪文友，勿放下手中的筆，辛勤筆耕終會花果豐碩。在她的書信作品中，有初來臺時對親友、舊情人的呼喚與思念的作品，也有與文友、讀者對話的紀錄（如《倚風樓書簡》以摯友相稱的書信）然而大多數是不特定的對象。

其實早在抗戰時期，艾雯就嘗試書簡體的創作，〈山村小簡〉[40]正是遷臺的早期作品，其後於來臺後的第二本散文集《漁港書簡》中的〈漁港書簡〉是一篇書信組曲的長篇散文，描寫東港漁民討海維生的血淚史。後期作品〈倚風樓書簡〉則全書以書信格式定調，在〈倚風樓外──《倚風樓書簡》前記〉中艾雯表達對於書信體裁的喜愛：

> 所以選擇了書信體裁，一則有別於其他系列，一則因為書信是最溫柔、率真、親切、自然、平易而且可以包含一切的文學，正適合於意到筆隨的融抒情、敘事、說理於一爐。收受的對象可以是我那位遠去國外獨自進修不輟的朋友，可以是每一位友好，更可以是所有我的讀者。[41]

然而艾雯使用書信的模式創作，除了標準的書信格式寫法之外，有時通篇以第二人稱的方式寫作，也是隱形的書信模式的應用。透過這種敘事模式，艾雯與外界互通信息，有機會傾訴柔情萬縷。

不獨書信體可以產生對話的空間，公開的日記，亦是自我對話與虛擬對話的綜合體，而日記體也間接讓艾雯一點一滴記錄生命的軌跡，積沙成塔，亦是自傳的前身，如《浮生散記》全書即以日記的方式為體例，仿循《湖濱散記》、吉辛隨筆、蒙田隨筆、伊利亞隨筆這類西方隨筆的技巧呈現

---

[40]後收錄於《青春篇》，分為山村小簡之一〈幽禁〉、山村小簡之二〈風雨念故人〉、山村小間之三〈沉默〉、山村小簡之四〈為什麼不寫〉。

[41]引自艾雯，〈倚風樓外──《倚風樓書簡》前記〉，《倚風樓書簡》，頁6。

幽居歲月。

　　陳芳明以爲艾雯所擅長的書簡體散文帶動了日後女性散文家書簡體散文的書寫風氣[42]，其實與艾雯同屬 1950 年代女作家中也許多鍾愛書簡體的散文創作，如張雪茵在《江南風雨夜》一書中也有一系列山居小簡，共 20 則書信，是給兒子銘兒的 20 封家書；蕭傳文在《夜行集》一書的〈山中短簡〉、〈山中書簡〉；鍾梅音在《風樓隨筆》中有〈寫給女兒〉的十封信；孟瑤有《給女孩子的信》共 20 封，娓娓道盡閨範懿德；張秀亞也有許多書信體的散文，如《牧羊女》一書中〈短簡〉、〈舊箋〉、〈心音濤聲〉，另外《心寄何處》一書中第二輯〈給少女們〉，則是 12 封專門指導少女的書信，從友情、愛情、婚姻談到詩、畫、風度，期待充實名媛淑女應齊備的涵養；琦君則將對象鎖定在小朋友，在旅居美國時，亦有一系列與臺灣小讀者通訊的書信作品《琦君寄小讀者》……，足見書簡體散文一時蔚爲風潮。只是上述多數作品仍沿襲著五四文人羅家倫、朱光潛欲以書信指導青年的寫作動機，帶著濃厚的教育意味，然而艾雯的書簡體是偏於抒情的風格，且屬於隱逸情調的山中書簡的路數，較不同於富教育意味的書信作品，日久也自成風範。

備註

　　本文選錄自許珮馨博士論文第五章「各具風姿的閨秀散文」第四節「三生芳草夢蘇州──艾雯」，並更改題名爲〈爐香靜逐游絲轉──論艾雯散文的風格〉。

──選自許珮馨《五○年代的遷臺女作家散文研究》
臺北：臺灣師範大學國文學系博士論文，2006 年 6 月

---

[42]引自陳芳明，「臺灣新文學史」第 17 章〈女性詩人與散文家的現代轉折〉，《聯合文學》第 220 期，頁 158。

紅塵雲遊客・臨花照影人

關於艾雯《孤獨，凌駕於一切》

◎許琇禎*

　　孤獨，這個所有藝術生命的底蘊，少有人能將之寫得那樣自在，那樣豐美。如果沒有謙和的智慧，就不能深情於萬物，若無真正的勇氣，就無法從容的生活，艾雯的散文，從 1950 年代走來，在眾多文秀細膩的閨閣書寫裡自開新路，她擺落了人事的瑣細鋪陳，遠遠接續了中國詩歌傳統的詠物神采。她用詩意詩語來寫散文，所以排比出六朝綺麗多情的意象：結廬紅塵，有我而超我，以澄心靈性為自然造境，因而在山水藝林裡散發獨特的芬芳。

　　《孤獨，凌駕於一切》這本散文集所收的作品，可以說是艾雯生活與寫作的精髓，它不但延續著艾雯長久以來對生活的藝術品味和詩美的文字風格，而且在思想和態度上展現了更為自在凝煉的自信。在這些散文裡，已經見不到她眾多書信體散文裡對生活的猶疑與積極的執「我」形態。在這裡，她像一個悟道的老僧，靜心慧眼卻不掩風情，筆力健朗又繁麗流衍。她寫一幅畫，可以是形色鮮活、聲情畢現如：「那一深紅灩灩的小襖褲透著喜氣洋洋，油紙燈籠上輝煌的『春』字炫耀著萬象更新。恍惚間耳畔升騰起鞭炮鑼鼓賀新歲，眼前湧現出歌舞昇平迎豐年。燭影搖紅，感謝平安吉祥，香煙繚繞，迎接明春福祉。家人團聚，融融樂樂，童年來復，鄉情如醇酒甘冽……凝眸處，燭影淡去，鼓聲消失，只有那提燈的女孩，高舉炫耀著「春」字的油紙燈籠，燃起了熾烈的鄉情，也燃亮了迴廊曲

*臺北市立大學中國語文學系暨碩博士班教授。

折。」（〈靜靜的畫廊——春秋藝廊陳其茂版畫展〉）；說一張照片，也可以
淡筆寫意、動靜相生爲：「煙嵐縹緲，晨霧迷濛，層層疊疊的遠山掩映在虛
無縹緲中，隱隱約約，若有若無。惺忪的河流撲朔迷離，潺湲自流，一葉
小小漁船悄悄地穿出蘆叢，輕輕地滑過水面，人也朦朧，影也朦朧，只緣
一夜捕魚，遲遲歸航，渾不知身在圖畫中」（〈永恆的一刹——國際攝影展
覽〉）。與其說她的散文在描景述物，不如說，她寫的是景物間的情感，每
一個畫面都成爲故事，而每一個故事都化成了景物。從視覺結構作自由聯
想，於是物我之間便有了情感的交融。她或者穿插以詩歌般的短句，或者
以連綿地排偶點題，但是，無論篇題是平常如「家在雲深不知處」，還是抽
象的「寧靜地帶」，艾雯總是用文字設一個謎，把尋常的物事虛虛實實、著
神不著貌的在感官情詞裡蛻變成新穎靈動的生命。

　　張秀亞說：「看到艾雯，我就想起了推開一扇小樓窗子的那隻素手，同
那向著巷中凝望的一雙黑睛——那到一籃花枝上探詢春之蹤跡的一雙黑
睛，雖然窗外雨霧濛濛，但那窗黑睛裡的天空，卻是晴朗湛深，淨無雲
翳。」艾雯的散文即是她的生活，而她的生活就是自然和藝術，或者更貼
切的說，是她的生活使一切成了藝術。她愛紀德「別停留在與你相似的周
遭，永遠別停留」，所以能樂於孤獨，在孤獨裡多情地照看世界，輕易地就
擁有了俄國形式主義把事物陌生化的藝術視野。她期許自己成爲：「一個靈
魂的工程師，專在人們的心靈的園地中建造真善美的樓臺庭樹。」於是用
工筆花鳥的筆觸，引高逸曠遠的山水自然入紅塵俗務中，舉手投足無處不
是風景，無處不能安身。

　　也許，這一幀幀如詩般的畫面與藝術生活的追求不足以揭示人事的紛
亂與殘酷，但是，正因爲它是那麼全然的投注了個人對造物的關愛，捕捉
了自然與生活最美妙的神韻，所以即便不大聲疾呼改革的熱情，也能爲現
實闢一座可親可近的桃花源，提供一個可以獨造涅槃知足自足的世界。誠
如她爲這本集子所下的註腳：「與任何人沒有牽連和關聯，不是離群索居，
自然形成的孤獨；不是處身親屬間不爲人了解的孤獨；我是我自己，我的

孤獨是超絕的，是凌駕一切的。」紅塵雲遊的超然，臨花照影的孤獨多情，共構出艾雯的人生與文學。在這個終始懷抱著堅定期待的生命面前，時間遂有著近乎奢侈的寬容。

——選自《文訊雜誌》，第 272 期，2008 年 6 月

艾雯散文的美學演出

艾雯散文的主題內容

◎羅淑芬*

　　散文是所有文類當中最可以示現作者真實性格，也就是說以作者為中心，藉由作者不同的生命性格、生活經驗及主觀的選擇判斷呈現出不同的主題內容，也因此不同的主題呈現，可以分析歸納作者的生活樣貌，甚而生命價值觀，也可以說是作者自我型塑的方式之一。

　　分析艾雯的散文文本的主題內容，我們可以發現在懷舊散文的營造上，表現了對故鄉的眷戀。故鄉蘇州是艾雯一生的依戀，家鄉的一景一物、一人一事，都能讓她吟詠不已，甚而在臺灣只有聽到吳儂軟語，性格內斂的她，亦會趨前寒暄幾句。生性喜愛花花草草，被稱為文壇「綠手指」的她，懷舊憶往的媒介往往是透過花草，引領她回到愛戀的過去。

　　艾雯雖早年失怙，但很幸運的，親生母親伴她走過艱辛的歲月及戰爭的苦難直到臺灣。而她也有一個獨生女恬恬，家庭氣氛非常融洽，婚姻幸福美滿，在她的早期散文中表露出她對「母親」這個角色的歌頌，這種溫柔敦厚的母愛，她是接受者亦是付出者，而母愛是女性作家最易感受到，也許是角色使然，因此母愛成為女性作家永恆不墜的主題之一。

　　詠物是一個文體成熟的表現，艾雯在散文中將詠物的技巧發揮到了極致，且以《花韻》為代表，她在詠物當中賦予所詠之物豐富且飽滿的藝術形象，令人讚歎。接著是在地的人生小景，刻畫出臺灣的風土民情，而其中所奏出的田園牧歌，展現恬淡的心境，艾雯一生喜與自然為伍，在臺灣

*發表文章時為鶯歌高級工商職業學校教師、政治大學國文教學碩士在職專班生，現為鶯歌高級工商職業學校教師。

曾居住屏東、岡山的純樸小鎮之中，縱使移居北臺灣亦選擇新店、天母近都市的郊區，足見她對自然的眷戀，這也成為她的主題內容之一。最後是艾雯透過旅行，將所遇所感所見連綴成一系列的國內遊旅實錄，或可視為女性散文旅遊書寫的嘗試。所有的主題內容分析如下：

一、懷舊散文的營造

　　艾雯初生於人文薈萃的蘇州，她更以身為蘇州人為榮。因為戰亂，不得不離開心愛的家鄉，來到了江西，走的時候倉促，許多心愛的收藏都沒有隨身攜帶，本想戰爭一結束，可以回奔心愛的家鄉，沒想到又是另一個離家的開始，來到了臺灣仍心心思戀著故鄉蘇州，尤其是稠雨的日子，艾雯望著沉重的雲塊，聽著單調的雨聲，思想就似一根有黏性的鐵絲，黏住了千萬斛鄉愁，那蘇州「號稱中國的威尼斯，號稱天堂的美麗的水城」，如何寄予她（蘇州）密如雨層的恬念呢？[1]如同張秀亞，艾雯對家鄉的眷戀，是以「物」與特有的「空間感」營造出來的，那情感的絲線是藉由水與花草串連而成的。

　　艾雯對水的眷戀來自鄉愁，有水都之稱的蘇州，原本就是一個水鄉澤國，貫串於城市內的淺流，形成了特殊的景致，也造成了特有的文化，大部分的樓臺亭閣，佇立於萬「川」之中，頗見煙雨江南之味道。因此故鄉空間是由「水」所填滿的，對故鄉的回憶也是由「水」連繫的。艾雯曾說：

> 有些人是愛山的，讚美著山的種種可愛。但，我生長在河澤著名的城市——蘇州，自幼就深深地戀上了水，不管涓涓的細流，淙淙的小溪，滔滔的江河，浩蕩的海洋，像一個貴婦人愛她項圈上每一顆名貴的珠子般，我一視同仁地摯愛著。我愛聽它們的絮語，我愛聽它們的怒吼——

---

[1]艾雯，〈恬念〉，《青春篇》（臺北：爾雅出版社，1987 年），頁 127。

那幽咽的低吟，那澎湃的呼嘯，又豈是凡間的音樂家所能創造？……而
水，那怕是一道清澈的溪流，也就夠耐人尋味了。……呵！我是多麼渴
念著那奔放的、湍激的善於戰鬥的水喲！但願我是那片白雲，越過高矗
的山嶺，去親近那可愛的水、水、水……[2]

天生愛水是因為生長在有水鄉之稱的蘇州，自幼生活週遭不是涓涓細流，
就是淙淙小溪。水之於蘇州，有如血管之於心臟。艾雯流著蘇州的血，自
然對那屬於蘇州命脈的淺流，有著深厚的情感。水不只有晶瑩的外表如同
貴婦人的珍珠項鍊，更能奏出美妙的樂章，幽咽低吟、澎湃呼嘯；或高或
低、或緩或急，如聽仙樂。艾雯願幻化成一朵白雲，飛過重山峻嶺，只為
親近那可愛的水，而這水所代表的就是那可愛的家鄉，對水的依戀，也就
是對故鄉的依戀。

　　此外，素有文壇「綠手指」之稱的艾雯，對於花草的喜愛，來自兩方
面的薰陶，一是蘇州特有的人文環境，在蘇州孕育過多少文人，每一個景
物，背後都有它悠久的歷史，任一個古蹟，都可讀到歷史掌故，如此如詩
如畫的人文自然景觀，培育了艾雯對美的鑑賞力，也培育了對花草的喜
愛。另一方面的薰陶來自父親，艾雯從小跟著父親學畫種花，在父親作畫
時，她是第一個欣賞者，在欣賞之餘培養了她對美的感受力，同時也在父
親的鼓勵下曾臨摹過「芥子園畫譜」；同樣地，當父親栽花時，艾雯亦是一
名得力的助手，從小就跟從植物的種子萌芽長大。

　　因此家鄉蘇州如詩如畫的美景與花草成為深鑄心中的「物」，而往往透
過對花草的描述，回到了心儀已久的蘇州及童年歲月。對於梅花她是如此
說的：

　　這多年來，渴望梅花魂牽夢縈，思念更凝聚在濃濃鄉愁裡。尤其是臘月

---

[2]艾雯，〈水的戀念〉，《青春篇》，頁171～172。

寒冬，歲暮年節，闔家團聚，笑語頓落之際。環顧四壁，燈影燦明，映
著燙金斗方，紅艷剪春，獨不見梅花清供，心頭不泛起陣陣落寞的漣
漪，懷鄉的輕愁。暗地裡，只默唸著……故鄉遙，何日去，家住吳門，
久作長安旅……畢竟，我們生長到遍梅花的家園，童年清平的歲月，便
無憂無慮地浸潤在芬芳裡，生的根芽從那兒萌出，焉能不思、焉能不
念？因此，梅花的消息對我來說，不只是一個好消息，也是個好預兆；
不只是花的消息，也是故鄉的音訊。[3]

濃濃的鄉愁，全在梅花濃濃的花香之中，香息的凝聚，有如鄉愁的凝聚，
每見到梅花就想起童年的清平歲月，無憂無慮享受成長所帶來的喜悅，就
如同浸潤在梅花芬芳之中，這一切的一切深深烙印在艾雯的心中，無論何
時何地，焉能不思不念？因此花的消息，就是故鄉的音訊，花香的召喚，
便是故鄉的召喚。又如竹：

網師園、獅子林、滄浪亭、留園……那些幽邃美麗的林園裡，栽種得最
多，最有韻致的是竹。一座座月洞門，一道道海棠門，框住幾枝疏朗清
秀的湘竹，疊上數塊玲瓏剔透的太湖石，陪襯些唐菖蒲、黃菊，便構成
高雅的逸品，長廊上各式各樣的落窗，一扇是一幅景觀，瀟灑秀挺的綠
竹總是最生動的畫軸。
在最初的記憶裡，是老家庭中那一叢父親手植的翠竹，在我眼中，高得
擎天指日，無風有風，總是輕輕搖曳昭展，篩下縷縷陽光，篩下細細雨
絲。[4]

艾雯喜愛竹，認為竹既高雅又世俗；既謙虛又自傲；既合群又獨立；既蘊
藉又瀟脫，正符合中國文人處世的中庸之道。而在江南，幾乎家家都有修

---

[3] 艾雯，〈又見天香第一枝〉，《倚風樓書簡》（臺北：漢藝色研文化公司，1990 年），頁 147。
[4] 艾雯，〈無言倚修竹〉，《倚風樓書簡》，頁 166～167。

竹，處處皆有幽篁。同樣地，在著名幽邃美麗的林園裡，亦有修竹的栽種，從這些亭閣樓臺的窗子望去，這些修竹再陪襯上雅石及其他花色的點綴，每每形成一幅寫意的文人畫，這也添加了江南的詩意。對竹的最初記憶，是屬父親親手植的翠竹，竟也成了最終的眷戀，因此艾雯說：「它（竹）與我的童年、我的老家、我千斛鄉愁，是那樣纏綿地聯繫在一起。」[5]

除此之外，被艾雯稱為懷鄉草的茉莉，是她最偏愛的花種：

> 我喜歡茉莉，不僅由於它纖巧的體態，純潔的容姿，沁甜的芳馨；在有生之涯，在長長一串逝去的歲月裡，它還牢牢地縈住我一份稚真的感情，一份童人的回憶，一份對故鄉的眷戀，以及如今不可再得的人們那種渲染著純東方文化的生活情趣，和悠然自得的閒情逸致。[6]

對於她的故鄉蘇州，不只是水鄉，亦是花都，蘇州人似乎從娘胎就愛花花草草，達官貴人的府第，假水魚池花園是少不了；一般的住宅也有四季開花的院落；就連沿街淺戶也還有小小的天井，而這些花園景致中不可少的也不能少的，茉莉就是其中之一。不只在庭院，每個女人的頭上總有幾朵帶晨露的茉莉，供佛的鮮花裡亦有香氣盈室的茉莉，在廳堂裡、在婚宴上、在服裝上，只要是莉花開的季節，就會看到她的芳蹤，不只因為它皎潔晶瑩的珍珠花蕾，更為它幽幽沁甜的香息，因此艾雯有時會虔誠地摘下這一掬璀璨的白，滿握這盈盈的香，撒布在枕頭四周。但願今夜夢裡，花香引領她回去；「回去那魂牽夢縈的故鄉，回去開滿小小茉莉的童年的長廊。」[7]不只如此，紫藤、水仙等等都是能勾起回憶的花草，花草就是艾雯的童年歲月，也就是她的故鄉——蘇州的代表。

---

[5]同前註，頁 165。
[6]艾雯，〈小小茉莉〉，《不沉的小舟》（臺北：水芙蓉出版社，1978 年），頁 111。
[7]同前註，頁 117。

　　而我們從艾雯對於懷鄉散文的經營中，可以察覺到她多採對「物」的描繪，對蘇州的記憶是由空間的一景一物拼湊出來的，她對故鄉之物有著深刻的情感與眷戀，也因此在往後的歲月中如遇到屬於家鄉的「物」，每每會勾起她無比的戀鄉情緒。

二、溫柔敦厚的母愛

　　對於母愛的謳歌，從冰心以降一直是女性作家在從事創作時不可或缺的主題之一，這或許與女性的角色有關，在還是稚子時就接受了母愛，到為人母時母愛的光輝自然而然散發出來。艾雯亦不例外，尤其是她早年失怙，母親伴著她走過艱苦的戰亂歲月，直到來到臺灣，母親一直是她生活的依靠，在當時紛亂的局勢，這樣的情況引來多少人的欽羨。同時艾雯於遷臺前得女恬恬，身為人母的她，自然而然將對女兒的關愛呈現在自己的作品當中，如此的主題內容多出現於艾雯早期的散文文本。

　　對於母愛的歌頌，艾雯使用了不同的方式呈現，有故事的描繪，在〈狸奴〉一文當中，藉由名叫「狸奴」的貓說明「什麼使狷傲化作溫柔，是什麼使浮躁變得穩靜？是那最崇高無上的母愛。那一點一滴地充實生命的母愛，縱使人獸之間有不可衡量的區別，崇高的母愛卻是一般無二」。[8]狸奴原本是一隻傲骨天生，狷介成性的貓，生性孤僻，不得人的寵愛，直到有一天失蹤幾天的牠再出現時已身懷六甲，奇怪的是牠的性格也慢慢變得溫馴起來，直到小貓呱呱墜地，狸奴更展現了為人母的毅力與愛力，當中細緻的描寫將母愛的偉大無分人獸的意念表達出來。

　　另一個展現溫柔敦厚的母愛例子，是艾雯藉由生活當中的一個微不足道的遭遇，展現了母愛的偉大：

　　「可不。就這麼侍候了她十年。」她幽幽地說：「記得那年逃難，她爸爸

---

[8]艾雯，〈狸奴〉，《漁港書簡》（臺北：水芙蓉出版社，1983 年），頁 53。

不在家，我抱了她走了半個月，溺的尿還把我穿的一件厚袍給浸爛了，現在一到陰濕天，兩只手臂就痠疼得抬不起來。」

「哎！虧你這番好耐心！」脫口說出這話，我又覺得自己太突兀了。

「有什麼法子呢！好歹總是自己的骨肉。」她說著眼眶紅了，掩飾地俯下頭去整理床褥。[9]

這無悔的付出就是母愛，這位母親付出一輩子的心力照顧一個沒有感情、沒有智慧，更談不上報酬的「殘廢肉塊」上，卻仍然堅持的付出，母愛「是一片無遮攔的驕陽，沒有偏私的一概給予光和熱，母親的愛是綿綿的春雨，不管沃土脊地一般的予以滋潤。」[10]

而身為母親的艾雯，對於她的獨生女恬恬，付出同樣的關愛，在〈靜靜，她正睡著〉、〈祝福──寫在恬兒兩周歲〉、〈寂寞的心靈〉……等篇散文中，我們都可以窺見一二，尤其是〈祝福〉一文，以書信體的形式，將恬恬從初生到兩歲的生長過程的點滴，用娓娓對談的方式一一細數，最後以充滿無限祝福的口吻，希望恬恬能以父母所給予的愛，認真快樂地面對生命。

另〈知識的窄門〉一文是對當時聯考制度產生的升學壓力提出省思，最後以「能夠進去的，果然是平時的勤勞換來的收穫；進不去的，自問也盡了最大的努力，切莫因此沮喪，而失去再接再勵的勇氣。門的存在，永遠等待著人去叩開」一語，勉勵所有的莘莘學子。[11]〈童話‧童年‧童心〉是艾雯童話書《森林裡的祕密》，一書的後記，對於當時童話書的缺乏，希望能拋磚引玉，更希望大家能重視這塊荒蕪的園地──兒童文學。這些都是以母親的角色，提供另一個關懷的主題。

---

[9]艾雯，〈母女〉，《漁港書簡》，頁120。
[10]同前註。
[11]艾雯，〈知識的窄門〉，《不沉的小舟》，頁160。

三、從戀物到戀花

詠物的主題內容可以說在艾雯的散文篇目中占大宗，而所詠之物無所不包，而她詠物技巧可說是無所不包，可將具體之物抽象化，亦可將抽象之物具體化，日常生活中隨處可見的門，就是艾雯將具體之物抽象化的範例：

> 門外淒迷地飄著雨，颳著風，我緊緊關上了。門內安逸溫馨。
> 門外紛沓著市塵聲，囂嘩聲，我輕輕掩上了，門內闃寂恬靜。
> 只薄薄的一門之隔，門裡門外，便截然成了兩個世界！
> 我愛在門裡沉思，在門裡緬想，更愛門裡那份溫暖，那份安謐。可是我又嫌門，是門造成了人與人之間的隔閡，是門造成了狹隘自私的心胸，是門把人摒棄於大自然之外，在門裡關久的心，不會了解宇宙的博大，領悟自然的莊嚴；在門裡關久的人，更會把自己孤立起來。越是在門裡把「自我」看得偉大優越的人，一到浩闊無極的門外，越是顯得渺小猥瑣。
> ……只薄薄地一門之隔，門裡門外，便截然成了兩個世界。[12]

門是具體且有形的事物，艾雯看到的是門裡門外不一樣的世界，門外飄雨颳風，門內安逸溫馨；門外市聲喧嘩，門內闃寂恬靜。乍看下，似乎門內是溫暖恬靜，但是不是每一個人都希望安逸的生活，也有人嚮往冒險的生活，認為門外的風雨可以磨練他的意志，門外的浪濤可以壯勵他的心胸。門可以成為一個保護傘，使人不受傷害，也可以是一道隔閡，阻隔了人與人之間的交流，薄薄的一扇門，可以截然分成兩個不同的世界，門內門外自己的選擇，詠物最後引出的哲理性的思考，從而將門的形象抽象化了。

---

[12]艾雯，〈門裡門外〉，《青春篇》，頁3～6。

　　除了將具體的事物抽象化之外，艾雯亦擅長將抽象的事物具體化，艾雯具象化抽象之物的典型範式就是「青春」：

> ……一個莊矜的女神，她戴著綠色的冠冕，披著白色的輕紗，赤足散髮，右手拿一朵嬌豔的玫瑰，左手執一枝光輝的金杖，容光煥發的臉上，卻是莊嚴凝冷，她回過頭來，向我揚了揚手：
> 「再見了！人兒。」
> 「你是？……」我遲疑地端詳著她似曾相識的臉龐。
> 「我猜你已把我忘懷。」她悼然地說：「我是『青春』，曾伴隨你十多年歲月。」……
> 「你不僅冷淡我，你還故意讓那些我最憎嫌的敵人——憂慮、愁苦、庸思、俗務來戕害我，使我難堪，使我不能立足。好了，打從今天起，我決定離開你。」她決絕地掉頭向前走去。
> 「請你相信我，這一切絕不是我故意，那只是生活，現實生活使我冷落了妳，疏淡了一切。」我惶惑地追上一步，牽住她的裙角苦苦哀求。「你千萬不要捨我而去，從今以後，我發誓要加倍地愛護你、尊重你，請你、請你留下吧！」
> 「哼！這都是你們說的一貫的話。」她冷笑著停下腳步。「當我整天廝守著你們時，你們一味將我浪費，從不珍惜；可是等我一旦離開了你們，又不勝悔恨地嗟歎著青春易逝、青春不再！對不起，我可再不能為不知愛惜我的人，虛擲我寶貴的光陰了。」……[13]

青春原為看不見、摸不著的抽象之物，在此艾雯將青春幻化成一個頭載綠色冠冕，身披白色輕紗，赤足散髮，右手拿著一朵嬌豔的玫瑰，左手執著一枝輝煌的金杖的青春女神。「再見了！人兒」代表著青春女神的離別，藉

---

[13] 艾雯，〈青春篇〉，《青春篇》，頁18～20。

此向漠視她的人提出嚴正的抗議。青春是人類用盡一切努力，不懈追求的歲月，人們雖然如此的重視她，但她無形無影，只在人類臉上的皺紋中，看見她走過的痕跡，當她一現身，便告知離別的來臨，此時人們無所不用其力的想挽留，但為時已晚。這些不就是我們對待青春的態度嗎？青春在之時毫不眷念，不在之時卻又苦苦追尋。艾雯藉由人們與青春女神的對話，將盲點點出，勸人珍惜青春。

艾雯的詠物之作，含有高超的技巧性，且對所詠之物給予自身最深刻的情感，使所詠之物富有藝術飽滿的形象，這是她成功之處。

四、在地的田園牧歌與人生小景

艾雯的散文主題之中，我們可以發現許多在地的田園牧歌及人生小景，這與艾雯天性的性格有很大的關係，她天生就喜愛自然中的花花草草，更喜愛悠閒自在的生活。卜居屏東或岡山，都是屬於純樸的小鎮，後擇居北臺灣，亦選擇了近郊的新店與天母。在生活當中以她獨具的慧眼，細心的體會到大自然所贈予人類的恩賜，譜出一段段在地的田園牧歌。除此之外，她並沒有忽略在地的人文景致，也為那鄉土的人民描繪出特有的人生小景。我們且看她的田園牧歌：

> 散步歸來，滿懷欣悅和清新，將一捧紅嫣紫妮，摘自由田野間的花束，插入藍瓶，注滿清水，再拭乾被露水沾濕的手腳。這時初升的朝陽才從遠遠的一排樹梢葉隙透漏出一點消息⋯⋯
>
> 新居不算太狹隘，卻清靜可喜。小院裡兩棵榕樹拱衛著紅磚鋪砌的臺階，作為圍牆的是一圈密密的常綠灌木，週期性的隔些時日便在葉叢間盛開著一球球潔白的小花。花開時，滿院滿屋便洋溢著濃郁的芳香。花牆外是一條綠草芊綿的道路，每當夕陽西下，耕罷歸去的牛群，三三兩兩響著清亮的鈴鐺，一面啃著青草，悠閒而安詳的從門口踱過去。
>
> ⋯⋯我卻愛端一張竹椅在窗前，靜靜的坐著，看雲彩冉冉掠過藍天，聽

> 群鳥在樹梢嘰喳歡唱……
>
> ……聯繫著兩岸的是一座木橋，木橋有一個恰如其身分的淡雅而可愛的名字：柳橋。每當彩霞渲染著河水的薄暮，我們常散步至橋上，聽流水嗚咽吟唱。而在月夜，橋浴在溶溶的月色裡，更是無限嫵媚！[14]

趕在太陽的前面，艾雯清晨早起，散步歸來，捧了一束自田野間摘擷的鮮花，開始了一天的生活，呈現在眼前的是清新可喜的田園生活，包圍在四週的是自然的氣息，庭園的圍牆不是人造的水泥土牆，而是常綠灌木排列而成，園中的花是週期性開花的潔白小花，皎潔的花色伴著濃郁的香味，更增加了田野的氣息，有時往窗外望去，耕罷歸去的牛群伴著清亮的鈴鐺，奏出田園的牧歌。而家附近聯繫兩岸的木橋是艾雯散步的必經之處，它有一個淡雅可愛且恰如其份的名字：柳橋。在含露的清晨或霞照的黃昏或恬靜的夜裡，都展現了它不同的姿態，每每令人讚歎。

　　離開了屏東，鳳凰花開的歲月對艾雯而言，依然是難以忘懷的：

> 噢，只是一朵鳳凰花，對我，卻蘊藉無窮。20 年韶華，幾度星霜，生命中的甜蜜和憂傷，人生的坎坷和衝激，幼小一代的成長，年輕的少壯而哀樂中年，數不清守著寂寞耕耘的晨昏，數不清刻畫思維的朝朝暮暮，數不清平靜如止水般悄悄流去的時光……這些、那些，都曾映照著綠蔭，閃耀過花顏，一年又一年──……
>
> 那條鳳凰林蔭，一端通大路，一端引伸過小橋溪流，是村出入必經之途。每次打從那兒經過，總有些不同的感受：春天漾著柔柔的輕陰，漾著鳥語的漣漪，兩旁的菜畦和蕃薯田綠意潤潤，心頭也添一份清新的滋潤。夏日炎炎，那一片濃蔭匝地，風透過樹隙吹在身上，不汗自清涼。秋天怎樣豪華地踏過織錦繡花地毯，冬日看一株株盤錯蟠虬，奇崛穆曲

---

[14]艾雯，〈趕在太陽前面〉，《漁港書簡》，頁 31～33。

的光枝幹，又如何遒勁的支撐著澄碧的天宇，顯得高曠軒朗。[15]

艾雯在南臺灣度過了生命中的 20 年，經過歲月的洗禮，一年又一年的南方耕讀歲月都曾映照過鳳凰木的綠蔭與閃耀過鳳凰花的花顏。那一條鳳凰林蔭下的大道，每個季節都給人不同的感受，春天裡有柔柔的清蔭，宛轉的鳥語，潤潤的菜畦，讓人感到清新滋潤。夏天裡濃蔭匝地，輕風徐來，清涼舒暢。秋天繁花盡落，有如踏過織錦繡花的地毯。冬天光禿的枝幹遒勁撐向澄碧的天空，更顯高曠軒朗，四季不同，陰晴各殊的鳳凰林蔭道，在艾雯的生命中已烙下不朽的印記。來到了北臺灣，住在已都市化的城市裡，艾雯並無放棄心所嚮往的田園生活，效法了陶淵明「結廬在人境，而無車馬喧」的生活態度，依然奏著田園的牧歌：

> 春晴不在家，自去訪礦溪。
> 去礦溪朝水，是我的早課、我的靈修，只要是天好人健康的日子，起床第一件事，便是去赴約，夏秋趕在日出之前，常常是晨星稀微、露珠濡濕、草木將醒猶醒。……
> 我許下心願準備好好記述與礦溪和大自然的交往，以及因之結識許多野生植物、飛鳥蟲蝶、松鼠山雉的種種愉悅、啟示、心得、憬悟……有性靈上的修為，有精神上的鼓舞，微妙的情趣，曠達的心境……還有那些誠樸人性的溫馨。[16]

「礦溪」，艾雯從第一眼就被其震撼、吸引、懾服，她為之傾心、為之忘我，為之皈依歸順、為之頂禮朝拜，每一次的會晤，感受依然如新，正因礦溪帶給她種種愉悅、啟示、心得、憬悟以及性靈上的修為，精神上的鼓舞，還有那誠樸人性的溫馨，讓她悠遊於其中，享受著大自然所賜予的一

---

[15] 艾雯，〈寄我一朵鳳凰花〉，《倚風樓書簡》，頁 104～107。
[16] 艾雯，〈人在礦溪〉，《中國時報》，2004 年 3 月 28 日，第 8 版。

切。同時我們也發現在每一個艾雯所佇足的地方，在她的腦海裡都有留下牧歌的旋律，而她不只注意到自然的旋律，同樣在她的筆下，亦留下了屬於人文的人生小景，尤其是在〈漁港書簡〉一文中，其所透露的悲天憫人的胸懷，更是濃厚，以一個外地人的角色，融入了當地的風土民情，去感受當地的人文背景，並為那些悲苦的漁民代言，為他們唱出生命的哀愁與希望：

> 就在這潔白美麗的大理石圍牆內，便圍著矮小簡陋的漁民之家。在漁島，據說人的繁殖跟魚類一樣的迅速，每一家都有一串梯形的孩子，人們在黯沉沉的小屋子裡就像關在簍裡的群蟹，蠕蠕蠢動。這便是漁人的家！漁人的家裡充滿著海洋的鹹腥味，也瀰漫著貧窮的氣息。
>
> 海洋是豐饒的、肥沃的，但在海洋懷抱中的這一塊陸地，卻是這樣貧瘠。儘管海洋不斷的灌溉滋潤，土地仍像一棵不會結果的樹，一個患不孕症的婦人，從來不曾生產過糧食。
>
> 大地，人類的母親，但這母親卻沒有乳汁哺育她的孩子。
>
> 漁民必須從海上去捕獲魚類，換取藉以生活的物質，但海上的生產全靠運氣，而漁民們只會操縱舵槳，卻不能操縱命運！
>
> 於是，漁民們只得吞食粗礪的雜糧，捨來的蚌海螺和網底的小魚小蝦，穿著千補百衲的衣服，孩子們赤著腳，半裸著黧黑的上身……
>
> 「船還沒有，怎能講究吃的穿的啊！」
>
> 「等自己有了船，生活就會好起來。」
>
> 沒有怨尤，沒有憤恨，這便是他們對貧苦生活的答覆。他們不曉得什麼是享受，只求免受凍餒，風平浪靜。他們不懂什麼叫愛情，只有互相合作，同嘗甘苦。他們沒有豐富的知識，卻有一肚子海的學問。他們是勤勉的，從不懶惰貪安逸。多麼樸實而可愛的人們——海的兒女們，他們

才是上帝最善良純真的子民！[17]

海是威嚴而超絕的，溫柔而沉默的，豪放而熱情的，涵博而深沉的，面對著它，讓人們感到渺小，即使是海的兒女——漁民，仍然摸不清、看不透，猜不著海的形象。因此眼前所呈現的漁村竟是瀰漫著貧窮的氣息，漁民在海上討生活，全靠的只有運氣，但對於這個他們仰賴為生的海，心中沒有怨尤，沒有憤恨，他們最大的期待與希望就是一艘可以與大海共存的船，就像農夫渴望擁有自己的土地一樣，在漁村裡彷彿永遠重複地都是那一個字——船，海的兒女們同海一樣有深沉的性格，但他們不曾掩蓋的對希望之物的熱情與執著，終於有一天他們的期望實現了，「漁者有其船」將漁民的眼睛重新點亮，艾雯相信這些海的兒女不久之後會高唱凱歌重新回到海的懷抱。如此貼近的觀察，如此悲憫的胸襟，有情看世界成為艾雯寫散文的原則。

　　　　　　——選自羅淑芬《五〇年代女性散文的兩個範式——以張秀亞、艾雯為中心》
　　　　　　臺北：政治大學國文教學研究所碩士論文，2004 年 7 月

---

[17]艾雯，〈漁港書簡〉，《漁港書簡》，頁 72～73。

〈一束小花〉賞析

◎李怡[*]

　　這篇散文可與另一篇《夜語》連起來讀。作者的人生是不幸的，有時煩惱襲來，夜不能寐，在清冷的月光下獨坐，在空寂的園子裡徘徊，盼望能融入夜的寧靜也終不可得，終於只得回到書桌邊去，一分一秒地，「用筆尖刻畫掉漫漫長夜。」日復一日，當苦痛再不能為「思想的清風」所拂除的時候，就需要「遠離塵囂」，重新返回到大自然的懷抱，重新汲取生的能源。

　　在人類走向文明的歷史上，大自然總是扮演著這樣一個保姆的角色。英國詩人華滋華斯說過：「我倒寧願是陳腐的教條所哺育的異教徒，那樣就能佇立在這怡神的草地，領略定能緩解我孤獨感的美景。」

　　艾雯也來此地療治傷痛了。從「5月3日」到「5月14日」，我們可以比較清晰地觀察她的療養過程。

　　5月3日至5月5日，占全文約1／4的篇幅，似乎是作者對自身「病情」的診斷，她不斷說服自己接受「大自然療法」，費墨頗多，足可以見出她對現實生活那種過分緊密的黏連，難以割捨的眷戀。

　　5月7日開始了治療。一番遊山玩水，精神爽快，「那些鬱積著的困瘁，塊壘，煩惱，苦悶，一切庸俗的，蒙塞性靈的垢疵，讓生命如同輕盈的雲，進入空間的澄藍。」

　　到5月12日這一天，作者又重新發現了人生的美，一種與大自然相諧

[*]發表文章時為西南師範大學漢語言文學系助理教授，現為北京師範大學文學院教授兼任四川大學文學與新聞學院教授。

調的樸質的韻致。從陶醉於青山綠水到欣羨人性的美麗,她那顆疲憊的心靈開始有了活力,人生對她而言又有了新的意義。

5 有 13 日夜的洗禮實質上是一次神祕性的啟示:它喚醒了關於人戰勝命運的沉睡的記憶。於是作者又有了比較充足的生命的能量,有了對自身生存力量的確性。

艾雯的創傷終於癒合了,她又踏上了歸途,在舊有的世界上去尋找新的生存形式。那束小花,是作者企圖保存的關於這片土地的印象,是企圖時時憶起的某種力量的鼓勵。

寫到這裡,筆者不知怎的,忽然萌生了一個惡毒的念頭:這束山野的小花,就真的能在那渾濁的都市環境中茁壯成長,「結蕾、含苞、吐蕊」嗎?但接下來我又否定了這種思想,不能成長又怎麼樣?艾雯不照舊可以再去一次大自然的懷抱嗎?自然和現代人的關係也就是這樣的了。

這篇散文的價值就在於比較清晰地描寫了在現代社會中,大自然和人的互相關係,尤其是自然予人的獨特意義。作者以日記的形式逐步展示了這一心理療治的生動過程。「日記」所造成的特色就是既能比較細致清晰的揭示這種全過程的景觀,又能相對地保持節奏的緊湊,行文的集中性。

當然,本文的一點不足也在於這一「清晰」,有時候,過分清晰地描摹某些心理過程,實質上就已經破壞了那種心靈世界的「渾沌」狀態,總給人一種生硬的、機械的感覺。

——選自盧今、王宇鴻編《臺灣散文鑑賞辭典》
太原:北岳文藝出版社,1991 年 12 月

艾雯

◎王景山[*]

　　艾雯，女，本名熊崑珍，1923 年 8 月 11 日生於江蘇蘇州。在吳文化氣和酷愛藝術的父親薰陶中成長，自幼嗜讀新舊文學作品。1937 年一家去江西贛南，不久抗日戰爭爆發，三年後父親又去世，遂進入社會，同時嘗試寫作。在江西大庾鎢業管理處圖書館任職期間得以暢讀中外名著，後在擔任報社資料室主任和報紙副刊主編時，又得以經常廣泛接觸到許多作者作家和文壇信息，更奠定了對寫作的興趣。1941 年以小說《意外》獲《江西婦女》徵文第一名，此後即以「艾雯」為筆名，投稿江西《正氣日報》等處。曾說：「我終於找到了寄托心靈、宣洩情感的路子——學習寫作——我把寫作當做一只舵，安上飄流在人海風濤中獨自奮鬥向小舟」。1949 年到臺灣後，專事寫作。1951 年出版第一本散文集《青春篇》，被選為當年「青年最喜愛閱讀的作品和作家」散文第一名，並選入中學課本，被譽為「生活的藝術家」。1953 年出版第一本小說集《生死盟》。此後出版多種小說集、散文集。1965 年獲臺灣中國文藝協會臺灣散文獎。近年擅寫文體、性質、內涵不同的系列散文，陸續出版。所作多方面取材，風格獨創，文思精密，旨趣深遠，融鑄情理於一爐，思想上求突破，文章上求創新，自稱「不具風格」就是她的風格。她又稱：「唯願一息尚存，能用不間斷地寫下去，付出愛心和熱誠，為人生添注一點美，增加一份生存的勇氣，並為這偉大的時代作證。」

---

[*]發表文章時為北京師範學院中文系教授，現已自教職退休，任中國現代文學研究會、世界華文文藝家協會名譽理事。

著作目錄

青春篇	（散文集）	1951.4	高雄：啟文出版社
生死盟	（短篇小說集）	1953.8	高雄：大眾書局
小樓春遲	（長篇小說）	1954.7	臺北：帕米爾書店
魚港書簡	（散文集）	1955.2	高雄：大業書店
魔鬼的契約	（長篇小說）	1955.6	臺北：人文出版社
生活小品	（散文集）	1955.8	臺北：國華出版社
艾雯散文選		1956.9	臺北：遠東圖書公司
夫婦們	（短篇小說集）	1957.8	臺北：復興書局
霧之谷	（短篇小說集）	1958.3	臺北：正中書局
一家春	（短篇小說集）	1959.12	臺北：正中書局
曇花開的晚上	（散文集）	1962.5	臺中：光啟出版社
與君同在	（短篇小說集）	1962.7	臺北：復興書局
森林裡的祕密	（童話集）	1962.7	臺北：臺灣兒童書局
池蓮	（短篇小說集）	1966.5	臺北：正中書局
弟弟的婚禮	（短篇小說集）	1968.12	臺北：立志出版社
		1976.9	臺北：星光出版社

浮生散記　（散文集，後易名為《明天・去迎接陽光》）

		1975.3	臺北：水芙蓉出版社
不沉的小舟	（散文集）	1975.4	臺北：水芙蓉出版社
艾雯自選集	（散文、小說）	1980.11	臺北：黎明文化公司
倚風樓書簡	（散文集）	1984.1	臺北：水芙蓉出版社
綴網集	（散文集）	1986.3	臺北：大地出版社

——選自王景山編《臺港澳暨海外華文作家辭典》

北京：人民文學出版社，2003 年 7 月

輯五◎
研究評論資料目錄

作家、作品評論專書與學位論文

學位論文

1. 羅淑芬　　五〇年代女性散文的兩個範式──以張秀亞、艾雯為中心　政治大
學中國文學系　碩士論文　陳芳明教授指導　2004 年 7 月　199 頁

本論文以張秀亞和艾雯兩位作家的時代背景為經、個人生平為緯，劃出兩位女性作
家的歷史座標，並提出在五〇年代女性散文中分別由張秀亞與艾雯所建構而出的兩
個範式。全文共 6 章：1.緒論；2.兩位散文作家的文學生涯；3.張秀亞散文藝術的造
詣；4.艾雯散文的美學演出；5.女性散文書寫的特質與意涵；6.結論：兩個範式的建
立。正文後附錄〈張秀亞、艾雯著作年表與五〇年代藝文大事〉。

2. 陳彙心　　艾雯散文美學研究　臺北市教育大學中國語文學系　碩士論文　江
惜美教授指導　2007 年 6 月　193 頁

本論文以「艾雯散文美學」作為研究的主題，除了從文學的角度探討，更另闢蹊
徑，採取心理學和美學的角度，分析作家審美過程的心理活動。全文共 6 章：1.緒
論；2.艾雯的生平及其創作；3.艾雯散文的內容分析；4.艾雯散文的美感經驗；5.艾
雯散文的美學特色；6.結論。正文前有「艾雯散文書影」，正文後附錄〈艾雯寫作年
表〉。

3. 許婉婷　　五〇年代女作家的異鄉書寫：林海音、徐鍾珮、鍾梅音、張漱菡與
艾雯　清華大學臺灣文學研究所　碩士論文　賀淑瑋教授指導
2008 年 12 月　175 頁

本論文以林海音、徐鍾珮、鍾梅音、張漱菡與艾雯為研究對象，論述五〇年代女作
家異鄉書寫與官方論述間，既呼應又疏離的心理折衝與多面向的創作態度。全文共 5
章：1.緒論；2.五〇年代國家文藝體制下的女性文學；3.臺灣不在場──女性的失落
故園想像；4.臺灣「新」故鄉？──女性文本的延異空間；5.結論：女性書寫空間的
位移。正文後附錄〈林海音、徐鍾珮、鍾梅音、張漱菡、艾雯生平著作一覽表〉。

4. 沈彥君　　艾雯散文研究　嘉義大學中國文學系　碩士論文　王玫珍教授指導
2010 年　299 頁

本論文以艾雯的散文為研究主題，透過對艾雯生平的整理、寫作背景、創作主張，
和散文的主題內涵探討、藝術表現的分析以及創作之成就與價值等各項層面的探
討，使艾雯散文的價值得到完整的評價，彰顯他在文壇上的獨特意義及價值。全文

共 6 章：1.緒論；2.艾雯的生平與創作主張；3.艾雯散文創作之主題內涵；4.艾雯散文創作之藝術表現；5.艾雯散文創作之成就與價值；6.結論。

5. 葉曉青　　艾雯小說主題研究　銘傳大學應用中國文學系碩士在職專班　碩士論文　梁麗玲教授指導　**2011 年 6 月　214 頁**

本論文針對艾雯小說創作主題深入分析，就其內容意識及作品的社會性、時代性加以探討，在散文之外完成艾雯作品研究的完整性，並歸結艾雯小說的時代意義。。
全文共 6 章：1.緒論；2.艾雯其人及其創作；3.反共懷鄉的意識；4.社會現實的關懷；5.女性自主的情愛；6.結論。正文後附錄〈艾雯生平記事年表〉。

6. 陳靜芳　　青春不老：艾雯及其散文研究　高雄師範大學國文教學碩士班　碩士論文　顏美娟教授指導　**2012 年 6 月　246 頁**

本論文以艾雯散文為主要的研究範疇，透過生平背景的概述、寫作時空的追溯、創作理念的整理、主題內涵的分析，及藝術美學的探究，對艾雯作品做全面的探討。
全文共 5 章：1.緒論；2.艾雯生平及其創作歷程與理念；3.艾雯散文的主題分析；4.艾雯散文的藝術探究；5.結論。

作家生平資料篇目

自述

7. 艾　雯　　漫談業餘寫作　中央日報　1950 年 2 月 5 日　7 版

8. 艾　雯　　漫談業餘寫作　艾雯全集・散文卷五　臺北　文訊雜誌社　2012 年 8 月　頁 173—176

9. 艾　雯　　寫在前面　青春篇　高雄　啟文出版社　1951 年 4 月　〔1〕頁

10. 艾　雯　　寫在前面　青春篇　高雄　大業書店　1963 年 6 月　〔1〕頁

11. 艾　雯　　寫在前面　青春篇　臺北　水芙蓉出版社　1978 年 12 月　頁 1—2

12. 艾　雯　　寫在前面　青春篇　臺北　爾雅出版社　1987 年 5 月　頁 9—10

13. 艾　雯　　青春篇・寫在前面　艾雯全集・散文卷一　臺北　文訊雜誌社　2012 年 8 月　頁 80—81

14. 艾　雯　　黑暗中摸索前進了這些年——我怎樣開始寫作的？[1]　讀書　第 1 卷

---

[1]本文後改篇名為〈我是怎樣從事寫作的〉。

第 9 期　1952 年 11 月 16 日　頁 10—12

15. 艾　雯　我是怎樣從事寫作的　漁港書簡　高雄　大業出版社　1955 年 2 月　頁 100—109

16. 艾　雯　黑暗中摸索前進了這些年　女作家寫作生活與書簡　臺南　慈暉出版社　1973 年 11 月　頁 50—60

17. 艾　雯　摸索前進的路——我是怎樣從事寫作的　漁港書簡　臺北　水芙蓉出版社　1983 年 2 月　頁 181—192

18. 艾　雯　我是怎樣從事寫作的　艾雯全集・散文卷一　臺北　文訊雜誌社　2012 年 8 月　頁 399—410

19. 艾　雯　平凡的真理——寫在《生死盟》前面　中央日報　1953 年 7 月 13 日　4 版

20. 艾　雯　寫在前面　生死盟　臺北　大眾書局　1953 年 8 月　〔1〕頁

21. 艾　雯　生死盟・寫在前面　艾雯全集・小說卷一　臺北　文訊雜誌社　2012 年 8 月　頁 7—8

22. 艾　雯　我的寫作生活　幼獅文藝　第 8 期　1955 年 2 月　頁 294—254

23. 艾　雯　我的寫作生活　艾雯全集・散文卷五　臺北　文訊雜誌社　2012 年 8 月　頁 249—254

24. 艾　雯　寫在前面　漁港書簡　高雄　大業書店　1955 年 2 月　〔1〕頁

25. 艾　雯　寫在前面　漁港書簡　臺北　水芙蓉出版社　1983 年 2 月　頁 5—6

26. 艾　雯　漁港書簡・寫在前面　艾雯全集・散文卷一　臺北　文訊雜誌社　2012 年 8 月　頁 279—280

27. 艾　雯　序《生活小品》　中央日報　1955 年 7 月 6 日　6 版

28. 艾　雯　寫在前面　生活小品（主婦隨筆）　臺北　國華出版社　1955 年 8 月　頁 1—2

29. 艾　雯　寫在前面　生活小品　高雄　三信出版社　1972 年 4 月　頁 1—3

30. 艾　雯　生活小品・寫在前面　艾雯全集・散文卷二　臺北　文訊雜誌社

2012 年 8 月　頁 9—10

31. 艾　雯　一分熱，一分光——寫作瑣談　自由青年　第 20 卷第 1 期　1958
　　　　　年 7 月　頁 13—15

32. 艾　雯　一分熱，一分光——寫作瑣談　艾雯全集‧散文卷五　臺北　文訊
　　　　　雜誌社　2012 年 8 月　頁 285—293

33. 艾　雯　筆耕十年　文壇　第 6 期　1960 年 5 月　頁 30—31

34. 艾　雯　筆耕十年　文協十年　臺北　中國文藝協會　1960 年 5 月　頁 68
　　　　　—71

35. 艾　雯　筆耕十年　艾雯全集‧散文卷五　臺北　文訊雜誌社　2012 年 8 月
　　　　　頁 303—306

36. 艾　雯　作家書簡〔艾雯部分〕[2]　亞洲文學　第 13 期　1960 年 10 月　頁
　　　　　35—36

37. 艾　雯　艾雯望女成鳳　艾雯全集‧散文卷五　臺北　文訊雜誌社　2012 年
　　　　　8 月　頁 520—521

38. 艾　雯　我怎樣寫散文　新文藝　第 76 期　1962 年 7 月　頁 47—48

39. 艾　雯　我怎樣寫散文　艾雯全集‧散文卷五　臺北　文訊雜誌社　2012 年
　　　　　8 月　頁 310—314

40. 艾　雯　童話‧童年‧童心（後記）　森林裡的祕密　臺北　臺灣兒童局
　　　　　1962 年 7 月　頁 103—105

41. 艾　雯　童話‧童年‧童心（後記）　艾雯全集‧小說卷三　臺北　文訊雜
　　　　　誌社　2012 年 8 月　頁 586—588

42. 艾　雯　再版小言　青春篇　高雄　大業書店　1963 年 6 月　〔1〕頁

43. 艾　雯　再版小言　艾雯全集‧散文卷一　臺北　文訊雜誌社　2012 年 8 月
　　　　　頁 235—236

44. 艾　雯　作者的話——寫在第六版[3]　青春篇　高雄　大業書店　1963 年 6

---

[2]本文後改篇名為〈艾雯望女成鳳〉。
[3]本文後改篇名為〈作者的話——寫在第八版〉。

月　〔1〕頁

45. 艾　雯　作者的話——寫在第八版　青春篇　臺北　水芙蓉出版社　1978 年
　　 12 月　頁 3—4

46. 艾　雯　作者的話——寫在第六版　艾雯全集・散文卷一　臺北　文訊雜誌
　　 社　2012 年 8 月　頁 260—261

47. 艾　雯　你我的書——代序　皇冠　第 131 期　1965 年 1 月　頁 72—73

48. 艾　雯　你我的書——代序　艾雯全集・散文卷四　臺北　文訊雜誌社
　　 2012 年 8 月　頁 521—522

49. 艾　雯　作家書簡〔艾雯部分〕[4]　亞洲文學　第 58 期　1965 年 4 月 16 日
　　 頁 42—43

50. 艾　雯　艾雯宿疾復發　艾雯全集・散文卷五　臺北　文訊雜誌社　2012 年
　　 8 月　頁 523

51. 艾　雯　我寫散文　新文藝　第 111 期　1965 年 6 月　頁 33—34

52. 艾　雯　我和寫作　文壇　第 60 期　1965 年 6 月　頁 31—32

53. 艾　雯　我和寫作　艾雯全集・散文卷四　臺北　文訊雜誌社　2012 年 8 月
　　 頁 551—554

54. 艾　雯　我們對文學的意見——三點小小的意見　文壇　第 120 期　1970 年
　　 6 月　頁 11

55. 艾　雯　三點小小的意見　艾雯全集・散文卷五　臺北　文訊雜誌社　2012
　　 年 8 月　頁 372—373

56. 艾　雯　再版小言　生活小品　高雄　三信出版社　1972 年 4 月　〔1〕頁

57. 艾　雯　生活小品・再版小言　艾雯全集・散文卷二　臺北　文訊雜誌社
　　 2012 年 8 月　頁 149

58. 艾　雯　蒼涼的心路歷程——代序　浮生散記　臺北　水芙蓉出版社　1975
　　 年 3 月　頁 1—2

59. 艾　雯　蒼涼的心路歷程——代序　艾雯全集・散文卷二　臺北　文訊雜誌

---

[4]本文後改篇名為〈艾雯宿疾復發〉。

社　2012 年 8 月　頁 331—332

60. 艾　雯　精神砥柱——祝《中央日報》創刊五十周年　中央日報與我　臺北
　　　中央日報社　1978 年 2 月　頁 162—168

61. 艾　雯　精神砥柱——祝《中央日報》創刊五十周年　艾雯全集·散文卷五
　　　臺北　文訊雜誌社　2012 年 8 月　頁 394—401

62. 艾　雯　新版小言　曇花開的晚上　臺北　水芙蓉出版社　1978 年 6 月　頁
　　　1—2

63. 艾　雯　新版小言　曇花開的晚上　北京　群眾出版社　1995 年 1 月　頁 1
　　　—2

64. 艾　雯　曇花開的晚上·新版小言　艾雯全集·散文卷二　臺北　文訊雜誌
　　　社　2012 年 8 月　頁 320—321

65. 艾　雯　新版題記　青春篇　臺北　水芙蓉出版社　1978 年 12 月　頁 5—7

66. 艾　雯　青春篇·新版題記　艾雯全集·散文卷一　臺北　文訊雜誌社
　　　2012 年 8 月　頁 262—264

67. 艾　雯　在飛揚的年代——五十年代文學座談〔艾雯部分〕　聯合報　1980
　　　年 5 月 6 日　8 版

68. 艾　雯　在飛揚的時代　艾雯全集·散文卷四　臺北　文訊雜誌社　2012 年
　　　8 月　頁 567—569

69. 艾　雯　小傳　艾雯自選集　臺北　黎明文化公司　1980 年 11 月　頁 1—2

70. 艾　雯　迴響　中央日報　1981 年 5 月 26 日　12 版

71. 艾　雯　回響（代序）　綴網集　臺北　大地出版社　1986 年 3 月　頁 1—
　　　2

72. 艾　雯　回響（代序）　艾雯全集·散文卷三　臺北　文訊雜誌社　2012 年
　　　8 月　頁 404—405

73. 艾　雯　不具「風格」的風格　中央日報　1982 年 12 月 13 日　11 版

74. 艾　雯　不具風格的風格　文藝座談實錄　臺北　行政院文建會　1983 年 2
　　　月　頁 584—590

75. 艾　雯　不具「風格」的風格　綴網集　臺北　大地出版社　1986 年 3 月　頁 175—184

76. 艾　雯　不具「風格」的風格　曇花開的晚上　北京　群眾出版社　1995 年 1 月　頁 153—158

77. 艾　雯　不具「風格」的風格　艾雯全集・散文卷二　臺北　文訊雜誌社 2012 年 8 月　頁 322—328

78. 艾　雯　自我塑像　文學時代雙月叢刊　第 11 期　1983 年 1 月　頁 89—94

79. 艾　雯　自我塑像　艾雯全集・散文卷四　臺北　文訊雜誌社　2012 年 8 月　頁 365—372

80. 艾　雯　漁者有其船——新版的話　漁港書簡　臺北　水芙蓉出版社　1983 年 2 月　頁 1—4

81. 艾　雯　漁者有其船——新版的話　艾雯全集・散文卷一　臺北　文訊雜誌社　2012 年 8 月　頁 411—414

82. 艾　雯　倚風樓外——《倚風樓書簡》前記　中央日報　1983 年 10 月 8 日 12 版

83. 艾　雯　倚風樓外——《倚風樓書簡》前記　倚風樓書簡　臺北　水芙蓉出版社　1984 年 1 月　頁 1—6

84. 艾　雯　倚風樓外——《倚風樓書簡》前記　倚風樓書簡　臺北　漢藝色研文化公司　1990 年 3 月　頁 6—11

85. 艾　雯　倚風樓外——《倚風樓書簡》前記　艾雯全集・散文卷三　臺北 文訊雜誌社　2012 年 8 月　頁 241—245

86. 艾　雯　鳳凰花的歲月——耕讀在南方（1—4）　臺灣時報　1985 年 9 月 7，9—11 日　8 版

87. 艾　雯　鳳凰花的歲月　南部文壇　高雄　大業書店　1986 年 5 月　頁 70 —86

88. 艾　雯　鳳凰花的歲月——耕讀在南方　艾雯全集・散文卷四　臺北　文訊雜誌社　2012 年 8 月　頁 570—590

89. 艾　雯　青春不老——爾雅版《青春篇》新記　青春篇　臺北　爾雅出版社　1987 年 5 月　頁 1—8

90. 艾　雯　青春不老——爾雅版《青春篇》新記　艾雯全集・散文卷一　臺北　文訊雜誌社　2012 年 8 月　頁 265—270

91. 艾　雯　十月小陽春　文訊雜誌　第 36 期　1988 年 6 月　頁 16—17

92. 艾　雯　十月小陽春　結婚照　臺北　文訊雜誌社　1991 年 5 月　頁 63—68

93. 艾　雯　十月小陽春　艾雯全集・散文卷四　臺北　文訊雜誌社　2012 年 8 月　頁 373—375

94. 艾　雯　新版小言　明天，去迎接陽光　臺北　漢藝色研文化公司　1990 年 1 月　頁 2—3

95. 艾　雯　浮生小記・新版小言　艾雯全集・散文卷二　臺北　文訊雜誌社　2012 年 8 月　頁 434—435

96. 艾　雯　往日情懷——新版小言　倚風樓書簡　臺北　漢藝色研文化公司　1990 年 3 月　頁 12—16

97. 艾　雯　往日情懷——新版小言　艾雯全集・散文卷三　臺北　文訊雜誌社　2012 年 8 月　頁 395—399

98. 艾　雯　守著崗位的園丁[5]　中央日報　1991 年 8 月 14 日　16 版

99. 艾　雯　守著崗位的園丁　我們的八十年　臺北　時報文化出版公司　1991 年 9 月　頁 95—102

100. 艾　雯　走過抗戰　艾雯全集・散文卷四　臺北　文訊雜誌社　2012 年 8 月　頁 376—382

101. 艾　雯　〈路〉的開始，人生的起步　中央日報　1992 年 6 月 30 日　16 版

102. 艾　雯　〈路〉的開始，人生的起步　中學課本上的作家　臺北　幼獅文化公司　1994 年 10 月　頁 42—45

---

[5]本文後改篇名為〈走過抗戰〉。

103. 艾　雯　〈路〉的開始，人生的起步　艾雯全集・散文卷四　臺北　文訊
雜誌社　2012 年 8 月　頁 547—550

104. 艾　雯　同步半世紀　中央日報　1999 年 2 月 2 日　22 版

105. 艾　雯　同步半世紀　中副與我　臺北　中央日報社　1999 年 2 月　頁 59
—61

106. 艾　雯　同步半世紀　艾雯全集・散文卷四　臺北　文訊雜誌社　2012 年
8 月　頁 591—593

107. 艾　雯　優雅自在　花韻　臺北　雅逸藝術公司　2003 年 9 月　〔4〕頁

108. 艾　雯　優雅自在　艾雯全集・散文卷四　臺北　文訊雜誌社　2012 年 8
月　頁 9—11

109. 艾　雯　艾雯簡介　花韻　臺北　雅逸藝術公司　2003 年 9 月　頁 95—96

110. 艾　雯　後記　孤獨，凌駕於一切　臺北　印刻文學生活雜誌出版公司
2008 年 4 月　頁 220—223

111. 艾　雯　後記　艾雯全集・散文卷四　臺北　文訊雜誌社　2012 年 8 月
頁 223—225

112. 艾　雯　序——寫在前面　老家蘇州　蘇州　古吳軒出版社　2009 年 1 月
頁 1—5

113. 艾　雯　序——寫在前面　艾雯全集・散文卷四　臺北　文訊雜誌社
2012 年 8 月　頁 229—233

114. 艾　雯　文學情緣　文訊雜誌　第 322 期　2012 年 8 月　頁 97

115. 艾　雯　文學情緣　艾雯全集・散文卷五　臺北　文訊雜誌社　2012 年 8
月　頁 460—462

116. 艾　雯　「大地」的回顧與前瞻　艾雯全集・散文卷五　臺北　文訊雜誌
社　2012 年 8 月　頁 89—91

117. 艾　雯　告別讀者　艾雯全集・散文卷五　臺北　文訊雜誌社　2012 年 8
月　頁 106—107

118. 艾　雯　十年一覺寫作夢　艾雯全集・散文卷五　臺北　文訊雜誌社

2012 年 8 月　頁 216—219

119. 艾　雯　我寫作因生活寂寞，也可以說享受生活　艾雯全集・散文卷五　臺北　文訊雜誌社　2012 年 8 月　頁 307—309

120. 艾　雯　艾雯自述　艾雯全集・散文卷五　臺北　文訊雜誌社　2012 年 8 月　頁 420—432

他述

121. 琰　如　我所知道的艾雯　暢流　第 2 卷第 20 期　1951 年 2 月　頁 18

122. 王琰如　我所知道的艾雯　文友畫像及其他　臺北　大地出版社　1996 年 7 月　頁 133—138

123. 柳綠蔭　賢主婦——艾雯　中國一周　第 247 期　1955 年 1 月　頁 22

124. 馮　憑　文心雕鳳——艾雯　天視　第 10 期　1956 年 4 月　頁 14—15

125. 綠　琴　寧靜溫文的艾雯　婦友　第 67 期　1960 年 4 月　頁 20—21

126. 〔臺灣新聞報〕　文協今年文藝獎章——得獎人名宣佈——趙滋蕃、朱西甯、季薇、艾雯、王祿松、何欣、申學庸、方向、周志剛、曹健、辜雅琴、白茜如　臺灣新聞報　1965 年 5 月 3 日　2 版

127. 〔臺灣日報〕　第六屆文藝獎章得獎人昨日分別選出——中國文協宣佈共十二人，他們分別是趙滋蕃、朱西甯、季薇、艾雯、王祿松、何欣、申學庸、方向、周志剛、曹健、辜雅琴、白茜如等　臺灣日報　1965 年 5 月 3 日　2 版

128. 〔文　壇〕　艾雯簡介　文壇　第 60 期　1965 年 6 月　頁 32

129. 王瑞薌　艾雯喜純樸寧靜　文化一周　1970 年 3 月 1 日　3 版

130. 〔書評書目〕　作家話像——艾雯　書評書目　第 12 期　1974 年 4 月　頁 67—68

131. 張雪茵　永遠青春的——艾雯　青年戰士報　1975 年 11 月 1 日　11 版

132. 楊昌年　艾雯　近代小說研究　臺北　蘭臺書局　1976 年 1 月　頁 567

133. 鐘麗慧　健康欠佳，疏於寫作，艾雯享受讀書之樂　民生報　1979 年 11 月 26 日　4 版

134. 羅　禾　　文藝長廊——艾雯　幼獅文藝　第 312 期　1979 年 12 月　頁 147

135. 〔水芙蓉出版社〕　　作者簡介　倚風樓書簡　臺北　水芙蓉出版社　1981 年 1 月　頁 1—2

136. 劉　枋　　姑蘇女嬌娘——記艾雯　快樂家庭　第 93 期　1981 年 9 月　頁 93

137. 劉　枋　　姑蘇女嬌娘——艾雯　非花之花　臺北　采風出版社　1985 年 9 月　頁 57—62

138. 劉　枋　　姑蘇女嬌娘——記艾雯　非花之花　臺北　采風出版社　2007 年 8 月　頁 57—62

139. 張秀亞　　艾雯其人其事　文學時代雙月叢刊　第 11 期　1983 年 1 月　頁 85—86

140. 張秀亞　　艾雯其人其事　倚風樓書簡　臺北　漢藝色研文化公司　1990 年 3 月　頁 188—191

141. 鐘麗慧　　愛花的艾雯　青年戰士報　1983 年 6 月 22 日　11 版

142. 王晉民，鄺白曼　　艾雯　臺灣與海外華人作家小傳　福州　福建人民出版社　1983 年 9 月　頁 207

143. 林海音　　剪影話文壇：說不盡（之一）〔艾雯部分〕　聯合報　1983 年 12 月 9 日　8 版

144. 林海音　　說不盡〔艾雯部分〕　剪影話文壇　臺北　純文學出版社　1984 年 8 月　頁 206—207

145. 林海音　　說不盡〔艾雯部分〕　林海音作品集‧剪影話文壇　臺北　遊目族文化公司　2000 年 5 月　頁 204—205

146. 張　健　　六十年代的散文——民國五十年到五十九年〔艾雯部分〕　文訊雜誌　第 13 期　1984 年 8 月　頁 81

147. 沈　謙　　前輩風範與青春活力　人生船　臺北　爾雅出版社　1985 年 7 月　頁 100—101

148. 楊保嬌　　花卉伴童心——艾雯的永恆青春　臺灣日報　1989 年 11 月 13 日

17 版

149. 心　岱　掀開生活另一新頁——艾雯以紙筆供花　民生報　1989 年 12 月
　　　28 日　24 版

150. 郭　妙　賦予自己燦爛生命的艾雯　臺灣日報　1990 年 9 月 6 日　8 版

151. 王晉民　艾雯　臺灣文學家辭典　南寧　廣西教育出版社　1991 年 7 月
　　　頁 87

152. 林慧娥　盒子裡的寶貝——艾雯與她的火柴盒　文心藝坊　第 38 期　1992
　　　年 8 月 8 日　頁 18—19

153. 心　岱　回到綠手指的年代——艾雯的花草情趣生活　綠生活雜誌　第 45
　　　期　1993 年 1 月　頁 82—85

154. 王琰如　重逢的喜悅，艾雯與我　青年日報　1995 年 6 月 21 日　15 版

155. 王琰如　重逢的喜悅　文友畫像及其他　臺北　大地出版社　1996 年 7 月
　　　頁 139—147

156. 〔王慶生主編〕　艾雯　中國當代文學辭典　武漢　武漢出版社　1996 年
　　　2 月　頁 706

157. 林麗如　作家母親，畫家女兒——艾雯陪伴女兒在藝術空間成長　文訊雜
　　　誌　第 128 期　1996 年 6 月　頁 39—40

158. 王琰如　文友書簡——於世達致艾雯函　文友畫像及其他　臺北　大地出
　　　版社　1996 年 7 月　頁 423—437

159. 六　月　艾雯　作家友誼屋網站　2002 年 9 月 13 日 http://www.chi-san-
　　　chi.com/2culture/writer/june/works/writers_friendship_house/

160. 高惠琳　艾雯——細細勾勒草木形姿　文訊雜誌　第 209 期　2003 年 3 月
　　　頁 38

161. 朱恬恬　後記　花韻　臺北　雅逸藝術公司　2003 年 9 月　頁 93—94

162. 朱恬恬　《花韻》後記　艾雯全集・散文卷四　臺北　文訊雜誌社　2012
　　　年 8 月　頁 63—64

163. 應鳳凰，鄭秀婷　戰後臺灣文學風華——五〇年代女作家系列（之 4）——

永遠青春的姑蘇姑娘——艾雯　明道文藝　第 348 期　2005 年 3 月　頁 40—45

164. 應鳳凰　蘇州姑娘永遠的青春篇　文學風華：戰後初期 13 著名女作家　臺北　秀威資訊科技　2007 年 5 月　頁 37—43

165. 陳芳明　未完　聯合報　2008 年 4 月 24 日　E3 版

166. 陳芳明　未完　文學人　第 15 期　2008 年 8 月　頁 109—110

167. 陳芳明　未完　晚天未晚　臺北　聯合文學出版社　2009 年 3 月　頁 183—186

168. 〔封德屏主編〕　艾雯　2007 臺灣作家作品目錄　臺南　國立臺灣文學館　2008 年 7 月　頁 201—202

169. 〔長　島〕　艾雯簡介　老家蘇州　蘇州　古吳軒出版社　2009 年 1 月　頁 136—137

170. 陳宛茜　與林海音齊名・作家艾雯病逝　聯合報　2009 年 8 月 30 日　A6 版

171. 封德屏　編輯室報告：一生都在追求美的作家——艾雯　文訊雜誌　第 288 期　2009 年 10 月　〔1〕頁

172. 畢　樸　一星如月看多時——悼好友艾雯　文訊雜誌　第 288 期　2009 年 10 月　頁 51—53

173. 畢　璞　一如星月看多時——悼好友艾雯　老來可喜　臺北　釀出版　2011 年 11 月　頁 151—155

174. 童　真　一位「一生都在追求美」的友人　文訊雜誌　第 288 期　2009 年 10 月　頁 54—56

175. 文　彥　哭艾雯　文訊雜誌　第 288 期　2009 年 10 月　頁 57

176. 林麗如　超越塵囂，凌駕一切——憶生活的藝術家艾雯　文訊雜誌　第 288 期　2009 年 10 月　頁 58—62

177. 〔文訊雜誌〕　艾雯小傳及作品目錄　文訊雜誌　第 288 期　2009 年 10 月　頁 63—64

178. 詹宇霈　　資深作家艾雯病逝　文訊雜誌　第 288 期　2009 年 10 月　頁 144

179. 鳳　　凰　　資深女作家艾雯在臺北病逝　明報月刊　第 527 期　2009 年 11 月　頁 106

180. 陳宛茜　　牽手一甲子故事說不完‧來看老作家的結婚照〔艾雯部分〕　聯合報　2010 年 11 月 21 日　A14 版

181. 丁明蘭　　在記憶的途中——速寫艾雯書房　文訊雜誌　第 302 期　2010 年 12 月　頁 65—67

182. 丁明蘭　　在記憶的途中——速寫艾雯書房　我在我不在的地方：文學現場踏查記　臺南　國立臺灣文學館　2010 年 12 月　頁 144—148

183. 石育民　　艾雯（1923—2009）　2009 年臺灣文學年鑑　臺南　國立臺灣文學館　2010 年 12 月　頁 173

184. 李宗慈　　把文學當志業——艾雯　誰領風騷一百年：女作家　臺北　天下遠見出版公司　2011 年 9 月　頁 115—117

185. 符立中　　三坊七巷的臺灣文學緣——艾雯　旺報　2012 年 1 月 15 日　B7 版

186. 朱恬恬　　艾雯，寫作之外——懷念我多才多藝的母親　文訊雜誌　第 322 期　2012 年 8 月　頁 89—93

187. 封德屏　　《艾雯全集》編序　文訊雜誌　第 322 期　2012 年 8 月　頁 94—96

188. 封德屏　　編序　艾雯全集‧散文卷一　臺北　文訊雜誌社　2012 年 8 月　頁 11—15

189. 王為萱　　《艾雯全集》新書發表會　文訊雜誌　第 324 期　2012 年 10 月　頁 160

190. 蘇惠昭　　八月，書市也有臺風〔艾雯部分〕　書香兩岸　第 47 期　2012 年 10 月　頁 60

訪談、對談

191. 郭　　風　　艾雯談散文寫作　中國一周　第 795 期　1965 年 7 月　頁 25—26

192. 陳玲珍　　最愛是蘇州──艾雯女士訪問記　文學時代雙月叢刊　第 11 期
　　　　　　　1983 年 1 月　頁 95─104

193. 艾　雯等[6]　　永遠的青春篇　文學時代雙月叢刊　第 11 期　1983 年 1 月
　　　　　　　頁 105─116

194. 林　芝　　作家專訪──艾雯的心靈之旅[7]　幼獅少年　第 103 期　1985 年 5
　　　　　　　月　頁 95─97

195. 林　芝　　艾雯的心靈之旅　望向高峰：速寫現代散文作家　臺北　幼獅文
　　　　　　　化公司　1992 年 12 月　頁 146─153

196. 林　芝　　艾雯的心靈寫作　妙筆生花：伴你我成長的現代作家　臺北　正
　　　　　　　中書局　2005 年 2 月　頁 45─56

197. 朱婉清　　艾雯阿姨談寫作的秘訣　國語日報　1987 年 12 月 20 日　9 版

198. 許淑美　　淡在喜中──訪作家艾雯女士　國文天地　第 61 期　1990 年 6 月
　　　　　　　頁 86─88

199. 劉叔慧　　生活的藝術家──訪艾雯女士　文訊雜誌　第 101 期　1994 年 3
　　　　　　　月　頁 95─98

年表

200. 艾　雯　　艾雯寫作年表　青春篇　臺北　爾雅出版社　1987 年 5 月　頁
　　　　　　　225─229

201. 羅淑芬　　張秀亞、艾雯著作年表與五○年代藝文大事　五○年代女性散文
　　　　　　　的兩個範式──以張秀亞、艾雯為中心　政治大學中國文學系
　　　　　　　碩士論文　陳芳明教授指導　2004 年 7 月　頁 183─199

202. 林　芝　　作家小傳──艾雯（生平年表）　妙筆生花：伴你我成長的現代
　　　　　　　作家　臺北　正中書局　2005 年 2 月　頁 55─56

203. 應鳳凰　　艾雯年表　文學風華：戰後初期 13 著名女作家　臺北　秀威資訊
　　　　　　　科技　2007 年 5 月　頁 44─46

---

[6]與會者：艾雯、王琰如、尹雪曼、墨人、邱七七、馬各、魏子雲、張漱菡。
[7]本文後改篇名為〈艾雯的心靈寫作〉，內文有所增修。

204. 葉曉青　艾雯生平記事年表　艾雯小說主題研究　銘傳大學應用中國文學系碩士在職專班　碩士論文　梁麗玲教授指導　2011 年 6 月　頁189—196

作品評論篇目

綜論

205.〔文　壇〕　艾雯的散文集及其內容　文壇　第 60 期　1965 年 6 月　頁33

206.〔文　壇〕　艾雯的小說集及其內容　文壇　第 60 期　1965 年 6 月　頁33—36

207. 王晉民　艾雯　臺灣新文學辭典　成都　四川人民出版社　1989 年 10 月　頁 35—36

208. 香　塵　艾雯　臺灣港澳與海外華文文學辭典　太原　山西教育出版社1990 年 6 月　頁 96

209. 葉石濤　五〇年代的臺灣文學——理想主義的挫折和頹廢〔艾雯部分〕臺灣文學史綱　高雄　文學界雜誌社　1991 年 9 月　頁 98

210. 葉石濤　五〇年代的臺灣文學——理想主義的挫折和頹廢〔艾雯部分〕葉石濤全集・評論卷五　臺南，高雄　國立臺灣文學館，高雄市文化局　2008 年 3 月　頁 109

211. 王景山編　艾雯　臺港澳暨海外華文作家辭典　北京　人民文學出版社1992 年 5 月　頁 56—57

212. 王景山編　艾雯　臺港澳暨海外華文作家辭典　北京　人民文學出版社2003 年 7 月　頁 5—7

213. 鍾怡雯　一條不寂寞的路——艾雯自一切事物中發現真與美　國文天地第 131 期　1996 年 4 月　頁 54—58

214. 陳芳明　女性詩人與散文家的現代轉折——女性散文書寫的開創者：艾雯、張秀亞、琦君　聯合文學　第 220 期　2003 年 2 月　頁 157

—158

215. 陳芳明　在母性與女性之間——五〇年代以降臺灣女性散文的流變〔艾雯部分〕　霜後的燦爛——林海音及其同輩女作家學術研討會論文集　臺南　國立文化資產保存研究中心籌備處　2003 年 5 月　頁299

216. 陳芳明　在母性與女性之間——五〇年代以降臺灣女性散文的流變〔艾雯部分〕　五十年來臺灣女性散文‧選文篇（下）　臺北　麥田出版公司　2006 年 2 月　頁 16

217. 楊　翠　歷史的前景：臺灣不在場——戰後臺灣女性文學（小說）概觀（1950—1970）〔艾雯部分〕　鄉土與記憶——七〇年代以來臺灣女性小說的時間意識與空間語境　臺灣大學歷史學系　博士論文　李永熾教授指導　2003 年 7 月　頁 37—47

218. 陳芳明　以擦亮每一顆文字刷新歷史〔艾雯部分〕　聯合報　2005 年 3 月4 日　E7 版

219. 閻純德　青春和愛的歌唱——艾雯的生平與創作　新文學史料　2005 年第4 期　2005 年 11 月　頁 148—155

220. 封德屏　遷臺初期文學女性的聲音——以武月卿主編《中央日報‧婦女與家庭週刊》為研究場域——（1923—）〔艾雯部分〕　琦君及其同輩女作家學術研討會　桃園　中央大學中文系琦君研究中心2005 年 12 月 15—16 日　頁 15—16

221. 封德屏　遷臺初期文學女性的聲音——以武月卿主編《中央日報‧婦女與家庭週刊》為研究場域——（1923—）〔艾雯部分〕　永恆的溫柔：琦君及其同輩女作家學術研討會論文集　桃園　中央大學中文系琦君研究中心　2006 年 7 月　頁 24—25

222. 余文博　一個多層次的審美藝術空間——艾雯散文藝術論　重慶郵電大學學報（社會科學版）　第 17 卷第 6 期　2005 年　頁 931—933

223. 張瑞芬　三生花草夢蘇州——論艾雯散文　五十年來臺灣女性散文‧評論

篇　臺北　麥田出版公司　2006 年 2 月　頁 106—115

224. 許珮馨　移植五四美文傳統於臺灣文藝新生地——五四時期美文風格的流
　　　　　　風餘韻——平伯晚明小品美文風格的餘緒——艾雯　五〇年代的
　　　　　　遷臺女作家散文研究　臺灣師範大學國文學系　博士論文　柯慶
　　　　　　明教授指導　2006 年 6 月　頁 120—123

225. 許珮馨　各具風姿的閨秀散文——三生芳草夢蘇州——艾雯　五〇年代的
　　　　　　遷臺女作家散文研究　臺灣師範大學國文學系　博士論文　柯慶
　　　　　　明教授指導　2006 年 6 月　頁 241—256

226. 張瑞芬　張秀亞、艾雯的抒情美文及其文學史意義[8]　臺灣當代女性散文史
　　　　　　論　臺北　麥田出版社　2007 年 4 月　頁 199—256

227. 楊幸如　露根的蘭花——試探艾雯文本中的鄉土想像[9]　第五屆全國臺灣文
　　　　　　學研究生學術論文研討會論文集　臺南　國立臺灣文學館　2008
　　　　　　年 9 月　頁 467—486

228. 王鈺婷　語言政策與女性主體之想像——解讀《中央日報‧婦女與家庭週
　　　　　　刊》中女性散文家之美學策略〔艾雯部分〕　臺灣文學研究學報
　　　　　　第 7 期　2008 年 10 月　頁 69—73

229. 葉淑美　徐志摩現象：臺灣文藝界對徐志摩的接受——「志摩體」抒情美
　　　　　　文在臺灣文壇的延續——詩化散文的延續者——艾雯　徐志摩在
　　　　　　臺灣的接受與傳播　政治大學臺灣文學系　碩士論文　陳芳明教
　　　　　　授指導　2009 年 1 月　頁 119—121

230. 閻純德　20 世紀五、六十年代的臺灣女性散文〔艾雯部分〕　南京師範大
　　　　　　學文學院學報　2010 年第 1 期　2010 年 3 月　頁 47—48

231. 彭瑞金編　　艾雯　鳳邑文學百科　高雄　高雄縣政府文化局　2010 年 3 月

---

[8] 本文自文學史的角度論述張秀亞與艾雯散文之典律化歷程、美文源流與創作技藝，並肯定兩者同
為散文傳統的開創者。全文共 6 小節：1.女性散文與女性小說在五〇、六〇所呈現的不同意義；2.
張秀亞：五四、京派與美文傳統在臺灣的承繼；3.張秀亞散文技藝的三個高峰；4.張秀亞：翻譯文
學與散文理論的先行者；5.張秀亞與艾雯抒情散文的異同；6.結語。
[9] 本文針對艾雯的鄉土書寫，考察其鄉土想像的內涵及發展。全文共 7 小節：1.前言；2.上「路」；3.
看海；4.村居；5.望鄉；6.露根；7.結語。

分論

◆單行本作品

散文

《青春篇》

---

[10]本文討論艾雯、畢璞、童真小說中的母親書寫。全文共 4 小節：1.堅毅而充滿韌性的地母意象；2.
強悍／強權／強勢的母者姿態；3.母職，女性的困境；4.惡母的雛型。

241. 孫　旗　　讀《青春篇》後　青春篇　臺北　水芙蓉出版社　1978 年 12 月
　　　　　　　頁 191—195

242. 亞　敏　　讀《青春篇》　暢流　第 5 卷第 1 期　1952 年 2 月 16 日　頁 28

243. 亞　敏　　讀《青春篇》　青春篇　臺北　水芙蓉出版社　1978 年 12 月　頁
　　　　　　　200—205

244. 司徒衛　　十部散文簡介──《青春篇》　書評續集　臺北　幼獅書店
　　　　　　　1960 年 6 月　頁 122

245. 王平陵　　散文的藝術──兼評《青春篇》　青春篇　臺北　水芙蓉出版社
　　　　　　　1978 年 12 月　頁 183—184

246. 季　薇　　《青春篇》的青春　青春篇　臺北　水芙蓉出版社　1978 年 12 月
　　　　　　　頁 185—187

247. 李　莎　　生命的春天　青春篇　臺北　水芙蓉出版社　1978 年 12 月　頁
　　　　　　　196—197

248. 啟　明　　青春的熱情　青春篇　臺北　水芙蓉出版社　1978 年 12 月　頁
　　　　　　　198—199

249. 張雪茵　　艾雯與《青春篇》　青春篇　臺北　水芙蓉出版社　1978 年 12 月
　　　　　　　頁 206—207

250. 詹　悟　　不沉的舟　中央日報　1983 年 1 月 5 日　10 版

251. 鐘麗慧　　永遠的《青春篇》──艾雯　文藝月刊　第 188 期　1985 年 2 月
　　　　　　　頁 8—18

252. 鐘麗慧　　永遠的《青春篇》──艾雯　織錦的手　臺北　九歌出版社
　　　　　　　1987 年 1 月　頁 31—45

253. 唐潤鈿　　努力永不會「遲暮」──我讀艾雯《青春篇》　中華日報　1988
　　　　　　　年 1 月 21 日　7 版

254. 林少雯　　艾雯的《青春篇》　中央日報　2000 年 5 月 6 日　22 版

255. 陳國偉　　感動千萬年輕學子──《青春篇》　文訊雜誌　第 221 期　2004
　　　　　　　年 3 月　頁 47

256. 詹宇霈　如花的韻致——艾雯的《青春篇》　文訊雜誌　第 262 期　2007
　　　年 8 月　頁 52

257. 應鳳凰　《青春篇》不斷版——艾雯第一本書　文訊雜誌　第 297 期
　　　2010 年 7 月　頁 12—13

258. 應鳳凰，傅月庵　艾雯——《青春篇》　冊頁流轉——臺灣文學書入門 108
　　　臺北　印刻文學生活雜誌出版公司　2011 年 3 月　頁 42—43

259. 應鳳凰　艾雯——《青春篇》　人間福報　2012 年 2 月 14 日　15 版

《漁港書簡》

260. 糜文開　值得大家注意的一個創作問題　暢流　第 11 卷第 5 期　1955 年 4
　　　月　頁 19—20

261. 糜文開　由《漁港書簡》想起——值得大家注意的一個創作問題　漁港書
　　　簡　臺北　水芙蓉出版社　1983 年 2 月　頁 199—204

262. 易叔寒　評介《漁港書簡》　漁港書簡　臺北　水芙蓉出版社　1983 年 2
　　　月　頁 195—198

263. 江　聲　艾雯的《漁港書簡》　漁港書簡　臺北　水芙蓉出版社　1983 年
　　　2 月　頁 205—206

264. 王鈺婷　多元敘述、意識型態與異質臺灣——以五〇年代女性散文集《漁
　　　港書簡》、《我在臺北及其他》、《風情畫》、《冷泉心影》為觀察對
　　　象[11]　臺灣文學研究學報　第 4 期　2007 年 4 月　頁 41—74

265. 歸　人　《生活小品》　暢流　第 13 卷第 2 期　1956 年 3 月 1 日　頁 19

《曇花開的晚上》

266. 徐　存　夢的養分——介紹艾雯《曇花開的晚上》　文壇　第 26 期　1955
　　　年 4 月　頁 65—66

267. 徐　存　夢的養分——介紹艾雯《曇花開的晚上》　曇花開的晚上　臺北

---

[11] 本文以《漁港書簡》、《我在臺北及其他》、《風情畫》為例，探討其如何書寫臺灣。全文共 6 小
節：1.前言：五〇年代女性散文中「政治正確性」和「前衛性」臺灣書寫；2.回應家國視角：《漁
港書簡》；3.內在審美心境的追尋：《我在臺北及其他》；4.主觀凝視下的世外桃源：《風情畫》；5.
平凡中見臺灣風土：《冷泉心影》；6.結語。

水芙蓉出版社　1978 年 6 月　頁 186—191

268. 徐　存　　夢的養分——介紹艾雯《曇花開的晚上》　曇花開的晚上　北京
群眾出版社　1995 年 1 月　頁 167—172

269. 歸　人　　讀《曇花開的晚上》　婦友　第 103 期　1963 年 4 月　頁 22—24

270. 歸　人　　讀《曇花開的晚上》　文學時代雙月叢刊　第 11 期　1973 年 1 月
頁 117—123

271. 歸　人　　讀《曇花開的晚上》　曇花開的晚上　臺北　水芙蓉出版社
1978 年 6 月　頁 176—185

272. 歸　人　　讀《曇花開的晚上》　曇花開的晚上　北京　群眾出版社　1995
年 1 月　頁 159—166

273. 陳朝棟　　《曇花開的晚上》——推介艾雯所著的散文集　青年戰士報
1974 年 11 月 1 日　8 版

274. 陳朝棟　　《曇花開的晚上》讀後感——推介艾雯所著的散文集　曇花開的
晚上　臺北　水芙蓉出版社　1978 年 6 月　頁 196—198

275. 羅雲家　　評《曇花開的晚上》　曇花開的晚上　臺北　水芙蓉出版社
1978 年 6 月　頁 192—195

《不沉的小舟》

276. 重　提　　《不沉的小舟》　婦友　第 356 期　1984 年 5 月　頁 27

277. 金　劍　　談女作家的作品〔《不沉的小舟》部分〕　美學與文學新論　臺
北　臺灣商務印書館　2003 年 10 月　頁 271—272

《倚風樓書簡》

278. 王逢吉　　又見天香第一枝　中央日報　1984 年 3 月 22 日　10 版

279. 唐潤鈿　　書中有畫　國語日報　1984 年 7 月 17 日　7 版

280. 莎　雅　　《倚風樓書簡》　時報周刊　第 341 期　1984 年 9 月　頁 80

《綴網集》

281. 唐潤鈿　　分享形影之美　國語日報　1986 年 5 月 27 日　7 版

282. 露　莎　　性靈的昇華　大華晚報　1986 年 6 月 27 日　11 版

283. 涂靜怡　　閃耀華彩的珍珠——讀《綴網集》　青年日報　1986 年 8 月 15 日
　　　　　　　11 版

284. 宋　瑞　　我讀《綴網集》　文訊雜誌　第 25 期　1986 年 8 月　頁 35—39

285. 〔民生報〕　　歷練後的人生智慧　民生報　1987 年 1 月 19 日　4 版

《孤獨，凌駕於一切》

286. 張瑞芬　　五月茉莉香——我讀艾雯《孤獨，凌駕於一切》　聯合報　2008
　　　　　　　年 5 月 19 日　E3 版

287. 張瑞芬　　五月茉莉香——艾雯《孤獨，凌駕於一切》　鳶尾盛開——文學
　　　　　　　評論與作家印象　臺北　聯合文學出版社　2009 年 6 月　頁 58—
　　　　　　　61

288. 許琇禎　　紅塵雲遊客‧臨花照影人——關於艾雯《孤獨，凌駕於一切》
　　　　　　　文訊雜誌　第 272 期　2008 年 6 月　頁 116—117

小說
《生死盟》

289. 張漱菡　　夜讀《生死盟》　暢流　第 8 卷第 2 期　1953 年 9 月 1 日　頁 19

《小樓春遲》

290. 公孫嬿　　遲讀《小樓春遲》　暢流　第 1 卷第 11 期　1955 年 1 月　頁 17

291. 糜文開　　讀《小樓春遲》　文開隨筆續編　臺北　東大圖書公司　1995 年
　　　　　　　10 月　頁 137—141

《魔鬼的契約》

292. 司徒衛　　艾雯的《魔鬼的契約》　婦友　第 13 期　1955 年 6 月　頁 40

293. 司徒衛　　艾雯的《魔鬼的契約》　書評續集　臺北　幼獅書店　1960 年 6
　　　　　　　月　頁 72—74

294. 司徒衛　　艾雯的《魔鬼的契約》　五十年代文學論評　臺北　成文出版社
　　　　　　　1979 年 3 月　頁 173—176

《夫婦們》

295. 王　鈞　　艾雯《夫婦們》　自由青年　第 20 卷第 9 期　1958 年 11 月 1 日

頁 16

296. 魏子雲　艾雯的《夫婦們》（上、下）　中央日報　1962 年 8 月 31 日—9 月 1 日　6 版

297. 魏子雲　評艾雯的《夫婦們》　偏愛與偏見　臺北　皇冠出版社　1965 年 8 月　頁 223—229

《與君同在》

298. 郭　風　評《與君同在》　中華日報　1962 年 8 月 23 日　7 版

299. 歸　人　從《與君同在》談小說　婦友　第 107 期　1963 年 8 月　頁 13—15

文集

《艾雯全集》

300. 陳芳明　有情、多情與盛情——艾雯和戰後臺灣散文長流　中國時報 2012 年 8 月 2 日　E4 版

301. 陳芳明　艾雯和戰後臺灣散文長流——《艾雯全集》總論　文訊雜誌　第 322 期　2012 年 8 月　頁 84—88

302. 陳芳明　總論——艾雯和戰後臺灣散文長流　艾雯全集·散文卷一　臺北 文訊雜誌社　2012 年 8 月　頁 3—10

303. 陳芳明　艾雯和戰後臺灣散文長流——《艾雯全集》序　星遲夜讀　臺北 聯合文學出版社　2013 年 3 月　頁 59—67

304. 劉盈慧　女兒集結十冊《艾雯全集》誕生　聯合報　2012 年 8 月 26 日 A12 版

◆多部作品

《倚風樓書簡》、《綴網集》

305. 鮑曉暉　生之迴響　中國日報　1986 年 7 月 4 日　11 版

單篇作品

306. 撫萱閣主　〈曇花開的晚上〉按　你喜愛的文章　臺北　史地教育出版社 1969 年 11 月　頁 188

307. 季　薇　　可敬讀書人──艾雯的〈不沉的小舟〉　婦友　第 282 期　1978
　　　　　　　年 3 月　頁 19

308. 林鍾隆　　〈路〉的範文教學實例──白話文深入研究的教學方法　文章精
　　　　　　　探　臺北　益智書局　1980 年 7 月　頁 131─138

309. 吳正吉　　〈路〉賞析　國語日報　1985 年 7 月 21 日　6 版

310. 王秋鈴　　漫漫人生路借物寓理〔〈路〉〕　中央日報　1999 年 12 月 24 日
　　　　　　　21 版

311. 沈　謙　　我見青山多嫵媚──讀艾雯〈萬物皆有情〉　幼獅少年　第 103
　　　　　　　期　1985 年 5 月　頁 102─105

312. 沈　謙　　我見青山多嫵媚──讀艾雯〈萬物皆有情〉　倚風樓書簡　臺北
　　　　　　　漢藝色研文化公司　1990 年 3 月　頁 192─199

313. 沈　謙　　我見青山多嫵媚──評艾雯〈萬物皆有情〉　獨步，散文國：現
　　　　　　　代散文評析　臺北　讀冊文化公司　2002 年 10 月　頁 33─41

314. 林錫嘉　　〈閒聲聊慰故鄉情〉　濃濃的鄉情　臺北　希代書版公司　1986
　　　　　　　年 1 月　頁 71─77

315.〔鄭明娳，林燿德選註〕　　　〈負重的孩子〉　童年　臺北　正中書局
　　　　　　　1990 年 8 月　頁 180

316. 李　怡　　〈夜語〉賞析　臺灣散文鑑賞辭典　太原　北岳文藝出版社
　　　　　　　1991 年 12 月　頁 327─328

317. 李　怡　　〈一束小花〉賞析　臺灣散文鑑賞辭典　太原　北岳文藝出版社
　　　　　　　1991 年 12 月　頁 333─335

318. 守　拙　　所見亦深所悟亦新──讀〈月臺〉　語文月刊　1995 年第 4 期
　　　　　　　1995 年 3 月　頁 4

319. 范銘如　　「我」行我素──六○年代臺灣文學的「小」女聲〔〈捐〉部
　　　　　　　分〕　文藝理論與通俗文化（下）　臺北　中研院文哲所　2004
　　　　　　　年 12 月　頁 711─713

320. 范銘如　　「我」行我素──六○年代臺灣文學的「小」女聲〔〈捐〉部

分〕　眾裡尋她：臺灣女性小說縱論　臺北　麥田‧城邦文化出版　2008 年 9 月　頁 53

321. 郭誌光　杜鵑啼聲：從鄉村到都市〔〈銀色悲哀〉部分〕　戰後臺灣勞工題材小說的異化主題（1945—2005）　清華大學臺灣文學研究所碩士論文　陳萬益教授指導　2006 年 8 月　頁 174

322. 蔡孟樺　〈夏日，在燃燒〉編者的話　人間不溼不漫　臺北　香海文化公司　2006 年 9 月　頁 284—285

323. 王鈺婷　五〇年代女作家的文學版圖——女性文學陣線之形成——《文學雜誌》與女作家之間的交互辯證——女作家與《文學雜誌》的交會〔〈繡繃子的姑娘〉部分〕　女聲合唱——戰後臺灣女性作家群的崛起　臺南　國立臺灣文學館　2012 年 12 月　頁 89—91

作品評論目錄、索引

324. 〔封德屏主編〕　艾雯　臺灣現當代作家評論資料目錄（一）　臺南　國立臺灣文學館　2010 年 11 月　頁 616—626

國家圖書館出版品預行編目資料

艾雯 / 王鈺婷編選. -- 初版. -- 臺南市：臺灣文學館，
2013.12
　面；　　公分. -- (臺灣現當代作家研究資料彙編；31)
ISBN 978-986-03-9109-1 (平裝)

1.陳秀喜　2.作家　3.文學評論

783.3886　　　　　　　　　　　　　　　102024044

【臺灣現當代作家研究資料彙編】31
艾雯

發 行 人／　李瑞騰
指導單位／　文化部
出版單位／　國立台灣文學館
　　　　　　地址／70041 台南市中西區中正路 1 號
　　　　　　電話／06-2217201　　　　　傳真／06-2218952
　　　　　　網址／www.nmtl.gov.tw　　電子信箱／pba@nmtl.gov.tw

總 策 畫／　封德屏
顧 　 問／　林淇瀁　張恆豪　許俊雅　陳信元　陳義芝　須文蔚　應鳳凰
工作小組／　王雅嫻　杜秀卿　汪黛姁　張純昌　張傳欣　莊雅晴　陳欣怡
　　　　　　黃寁婷　練麗敏　蘇琬鈞
編 　 選／　王鈺婷
責任編輯／　陳欣怡
校 　 對／　王雅嫻　林英勳　陳欣怡　黃敏琪　黃寁婷　趙慶華　潘佳君　蘇琬鈞
計畫團隊／　財團法人台灣文學發展基金會
美術設計／　翁國鈞・不倒翁視覺創意
印 　 刷／　松霖彩色印刷事業有限公司

著作財產權人／國立台灣文學館
本書保留所有權利。欲利用本書全部或部分內容者，須徵求著作財產權人同意或書面授
權。請洽國立台灣文學館研典組（電話：06-2217201）

經銷展售／　國家書店松江門市（02-25180207）
　　　　　　國立台灣文學館－雪芙瑞文學咖啡坊（06-2214632）
　　　　　　南天書局（02-23620190）　　　唐山出版社（02-23633072）
　　　　　　府城舊冊店（06-2763093）　　　台灣的店（02-23625799）
　　　　　　啓發文化（02-29586713）　　　三民書局（02-23617511）
　　　　　　草祭二手書店（06-2216872）　　五南文化廣場（04-22260330）
網路書店／　國家書店網路書店 www.govbooks.com.tw
　　　　　　五南文化廣場網路書店 www.wunanbooks.com.tw
　　　　　　三民書局網路書店 www.sanmin.com.tw

初版一刷／2013 年 11 月
定 　 價／新臺幣 330 元整
　　　　　　第一階段 15 冊新臺幣 5500 元整　　第二階段 12 冊新臺幣 4500 元整
　　　　　　第三階段 23 冊新臺幣 8500 元整　　全套 50 冊新臺幣 18500 元整
　　　　　　全套 50 冊合購特惠新臺幣 16500 元整

GPN／1010202804（單本）　　　ISBN／978-986-03-9109-1（單本）
　　　　1010000407（套）　　　　　　　978-986-02-7266-6（套）

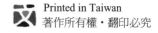